復興金融金庫史

戦後復興と安定の政策金融

宮崎忠恒

東京大学出版会

The History of the Reconstruction Finance Bank:
Policy-based Financing for the Postwar Reconstruction and
Stabilization of the Japanese Economy

Tadanobu MIYAZAKI

University of Tokyo Press, 2025
ISBN 978-4-13-046143-6

復興金融金庫史／目次

序章　目的と課題

第一節　本書の目的

本書の対象は、戦後統制期日本における政策金融の手段の一つであった復興金融金庫の融資実施過程である。[1]復興金融金庫（以下、復金と略すことがある）は、日本における政策金融の歴史的経験の中で、その後継である日本開発銀行（以下、開銀と略すことがある）の「成功」と対比される形で、「失敗」の代表事例とされている。復金の融資については、「産業別の融資計画が経済安定本部によって定められただけでなく、個別案件に関する融資判断にも、復興金融委員会・同委員会幹事会などの機関を通じて、経済安定本部、商工省、農林省などの産業政策所管官庁および産業界・金融界代表者が介入した。その結果、融資に関する責任の所在が不明確になり、経営が不健全な企業への融資（赤字融資―引用者）が行われるとともに、マクロ的にもインフレーションの原因となった」[2]とされており、個別案件の融資可否判断において外部からの介入があったという復金の融資運営方法が、赤字融資やインフレという「失敗」の原因となったとされている。しかし、「失敗」の原因とされている肝心の復興金融委員会・同幹事会などの外部機関において、どのような審議が行われていたのかについては、ブラック・ボックスのままとなっている。

日本の政策金融の「失敗」の代表事例とされている復金の融資運営方法に焦点を当て、外部機関でどのような審議が行われていたのか、外部機関の介入が「失敗」の原因であったのかという観点から、復金融資の実施過程を実証的に検討すること、これが本書の目的である。

第二節　戦後統制期日本の政策金融

(1) 戦後統制期の政策金融

第二次世界大戦を敗戦で終えた後、日本は、生産の減少とインフレーションの進行という、深刻な経済危機に直面した。そのため、「生産復興が急務であったが、それはインフレーションへの対処という政策課題と深く関わ」るものであった。[3] この戦後統制期において同時に達成することが困難な二つの課題のために実施された政策金融の有力な手段が、[4] 金融機関資金融通準則に基づく融資規制、日本銀行（以下、日銀と略すことがある）による融資斡旋、そして、復金による融資であり、これらはいずれも、傾斜生産方式と連動したものであった。[5][6]

傾斜生産方式は、石炭と鉄鋼を中心とする少数の戦略産業に物的資源と資金を重点的に投入するとともに、価格・補助金政策を通じて企業にインセンティブを与え、これら産業の回復をテコとして経済全体の復興を図った政策であった。この傾斜生産方式の効果については、軽工業の犠牲の上に重工業の生産が回復されたことが確認されている。[7]

この傾斜生産方式の資金に関する需給計画として、経済安定本部は、預金増加と許容できる通貨増発の枠内に財政資金・産業資金需要を抑えるという観点から資金計画[8]（表序-1）を作成し、さらに、産業資金の割当が産業別および一般金融機関・復金別に計画された。

表序 -1　1947 年度と 1948 年度の年間総合資金需給見込　（単位：億円）

年度	1947					1948				
四半期	1	2	3	4	計	1	2	3	4	計
① 資金供給 計	170	230	670	345	1,415	540	560	1,340	770	3,210
一般自由預金	300	330	550	620	1,800	720	700	1,300	880	3,600
第一封鎖預金	-130	-100	-120	-230	-580	-200	-110			-310
その他預金				-45	-45	30	40	140	-110	100
金融機関手許現金						-10	-70	-100		-180
② 資金需要 計	365	531	780	699	2,375	852	969	2,180	713	4,714
財政資金	125	186	355	73	739	321	288	1,030	-187	1,452
国庫財政	115	166	330	33	644	271	228	930	-237	1,192
地方財政	10	20	25	40	95	50	60	100	50	260
産業資金	240	345	425	626	1,636	531	681	1,150	900	3,262
一般金融機関融資	150	190	235	330	905	440	470	850	720	2,480
復興金融金庫融資	90	140	140	273	643	91	211	300	180	782
③ 資金不足	195	240	335	334	1,104	312	409	840	-57	1,504
④ 金融機関手許現金			20	-15	5					
③＋④	195	240	355	319	1,109					
⑤ 通貨増発	195	246	355	319	1,115	312	409	840	-57	1,504

出所）大蔵省財政史室編『昭和財政史――終戦から講和まで』第 12 巻，東洋経済新報社，1976 年，220・270 頁より作成．
注）1947 年度の「資金供給計」「産業資金」「資金不足」は，それらの内訳との計算が一致しないがそのままとした．

（2）金融機関資金融通準則に基づく融資規制

表序－1に示されているように、資金計画の中では、復金より一般金融機関に期待される資金の方が相対的に多額であったが、その一般金融機関の融資を戦略産業に集中的に投入する役割を担ったのが、金融機関資金融通準則に基づく融資規制と日銀による融資斡旋制度であった。

金融機関資金融通準則は、一九四七年三月一日に制定され、①日銀の指導下で各金融機関は所属団体の自主的申合せにより融資残高増加を一般自由預金増加の五〇％以内に抑えること（一九四七年七月の融資準則改正により融資限度は自主的申合せから法的規制に代わった）、②残額を国債保有・第一封鎖預金支払い・復金債消化等に運用すること、③融資は産業資金貸出優先順位表(9)にしたがって行うことなどを定めた(10)。

この準則に基づいた融資規制の開始に際して、日銀は、民間金融機関に対して、「取引先の資金運用監査に付ては金融機関資金融通準則に基き別に報告を徴求し、常時厳格なる監査を加え取引先の資金運用方針及び状況が同準則に違反して居るものと認めたときは（中略）貸付標準額の範囲内であっても高率を適用し場合に依っては貸出総額を制限し、手形再割引、スタンプ手形等を担保とする手形貸付等に付ても之に応じないものとする。尚取引先の営業振如何に依っては貸出回収を強行することも考慮することとする」(11)という厳しい貸出規制方針をとった。

同準則に基づく民間金融機関に対する融資規制の効果としては、全国銀行新規貸出額に占める鉱工業のシェアが一九四七年三月を境に上昇しはじめた一方で、政策優先度が低かった商業のシェアが低下しはじめたことが確認されている。

（3）日銀の融資斡旋

しかし、金融機関資金融通準則の貸出優先順位表による規制は、非重点産業への資金供給を抑制するにとどまり重点産業へ資金を供給させる積極的な機能をもたなかった。この限界を補完したのが日銀による融資斡旋であった。金融機関資金融通準則は、総則の八として、「融通資金に余裕のある金融機関は、日本銀行の融資斡旋に協力すると共に、自主的に金融機関相互間の資金疎通を図り、以て必要な産業資金の供給を円滑にしなければならない」ことを挙げており、非重点産業への融資を抑制するだけでなく、日銀の斡旋によって戦略産業の企業に対して協調融資を組織するという積極的な対策を組み込んでいた。

日銀は、個々の案件について協調融資の斡旋会をセットし、メインバンクの審査情報・日銀が掌握している金融機関の資金ポジションに関する情報・産業政策当局からの情報等に基づいて、日銀とメインバンクが協力して協調融資団の結成をコーディネートした。日銀の斡旋によって成立した融資の合計金額は、一九四七年一月の開始以降、着実に増加し、全国銀行新規貸出しに対する比率は、四七年三月に急上昇し、以後かなりの変動を示しながらも傾向としては、一〇%前後を中心とするほぼ一定の水準を保ち、産業別では、鉄鋼と化学のウェイトが高かった。すなわち、日銀の融資斡旋は、戦略産業への資金供給を積極的に促進する役割を果たしていた。(12)

（4）日銀の「中間安定論」的対応

以上のように、戦後統制期の政策金融の有力手段であった融資規制と融資斡旋に対して積極的に関与していた日銀が、もう一つの有力手段であった復金融資の個別案件判断に介入した外部機関である復興金融委員会、同幹事会、地方融資懇談会のメンバーであったことや、地方融資懇談会が日銀支店長（本店では資金調整局長）の諮問機関であったことはすでに知られた事実である。(13)しかし、前述のように、外部機関での審議状況がブラック・ボックスのままであるため、それら外部機関での審議において、実際に日銀がどのような役割を果たしていたのかは明らかになっていない。

従って、第1章以降の考察は、復金融資の実施過程における日銀の役割にも注目しつつ、進める必要があろう。ただし、そのためには、戦後統制期の日銀に課せられていた中軸的課題は何であったのか、日銀はそれに対してどのような対応をとろうとしていたのか、また、日銀は復金融資についてどのような認識をもっていたのか、という点を理解しておくことが不可欠である。(14)

日銀は、敗戦直後から「インフレの爆発についてかなりの危機意識を抱いて」（一九八頁）おり、また、一万田尚登が日銀総裁就任時（一九四六年六月一日）に「生産増強とインフレ抑制の同時達成を自らの方針として提示」(15)（二〇〇頁）したことに示されているように、当時の日銀に課せられた中軸的課題は、「生産復興とインフレ抑制の同時達成」（一八一頁）であった。(16)当該期のインフレの根本要因について、日銀は、「生産の低位による供給制約の問題をかなりの程度強調しながら」（二一三頁）、復金融資を含む「財政収支の不健全に求めていた」（二一三頁）。しかし、「財政の赤字を市中金融機関の蓄積資金の範囲内で賄わせると共に産業資金をも厳重に規制し、以て資金の追加放出を一挙に喰い止める方法」には、「戦後の政治的社会的混乱が未だ余り収まっていなかったことに鑑みれば、このような資金の追加放出を一挙に拒否し、これに伴って生ずる安定恐慌を切抜けうるだけの経済的社会的地盤に欠けていたことも事実であった[17]」という認識から否定的であった。また、「一九四六年二月の金融緊急措置と三月の三・三物価体系、一九四七年六月の経済緊急対策と七月の新物価体系、一九四八年六月の新々物価体系という通貨金融措置、およびそのもとでの価格調整政策」の効果については、「いずれの場合においてもほぼ一貫して懐疑的」（二一三頁）であり、さらに、一九四七年夏からの「片山内閣および都留（重人を中心とした―引用者）経済安定本部の『一挙安定』構想には、当初から懐疑的」（二〇八―二〇九頁）であった。そのため、日銀がとった対応は、「原則論としては『先ず復興よりも安定』であるとして『一挙安定論』の立場をとりつつ、客観的、現実的には、『一挙安定』を実現する条件が存在しないとして、『中間的な不安定な通貨安定』を志向するという『中間安定』論の立場」（二一四頁）に基づくものであり、一万田総裁の言葉では、「インフレの進行のテンポを弱めつつ、生産の絶えない増大のテンポを早めて、あるところに一応の安定経済を打ち建て、さらにそれから本格的な復興をはかってゆこう」（二一六頁）というものであった。

このように、日銀は、中間安定論的な立場をとり生産の増大も重視していたが、経済復興の促進を目的として設立された復金の融資に対しては、「当初の目的に反し設備資金に向けられるものは尠く、運転資金に向けられるものが多かったが、（中略）重要基礎産業に対する前記の赤字補塡資金に向けられるものが尠くなかったことは融資の不健全性を示すものであり、次に融資資金調達のために発行された復金債が殆んど全額日本銀行によって引受けられたことは通貨膨張の一大要因となった[19]」というように、赤字融資を当初の目的、すなわち、経済の復興促進とは異なる不健全なものとみなし、復金債の日銀引受発行を通貨膨張の一大要因とみなして、問題視している。

従って、第1章以降の考察を進める上では、マネタリーな側面からの一挙安定ではなく、インフレの進行を抑制しつつ生産を増大させていくという中間安定論的な立場をとり、[20] しかも、同時に、復金融資による赤字補塡や通貨膨張を問題視していた日銀が、復金融資の実施過程においてどのような役割を果たしていたのか、という点に注目することも重要なポイントとなる。

第三節　復金の概観

本節では、次節での課題整理と第1章以降での考察に資するように、先行研究の成果に基づいて、復金の設立背景・制度・融資実績を概観する。

(1) 復金設立の背景

復金設立の背景[21]には、第二次世界大戦終了直後に日本経済が直面した深刻な経済危機があった。日中戦争開始以来、戦争末期の一九四四年までほぼ一定の水準に維持されていた実質GNPは、四六年度《ママ》に四四年の五六%まで縮小した。需要サイドで莫大な軍需が一挙に消滅したことも大きなショックではあったが、生産が激減した基本的な原因は供給サイドにあった。占領当局の厳しい貿易管理のために、四六年度の輸入はすでに海上封鎖によって大幅に低下していた四四年のさらに五分の一近くまで減少し、輸入原材料に多くを依存してきた日本経済に大きな影響を与えた。しかも、頼るべき国内資源であった石炭も、戦時中にその生産が外国人労働者に依存して行われていたため、彼らの離職により、一九四六年の生産量は四四年の三八・五%にまで減少した。

供給サイドで生じた問題は、このような単なる物資不足にとどまらず、経済を支える制度・組織面にも及んだ。戦時中、政府は軍需調達を通じて巨額の債務を企業に負った。終戦当初、日本政府は、戦時中の軍需調達を通じて生じていた債務の支払いを経済復興のテコとすることを考えたが、この構想はアメリカ占領当局によって否認された。一九四六年七月、一九四六年度のＧＮＰの一七％に相当する政府債務の支払いが、戦時補償特別税の徴収によって事実上打ち切られた。この措置は、政府に対する債権をもっていた企業、および軍需会社指定金融機関制度の下でこれら企業に対して多額の融資を行っていた金融機関のバランスシートを著しく毀損した。その対策として一九四六年八月に会社経理応急措置法、企業再建整備法、金融機関経理応急措置法、金融機関再建整備法という一連の法律が制定され、主要な企業と金融機関が財務再構築のプロセスに置かれた。(22)

しかし、その間にも低い生産水準の下で、旧軍人への退職金などの大量の臨時軍事支出や連合軍の占領費用の支払い、賃金支払いなどのための銀行貸出しの増加などによる通貨供給量の増加もあり、急激なインフレーションが進行しつつあった。(23)インフレは、一九四六年二月の金融緊急措置令による預金封鎖と同年三月の物価統制令に基づく新しい公定価格体系（「三・三物価体系」）の設定以後、一時鈍化する兆しを示したが、一九四六年秋頃から再び昂進しはじめた。鉱工業生産もほぼ同じ頃、それまでの回復基調から停滞・減少に向かった。

これらの事態は政府に強い危機感を与え、一九四六年一月から復興金融機関設置の検討が開始された。一九四六年八月一日からは、復興金融機関設置までの経過措置として、日本興業銀行復興金融部による特別融資が実施され、その興銀復興金融部の活動と並行して、復興金融金庫の設立準備が進められた。

(2) 復金の制度

一九四六年一〇月七日に法律第三四号「復興金融金庫法」が公布され、同二九日の同法施行により、復金は正式に発足した。(24)復金法は、復金の目的を、「経済の復興を促進するための必要な資金で他の金融機関等から供給を受けることが困難なものを供給すること」(第一条)と定め、資本金の全額政府出資(第四条)と理事長、副理事長、理事、監事の復興金融委員会の推薦による政府任命(第一二条)という規定によって、純然たる政府金融機関としての性格を明確にしている。復興金融委員会は、一九四六年一〇月二九日に官制に基づいて発足され、その構成員は、大蔵大臣(会長)、経済安定本部長官(副会長)、商工大臣、農林大臣、日銀総裁、金融界・産業界よりの学識経験者、計一二名であった(25)(付表A・B)。

復金の業務は、(一)資金の融通、(二)債務の引受または保証、(三)社債の応募または引受、(四)以上に付帯する業務、とされ、さらに復興金融委員会の承認によって、これ以外にも復金の目的達成上必要な業務を行うことができる(第一五条)とされていた。そのうち、融資の決定方法については、詳しくは後述するが、金額一件五〇〇〇万円以上の事案については復興金融委員会の承認が必要とされ、五〇〇〇万円未満のものについては、東京で一件三〇〇万円以上のもの、その他地方で一〇〇万円以上のものは、地方融資懇談会の審議を経る必要があった。資金調達については、政府払込による資本金以外に、「復興金融債券」(復金債)の発行が認められており、発行額は未払込資本金から債券引受・保証残高を差し引いた範囲で認められていた(第一八条)。

復金法の施行後、理事長・副理事長の人選に手間取ったが、一九四七年一月二三日に役員全員が任命され、同月二四日、第一回政府出資金四〇億円の払込み、主務大臣の設立認可、設立登記の完了を経て、設立準備が完了した。その後、復金の業務が開始されたが、その活動期間は、大きく、一九四七年一月二四日から一九四九年三月に至るまでの約二年間と、一九四九年四月から一九五二年一月一六日の日本開発銀行への権利義務の引継ぎ・解散までの二年九ヶ月間の二期に分けられる。前期は、前述のように、傾斜生産方式に沿った基幹産業融資に重点が置かれ、しだいにその範囲を拡張するという積極的活動期であり、後期は、ドッジ・ラインによるインフレ収束政策の下にあって、新規融資が停止され、復金解散方針にしたがって管理回収が押し進められた時期であった。本書は、そのうちの前期に焦点を当てている。

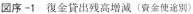

(3) 復金融資の実績

本書が考察の対象としている積極的活動期における復金の融資実績は以下の通りであった。[26] 復金の貸出残高増加額（図序－1）は、一九四七年度第一・四半期の七五億円から第二・四半期に一五三億円に増加した後、一九四八年度第二・四半期まで一五〇－一六〇億円で推移し、その後、一九四八年度第四・四半期の二〇八億円まで緩やかに増加した。

図序－1　復金貸出残高増減（資金使途別）

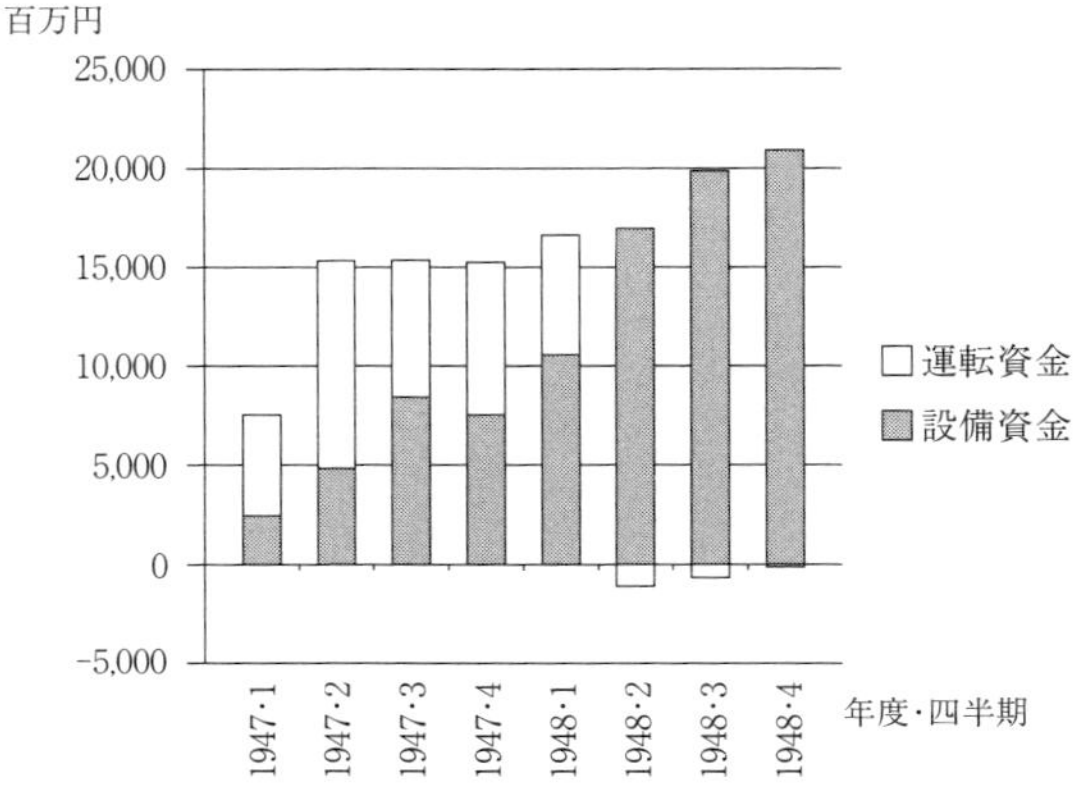

出所）宇沢弘文・武田晴人編『日本の政策金融Ⅰ』東京大学出版会，2009年，53頁，大蔵省財政史室編『昭和財政史——終戦から講和まで』第19巻，東洋経済新報社，1978年，571-573頁より作成．

資金使途別（図序－1）にみると、一九四七年度第一・第二・四半期は、貸出残高増加額の過半を赤字融資（本章第四節（2）参照）を含めた運転資金が占めていたが、一九四七年度第三・四半期に、民間金融機関の活用と赤字融資の抑制が重視されるようになると、運転資金貸出残高増加額は減少に転じ、設備資金の比率が上昇し、さらに、「価格補正に伴う当面の産業金融対策」が閣議決定（一九四八年七月一二日）された一九四八年度第二・四半期以降になると、運転資金貸出残高は減少に転じ、復金貸出残高増加額のすべてを設備資金が占めるようになった。

産業別（表序－2）では、一九四七年度第一・四半期には、傾斜生産の対象である石炭・金属（鉄鋼）・化学（肥料）の三業種で貸出残高増加額の七五％近く、石炭だけで過半を占めていたが、第二・四半期には公団の構成比が急増し、石炭と公団で貸出残高増加額の八〇％弱を占める状態となった。その後、第三・四半期には公団の構成比が低下し、

表序-2　復金融資の残高増減額と構成比

年度		1947				1948			
四半期		1	2	3	4	1	2	3	4
残高増減額（十万円）	鉱業	40,441	47,203	63,164	52,708	91,776	88,714	54,168	60,776
	繊維	537	2,242	1,672	2,212	6,555	9,254	11,351	15,566
	金属	6,969	5,998	-128	4,895	1,125	2,997	3,759	14,788
	機械器具	4,815	3,978	3,841	7,082	8,391	5,060	12,966	10,732
	窯業	504	254	214	207	600	892	789	503
	化学	8,729	11,170	7,068	12,355	9,345	12,154	13,096	14,453
	電気	2,425	1,000	5,210	16,409	40,088	44,642	56,469	54,728
	ガス	301	-24	-41	-45	-97	-22	7	6
	水産	4,600	6,770	6,620	5,486	4,945	8,548	7,980	3,156
	交通	1,616	4,444	5,477	3,909	9,087	15,534	7,960	9,064
	その他	1,085	-2,171	1,232	339	2,464	3,094	4,593	3,141
	公団	3,251	72,449	59,322	46,975	-8,033	-32,238	18,944	21,147
	合計	75,272	153,312	153,650	152,532	166,246	158,630	192,081	208,061
構成比（％）	鉱業	53.7	30.8	41.1	34.6	55.2	55.9	28.2	29.2
	繊維	0.7	1.5	1.1	1.5	3.9	5.8	5.9	7.5
	金属	9.3	3.9	-0.1	3.2	0.7	1.9	2.0	7.1
	機械器具	6.4	2.6	2.5	4.6	5.0	3.2	6.8	5.2
	窯業	0.7	0.2	0.1	0.1	0.4	0.6	0.4	0.2
	化学	11.6	7.3	4.6	8.1	5.6	7.7	6.8	6.9
	電気	3.2	0.7	3.4	10.8	24.1	28.1	29.4	26.3
	ガス	0.4	-0.02	-0.03	-0.03	-0.1	-0.01	0.004	0.003
	水産	6.1	4.4	4.3	3.6	3.0	5.4	4.2	1.5
	交通	2.1	2.9	3.6	2.6	5.5	9.8	4.1	4.4
	その他	1.4	-1.4	0.8	0.2	1.5	2.0	2.4	1.5
	公団	4.3	47.3	38.6	30.8	-4.8	-20.3	9.9	10.2
	合計	100.0	100.0	100.0	100.0	100.0	100.0	100.0	100.0

出所）『日本の政策金融Ⅰ』54頁より作成.
注） 残高増減額の単位は「億円」となっていたが修正した.

代わって電力等の構成比が上昇しはじめ、この傾向は一九四八年度に入るとより明確になった。すなわち、公団に対する貸出残高が減少に転じるとともに、電力の構成比が二〇％以上に達し、繊維の構成比も上昇した。さらに、一九四八年度第三・四半期以降は、石炭の構成比が顕著に低下してほぼ電力と同等の水準となり、繊維・機械器具等の構成比が上昇するなど、復金資金の配分先が多様化した。

民間金融機関の資金配分との比較では、①資金供給量において、復金と全国銀行の貸出残高合計に対して復金が約二五％の比重を占めており、②業種別貸出残高において、全国銀行では、

表序 -3 全金融機関融資残高中に占める復金融資の比重（1949年3月末）

	合計			設備資金			運転資金		
	全金融機関（百万円）	復金（百万円）	比重（%）	全金融機関（百万円）	復金（百万円）	比重（%）	全金融機関（百万円）	復金（百万円）	比重（%）
石炭鉱業	67,250	47,519	70.7	33,877	32,819	96.9	33,373	14,700	44.0
鉄鋼業	21,931	3,526	16.1	2,821	1,943	68.9	19,110	1,583	8.3
肥料	16,143	6,119	37.9	7,113	4,555	64.0	9,030	1,564	17.3
電気業	25,422	22,399	88.1	20,580	19,129	92.9	4,842	3,270	67.5
海運業	20,578	13,448	65.4	15,569	13,317	85.5	5,009	131	2.6
繊維工業	69,866	4,995	7.1	11,088	4,975	44.9	58,778	20	0.03
小計	221,190	98,006	44.3	91,048	76,738	84.3	130,142	21,268	16.3
融資合計	566,118	131,965	23.3	127,380	94,342	74.1	438,738	37,623	8.6

出所） 三和良一・原朗編『近現代日本経済史要覧 補訂版』東京大学出版会，2010年，148頁．

繊維、機械器具、商業の比重が高かったのに対して、復金では鉱業、化学、電力、公団の比重が高く、③資金使途別貸出残高において、全国銀行では設備資金の比重が低かったのに対して、復金では、前述のように、一九四七年度第三・四半期から設備資金の比重が高まっていたことから、設備資金に限定した全金融機関貸出残高に占める復金の比重が大きかった(27)（表序－3）。以上のような復金融資の実績に対する、「石炭・電力・肥料など、産業政策において経済復興の鍵となる産業と位置づけられながら民間金融機関から資金供給を受けることが難しかった産業に重点的に配分され、これら産業の復興に寄与した(28)」という評価に本書も異論はない。

第四節　課題と構成

(1) 個別案件の融資決定方法に関わる課題

本章第一節で述べたように、先行研究では、復金融資の運営方法上の「失敗」の原因は個別案件の融資可否判断に外部機関が介入していたことであったとされているにもかかわらず、その外部機関においてどのような審議が行われていたのかについてはブラック・ボックスのままとされている。本項では、あらためて、外部機関による介入があった個別案件の融資決定方法に関する先行研究の評価と限界を整理し、第1章以降における実証の課題をより明確にする。ここで、取り上げるのは、『昭和財政史』、『通商産業政策史』、岡崎哲二、そして、真渕勝の評価である。

①『昭和財政史』の評価

『昭和財政史』[29]が復金の融資決定方法を評価する際に依拠しているのは、復金自身による次のような回顧のみである。

復金は国家資金を国家が緊要と認める産業に融資するという使命を与えられた政府機関としての性格と、自らの責任において融資を実行する金融機関としての性格と、二つの性格を併せもつものである。この二重人格的な性格のために、政府機関いわば政策代行機関としての性格が前面に強く押し出され、金融機関としての性格が稀薄となったことは否めない。更に民主的且つ公正な運営のため設けられている復興金融委員会、同幹事会及び地方融資懇談会の存在と、これらの活動は復金の自主性を失わしめる結果となった。即ち融資の責任の所在が不明確となり、偶々昭和二三年七月頃の昭電事件を契機として、復金の性格及びその運営機構が世人の注目を惹くに至った。[30]

これに基づいて、『昭和財政史』は、「要するに責任の所在が不明確となり、後述のような昭電事件をひき起こす結果となった」ため、「復金の性格、運営機構の欠陥が指摘され、批判の的となった」結果、一九四九年二月に、「復興金融委員会幹事会が廃止され、さらに地方融資懇談会も日銀支店長の諮問機関的存在から復金理事長の直接的諮問機関に変えられた」が、「関係各省庁、日銀等との緊密な連結はいぜんとして必要であったから、幹事会に代わって『融資連絡会』が設けられて復金理事長の諮問に応ずる」ことになり、「機構面では一応復金の自主性が保てる仕組みになったが、実際にはドッジ・ラインの実施がこれにつづいたため、現実のものにはならなかった」としている。

すなわち、一九四九年二月以前は、復興金融委員会、同幹事会、地方融資懇談会の存在と活動により、復金に自主性がなかったこと、融資決定責任の所在が不明確であったことが問題であり、昭和電工事件の原因となったが、それ以降は、制度上は一応復金の自主性が保たれるようになったという評価である。この『昭和財政史』の評価の問題点は、一九四九年二月以前については復金自身の回顧のみを、それ以降については制度上の変更のみを根拠としており、復金の融資決定方法を評価している上で重要なポイントとなっている復興金融委員会、同幹事会、地方融資懇談会、そして、融資連絡会の活動実態の分析に基づいていないことである。

②『通商産業政策史』の評価

それに対して、『通商産業政策史』[31]には、それらの活動実態に少し立ち入った次のような記述がある。

復興金融委員会は、「週一回の頻度で開かれていて、上記の六か月間（一九四七年一一月―一九四八年五月―引用者）の処理件数でみると幹事会の約半分の三三六件であったが、『一万田（尚登―引用者）日銀総裁が時々ガンバルくらいのものでむしろ形式的なもの』と自他ともに認め」られていた。復興金融「委員会の実権は、議案の下審査を目的とする幹事会が掌握」しており、「融資を希望する企業は、復金審査部に働きかけるのと並行して、所管省庁にも働きかけ、幹事会で肯定的な発言をしてもらうことが必須の条件」であった。幹事会は、「原則として毎週一回開かれていたが（必要な場合には週二回）、案件数がピークであった昭和二二年一一月から二三年五月までの六か月間の処理件数は六八二件で、月平均一一四件[32]」という多数であったから、「申請者としては、結局、所管の省庁に事前に十分根回しをして置くことが必須」であった。このように、「幹事会、委員会の議を経てきたものについて、本来の最終決定機関である復金理事会が異議を唱えることは事実上考えられず、理事会は『いわば復金の象徴』という存在」であった。また、「石炭、電力の案件については、内閣に炭鉱特別融資委員会と電力特別融資委員会が復興金融委員会の議に付される前に審議を行っており、実際上は大きな権限をもって」いた。

その上で、『昭和財政史』と同様に、『復金融資の回顧』に依拠しながら、「こうして、復金は、政策代行機関としての性格が前面に強く押し出され、金融機関としての性格が希薄となり、更に民主的かつ公正な運営のために設けられた委員会、幹事会、懇談会の存在とその活動は復金の自主性を失わしめる結果となった」としている。融資決定方法の変更があった一九四九年二月以降に関する評価は、『昭和財政史』と同様である。

明記されているわけではないが、以上の記述からは、融資希望企業が融資決定の実質的な権限を掌握していた復興金融委員会幹事会のメンバーとなっていた所管省庁に働きかけ、所管省庁が幹事会で当該企業からの申込案件に肯定的な発言をしていたことによって、融資決定における復金の自主性が失われ、政策代行機関としての性格が前面に押し出されたことが問題であった、と評価していると解釈できる。

融資希望企業による所管省庁への働きかけについては、大蔵省銀行局復興金融課長であった谷村裕[33]による次のような回顧もある。「カネを借りる側の人たちは、商工省所管であれば企業局産業資金課、運輸省や農林省、建設省もそういった形になっていて、まずそこにアプローチするわけです。各省とも復興金融をつけるのに、自分たちの受持ちを応援したり、ふるいにかけたりするのですから、（中略）たとえば農林省所官（ママ）の企業が融資を受けたいということですと、農林省の人が幹事会で『これは結構だと思います』といってくれないと困るから、農林省の窓口へ行って一生懸命説明するわけです[34]」。従って、融資希望企業による所管省庁への働きかけと、それを受けた所管省庁による幹事会での肯定的な発言が行われていたことは事実であると考えられ、それが幹事会での融資決定に影響を与えていたことも間違いないであろう。

しかし、融資を受けようとする産業と所管省庁側の利害のみが復金の融資決定を左右していた、という『通商産業政策史』の理解をそのまま受け入れるわけにはいかない。その理由は、一つ目は、そのような理解が新聞記事[35]に依拠したものにすぎないからであり、二つ目は、より重要な点として、幹事会には他の利害を有していたと考えられるメンバーが含まれていたにもかかわらず、そのことがまったく考慮されていないからである。幹事会や地方融資懇談会の構成員については後述するが、その中でも、特に、前述の日銀がどのような役割を果たしていたのかについては、重要な検討課題として残されている。

③岡崎哲二の評価

岡崎哲二による復金の融資決定方法に関する評価は、前述の『戦後日本の資金配分』の他に、『日本の政策金融Ⅰ』と『経済史の教訓』の中で、より詳しく述べられている。

まず、『日本の政策金融Ⅰ』(36)では、復金の融資決定方法の特徴として、次の二点を指摘している。第一に、経済安定本部、地方融資懇談会、復興金融委員会、同幹事会など、外部の機関が復金の融資決定に関与する機会が大きく開かれていたことが、融資決定の責任を復金とこれら外部機関の間に分散させる結果をもたらしていた。第二に、少なくとも規則上は金融判断に関する復金の自主性は認められており、しかも、復金は、この金融判断の権限を裏付ける条件として、限界があったとはいえ独立した審査部を備え、そこに日本興業銀行から人材（付表E）とノウハウの提供を受けていたが、実際には復金の金融判断の自主性は十分には発揮されなかった。そして、一九四九年二月の制度改革による新しい融資決定方法では、従来の方式に比べて復金の自主性は著しく強化されたが、ドッジ・ラインの一環として復金の新規融資が原則として停止されたため、新方式はその機能を十分に発揮することはなかった。

基本的に、『昭和財政史』と『通商産業政策史』と同様の評価であり、根拠となっているものも、実証分析ではなく、『復金融資の回顧』に日銀による事後的な評価(37)が加わっているだけである。しかし、そのような融資決定方法が、復金融資の二つの深刻な副作用の原因であったとしている点が、前記二つの先行研究とは異なっている。その点は、『日本の政策金融Ⅰ』でも若干触れられてはいるが(38)、『経済史の教訓』で明確にされている。

『経済史の教訓』(39)では、復金融資のパフォーマンスについて、日本の経済復興に寄与したことは否定できないが、マクロ的にみた場合のインフレーションとミクロ的にみた場合のモラル・ハザードという深刻な副作用も伴っていたとした上で、「復金融資のパフォーマンスが右のようなものになった主要な原因は、その意思決定の仕組みにある」と断定している。その中の「意思決定の仕組み」としては、その文章の直後に、個別案件の融資決定方法が簡単に紹介されている。それに続けて、「この仕組みは融資判断の責任の所在を不明確にし、さらには疑獄事件の原因とさえなった。主要な肥料メーカーであった昭和電工への復金融資をめぐって前総理（芦田均）、前蔵相（来栖赳夫）等の逮捕者を出した昭和電工疑獄である」としている。

従って、岡崎による復金の融資決定方法に関する評価は、外部機関が大きく関与していたことにより、①融資決定の責任の所在が不明確なものであり、②復金の金融判断の自主性を十分に発揮させることを妨げ、③インフレ、モラル・ハザード、そして、昭和電工事件の原因ともなっていたが、一九四九年二月の制度改革で復金の自主性が強化された、というものであると解釈できる。しかし、このような岡崎の評価も、『昭和財政史』と『通商産業政策史』と同様に、外部機関における個別案件の融資決定に関する実証分析に基づいたものではなく、それゆえ、外部機関での個別案件の融資決定のあり方がどのようにインフレやモラル・ハザードと関係していたのかは明確にされていない。

④真渕勝の評価

真渕勝による復金の融資決定方法に関する評価は、政治学、政治経済学の立場からのものであるが、「国家の銀行――復興金融金庫と日本開発銀行[40]」という論文の中で述べられている。同稿は、復金が、汚職とインフレという発展途上国における政府金融に随伴する問題を残しながら、一九四九年四月は新規融資を停止させられた一方で、なぜ開銀は腐敗から自由であったのか、を追求する問いとして設定（三一頁）し、復金による融資と開銀による融資とを比較することによって、政府介入がレント追求そして腐敗から自由になる条件を探ることを目的（三五頁）としている。

そして、開銀は、「諸官庁の打ち出した政策は決して開銀融資に直接的に反映されるわけではな」（五一頁）く、「開銀は制度創設の段階において、各省庁から一定の距離をおいて活動することができるように設計され」（五一頁）た一方で、復金は、「諸官庁の政策がダイレクトに、したがって相互調整されることなく融資に反映され」（五二頁）、「金融機関としての自律性がほとんど認められず、融資決定の責任は不明確であった」（五二頁）とした上で、「日本開発銀行の成功は金融的判断が尊重される制度的配置によってもたらされた」（五五頁）と結論づけている。ただし、復金の個別案件の融資決定方法に関しては、「個々の融資案件は、必ず蔵相を委員長とする復興金融委員会あるいはその下部機関、例えば幹事会（経済官庁、日銀、興銀などの課長クラスで構成）によって審議された。そのために、融資決定に際して復金当局の自主性はほとんどなかった。また、融資決定に当たり、関係各省、関係機関のなわばり意識を反映させることになり、決定に対する責任をあいまいなものにした」（五二頁）と制度上の問題が指摘されているだけで、融資実施過程に関する実証分析に基づいた評価がなされているわけではない。従って、真渕による評価とそれが抱える問題は、基本的に、『昭和財政史』、『通商産業政策史』、岡崎哲二と同じである。

ただし、真渕は、『大蔵省統制の政治経済学』[41]の中で、吉野俊彦[42]の回顧や一万田に関する伝記・追悼録における「復興金融金庫に対する日本銀行の態度は意外なほど積極的であり、同金庫の融資方針を定める復興金融委員会と幹事会のほか、東京ならびに日本銀行支店所在地に融資懇談会を設け、（中略）その意見にもとづいて金庫の融資が行われる」ようになったという記述[43]に基づいて、「日銀の復金に対する関係は、復金債の購入という受動的なものにはとどまらなかった。一九四七年五月、石橋蔵相の公職追放の後、復金融資の基本方針は日銀主導のもとに決定されたからである」（一二七頁）としており、日銀が、復金融資に関する外部機関での個別案件の審議に積極的に関与していたという重要な指摘を行っている。

また、真渕は、同書の中で、復金とは直接的な関係はないが、高度成長期の制度的基盤に関する考察において、金融手段を通じた産業政策に関して最も重要な事実は、通産省と産業界から形成される「産業ネットワーク」と大蔵省・日本銀行と金融界から形成される「金融ネットワーク」とが、官僚機構の権限配置にしたがって「仕切られている」こと（一五四頁）であり、高度成長期の日本における産業政策が「市場適合的」であったのは、それが産業ネットワークにおいて立案されただけでなく、金融ネットワークとの調整に結果として耐える内容をもっていたからであり、大蔵省中心の金融制度は産業政策を市場適合的にする効果をもった（一五六―一五七頁）とした上で、「ポイントは多角的な検討を可能にした制度配置」であった（三七二頁）という重要な知見を提示している。

これらのことと、前述（本章第二節（4））のように、日銀が、インフレの進行を抑制しつつ生産を増大させていくという中間安定論的な立場をとり、しかも、同時に、復金融資による赤字補塡や通貨膨張を問題視していたことを併せ考えると、その日銀が積極的に関与した復興金融委員会・同幹事会などの外部機関による介入があった復金の個別案件の融資決定方法は、「多角的な検討を可能にした制度配置」を含み込んだものであった可能性が浮かび上がる。しかし、既述のように、真渕自身はこの点を前掲論文「国家の銀行」にフィードバックさせることなく、開銀の「成功」と復金の「失敗」という構図を描き出している。

⑤小　括

以上のように、先行研究における復金の融資決定方法に対する評価はいずれもマイナスのものであった。やや強引ではあるが、四つの先行研究の評価をまとめると、独立した審査部を備え、そこに日本興業銀行から人材とノウハウの提供を受けていたにもかかわらず、外部機関の関与により復金の金融判断の自主性が十分に発揮されなかったために、政策代行機関としての性格が前面に強く押し出された、または、インフレやモラル・ハザード（非効率な企業の維持・拡大）、そして、昭和電工事件の原因になった、ということになる。しかし、いずれの先行研究も実証分析に基づいていないということだけでなく、このような評価には次のような問題が含まれている。

まず、政策代行機関としての性格が前面に強く押し出されたという点については、先行研究は、〝融資を受けようとする産業とその所管省庁側〟と〝自らの責任において融資を実行しようとする復金〟という二元論的な構図を暗黙のうちに想定していることが問題である。本章第二節（４）で紹介したように、インフレの進行を抑制しつつ生産を増大させていくという中間安定論的な立場をとっていた日銀も外部機関のメンバーであったが、そのことがこの構図ではまったく無視されてしまっている。従って、本書では、外部機関での個別案件の審議において、〝融資を受けようとする産業とその所管省庁側〟と〝自らの責任において融資を実行しようとする復金〟のどちらとも異なる利害を有していたと考えられる日銀等のメンバーがどのような役割を果たしていたのか、という点に注目しつつ融資実施過程を考察する(44)。このことは、復金の個別案件の融資決定方法が、真渕のいう「多角的な検討を可能にした制度配置」を含み込んだものであったのかを検証することでもある。

次に、インフレと個別案件の融資決定方法との関係については、『経済史の教訓』においても後者が前者の原因になったとされているだけで、必ずしも明確にされていない。そこで、本書では、資金計画によって決められた資金枠の範囲内に収まるような融資決定がなされていたか否かを四半期ごとに確認するという方法で検証する。四半期ごとの復金融資の資金枠は、前述のように、経済安定本部により作成されて閣議と復興金融委員会によって承認される産業資金計画とそれに基づく復金資金計画で決定され、しかも、それらの資金計画は、預金増加と許容できる通貨増発の枠内に財政資金・産業資金需要を抑えるという観点から作成されていた。従って、資金枠を守っていてもなおインフレを促進する場合は、個別案件の融資決定レベルの問題ではなく、資金枠自体の問題、すなわち、後述の増資額決定レベルの問題であり、資金枠を守っていない場合は個別案件の融資決定レベルの問題ともなるからである。

最後に、モラル・ハザードと個別案件の融資決定方法との関係に関する課題については、赤字融資と関係する事柄でもあるため、項を改めて述べる。昭和電工向け融資に関わる課題についても、同様である。

なお、第１章以降における個別案件の審議状況に関する考察対象は、主に、東京地方融資懇談会、その機能を受け継いだ復興金融委員会幹事会、炭鉱特別運転資金融資審査委員会・同幹事会、そして、電力融資委員会となる。復興金融委員会を主たる対象としないのは、資料の制約によるところも大きいが、個別案件の融資決定に関しては、復興金融委員会での審議よりもその前に行われていた東京地方融資懇談会と復興金融委員会幹事会での審議の方が重要であったであろうと考えているからでもある。(45)

(2) 赤字融資に関わる課題

赤字融資とは、復金自身の定義によると、「一定期間内における企業の損失を補塡し、その企業の運営を維持せしめるための融資」であり、それが実施された背景は、(一) 賃金の上昇、(二) 資材費その他諸経費の高騰、(三) 資材割当不足、電力制限等による生産減、(四) 低物価政策強行のための公価の矛盾、(五) 価格改定の時期的ズレであった。(46)

この赤字融資について、『昭和財政史』は、「要するに、はげしいインフレのもとでコスト上昇は避けられず、したがって企業はその製品価格を採算点まで引き上げなければならないものを、インフレ抑制―低価格維持という政策のもとで価格を一定水準に固定されていることから生じる赤字と流動性の低下を政府が金融面から救済するという性格のもの」であり、「低物価政策あるいは労働政策のしわ寄せを受けている主要産業企業に、政府が救済手段を講じたとみていいわけである」(47)としている。

赤字融資の額は、一九四八年一一月の連合国軍最高司令官総司令部（GHQ/SCAP、以下、GHQ）による賃金三原則の指示（第3章参照）によって禁止されるまでの間に一八八億八七〇〇万円の巨額に達し、それは一九四九年三月末の復金運転資金貸出残高三七六億八七〇〇万円の五〇％に相当した。(48) 業種別（表序-4）でみると、一九四八年一二月末現在で、石炭が全体の六七％を占めており、これに電力、肥料、鉄鋼を加えた重点産業で九〇％以上に達してい

表序 -4 赤字融資残高（1948年12月末）

	貸出額		回収額		残高	
	金額（百万円）	構成比（%）	金額（百万円）	構成比（%）	金額（百万円）	構成比（%）
石炭	17,257	70.1	4,685	79.8	12,573	67.0
鉄鋼	1,345	5.5	362	6.2	983	5.2
電力	2,839	11.5	165	2.8	2,673	14.2
肥料	1,685	6.8	422	7.2	1,264	6.7
非鉄金属	366	1.5	54	0.9	312	1.7
その他	1,138	4.6	181	3.1	957	5.1
合計	24,630	100.0	5,868	100.0	18,761	100.0

出所）『昭和財政史——終戦から講和まで』第12巻，671頁．

る。このことから、『昭和財政史』は、赤字融資について、「これら基礎的産業資材の価格を低位に維持し、産業復興を促そうとした政策の事後的措置であり、財政支出による赤字補塡ないし価格引上げに代えて融資を実施したものにほかならない(49)」としている。

『通商産業政策史』は、この赤字融資について、「当時の経済情勢と経済政策の実状からみて、やむを得なかった面が強く、しかも、上記の融資決定メカニズムからみて復金として厳正中立的な審査を貫徹できる状況にはなかった(50)」としている。

さらに、岡崎は、『日本の政策金融Ⅰ』において、Okazaki and Ueda（一九九五）に基づいて、「赤字融資は、非効率な企業の存続を助長し、結果として企業の効率性向上に対するインセンティブを失わせた。いいかえればモラル・ハザードを引き起こした可能性がある(51)」としている。前述したように、岡崎は、モラル・ハザードの原因は、復金の融資決定方式であるとしていた。従って、岡崎は、外部機関の関与により、復金の金融判断の自主性が十分に発揮されなかったために、赤字融資が実施されたことで、モラル・ハザード（非効率な企業の維持・拡大）が引き起こされた、と評価していると解釈できる。

以上のように、『通商産業政策史』と岡崎の見解は、ともに、復金が赤字融資を実施したのは自主性を制限された融資決定方法に原因があったとしているが、いずれも赤字融資の実施過程に関する実証分析に基づいたものではない。また、本章第二節（4）で紹介したように、外部機関のメンバーであった日銀は赤字融資を復金設立の目的である経済の復興促進とは異なる不健全なものとして問題視していたが、そのことは先行研究ではまったく考慮されていない。そこで、本書では、復金は、自主性が制限されていたから赤字融資を行っていたのか、復金は、実際には、赤字融資に対してどのような態度をとっていたのか、日銀は赤字融資に対してどのような態度をとっていたのか、そして、最大の借り手であった石炭鉱業向けの赤字融資は非効率な企業の存続を助長するようなものだけであったのか、という点にも注目しながら融資実施過程の考察を行うことを課題の一つとする。

（3）復金債発行枠＝増資に関わる課題

外部機関の問題とは離れるが、本書では、復金融資の主たる資金調達源であった復金債の発行可能枠を規定した復金の増資についても、復金融資の実施過程を跡付ける中で、検討する。その理由は、以下の通りである。[52]

復金は資本金一〇〇億円で発足したが、その際、政府によって払い込まれたのは四〇億円のみであった（表序-5）。その後、資本金は一九四八年一二月に一四五〇億円にまで増額されたにもかかわらず、政府払込金は一九四九年三月末まで二五〇億円にとどまり、一二〇〇億円が未払込資本として残された。それは、政府予算が大幅な赤字を抱えており、政府出資には限度があったからであった。

そのため、復金資金の大部分は未払込資本金から債券引受・保証残高を差し引いた額の範囲内で認められていた復金債発行によって賄われた。前述（本章第三節（2）を参照）の復金法第一八条はこうして復金債増発のために逆用される結果となり、政府払込が実際にはほとんど行われなかったにもかかわらず、名目的に資本金額を増額することによって、未払込資本金額を増加させ、復金債発行の枠が広げられていった。一九四六年度末に三〇億円だった復金債発行残高は、一九四八年度末には一〇九一億円の巨額に達した。

表序 -5　復金の資金調達

	資本金（百万円）	払込資本金（百万円）	未払込資本金（百万円）	保証債務（百万円）	復金債発行高（百万円）	日銀保有高（百万円）	日銀保有率（%）	資本金変更年月日
1947年1月末	10,000	4,000	6,000					1947年1月25日（設立）
1947年3月末	10,000	4,000	6,000	10	3,000	2,824	94.1	
1947年6月末	25,000	4,000	21,000	10	11,000			1947年4月1日
1947年9月末	55,000	4,000	51,000	173	25,900			1947年9月5日
1947年12月末	55,000	4,000	51,000	1,554	40,900			
1948年3月末	70,000	7,000	63,000	3,004	55,900	42,463	76.0	1948年2月9日
1948年6月末	90,000	15,000	75,000	3,997	63,000			1948年4月12日
1948年9月末	135,000	25,000	110,000	4,512	69,000			1948年7月12日
1948年12月末	145,000	25,000	120,000	5,186	87,100			1948年12月28日
1949年3月末	145,000	25,000	120,000	7,551	109,100	79,706	73.1	

出所）『昭和財政史――終戦から講和まで』第 12 巻，677・682 頁，同第 19 巻，567-568 頁より作成．

表序 -6　復興金融債券の発行・消化状況

	総額（百万円）	日銀（百万円）	その他（百万円）	総額（%）	日銀（%）	その他（%）
1946年度第4四半期（第1－2回）	3,000	2,824	176	100.0	94.1	5.9
1947年度（第3－32回）	55,900	42,463	13,437	100.0	76.0	24.0
1948年度（第33－84回）	109,100	70,305	38,795	100.0	64.4	35.6
合　計	168,000	115,592	52,408	100.0	68.8	31.2

出所）『昭和財政史――終戦から講和まで』第 12 巻，680 頁．

表序 -7　日本銀行券発行と復興金融債券の関係

	日銀券発行増加額；A（億円）	復金債日銀引受増加額；B（億円）	B/A（%）
1946 年度	157	28	17.8
1947 年度	1,030	396	38.4
1948 年度	938	372	39.7

出所）『昭和財政史――終戦から講和まで』第 12 巻，682 頁．

復金債は、一ヶ年の割引債であり、発行条件も割引興業債券と大差なく、日銀借入れの担保に利用できるという国債同様の扱いという好条件であった。また、日銀も、市中銀行が復金債消化により「資金繰上手詰りを来たした様な場合は、相当寛大に買上げを認めて差支えありません。要するに引受けを多くさせ、歩留りを狙って行きたいという主旨」[53]で復金債日銀買上げ方針をとった。

しかし、個人消化はまったく絶望的であったばかりか、市中金融機関も前述のように財務再構築中であったから、そのほとんどの部分が日銀引受けによらざるを得なかった（表序-6）。その結果、一九四七―一九四八年度には、日銀券発行増加額の約四〇%が日銀の復金債引受けに起因することとなった（表序-7）。「復金インフレ」として世上の非難を浴びた事態は、このような巨額の復金債の日銀引受け＝日銀信用膨張によってもたらされた。

このように、復金融資がインフレの要因となった経路は、〝復金債発行による融資資金の調達→復金債の日銀引受け→通貨供給量の増加〟であった。この経路からのインフレを抑制するためには、A復金債の日銀引受けを減らす、B払込資本金を増やす、C資本金の増加を抑制する、の三つの可能性があったが、上述のように、AとBは現実には機能していなかった。しかし、Cが行われていたかどうかについては、本項が依拠した『昭和財政史』も含めて、分析した先行研究はない[54]。本書も、復金融資が日銀による復金債引受けで賄われたことがインフレの要因となったこと自体は否定しない[55]が、資本金の増加を抑制することを通じて通貨供給量の増加を抑制する努力がなされていたのかいなかったのかを確認することは、復金融資の「失敗」を評価する上で必要な課題として残されていると考えている。

（4）昭和電工向け融資に関わる課題

昭和電工事件は、昭和電工社長の日野原節三が、復金融資を受けるために同金庫幹部や官僚、そして、発覚後は事件をもみ消すべく政治家に賄賂を贈ったとされる贈収賄事件であり、多数の逮捕者を出した[56]。収賄側として逮捕された者の中には、栗栖赳夫[57]、二宮善基[58]、福田赳夫[59]という、復興金融委員会、同幹事会、東京地方融資懇談会のメンバーであった人物が含まれていた。

復金融資に関わる疑惑のより詳しい内容は、麻島昭一が紹介している『東洋経済新報』の解説によれば、次の通りである[60]。

当社の再建計画は、計画自体は一昨年九月当時と根本的には多くは変らないのに、所要資金だけが前後二回に追加予算で三倍以上にまで膨張したことが同業他社に比し異例である上、昨年一二月の肥料各社の制電による赤字と、越年融資のため一定の基準で復金融資を受けるに際し、当社も九千万円を確保したのであるが、当時、当社の年末要支払額は四億三七〇〇万円と称され、これでは当社自体はもちろん、下請諸会社が困惑の極に達するため復金幹事会小委員会で各社の査定基準をはなれて特別に七千万円が追加され、緊急を要するという理由で正式議案もなく、一二月二八日の復金委員会を通過したのである。疑惑は、二六億円を超える融資全体にかけられているものの、一番問題となっているのは右の年末七千万円の特別融資である。端的にいうと、この特別融資を受けるために、関係方面へ相当額の贈賄が行われたというのであるが、何れ時日は真相の内容を展開させるであろう。（傍点は引用者）

すなわち、疑惑は、昭和電工向け復金融資全体にかけられており、中でも、①設備資金融資では、再建計画は一九四六年九月から大きく変更されていないにもかかわらず、二回の追加予算により、融資額が三倍以上にまで膨張していることは、同業他社と比べて「異例」な取扱いであることと、②運転資金融資では、一九四七年末七〇〇〇万円の赤字融資において、同業他社と共通の査定基準に基づかず、しかも、正式議案なしに復興金融委員会を通過したことは、「特別」な取扱いであったこと、そして、それらの便宜を得るために、日野原から、栗栖、二宮、福田を含めた関係方面へ、相当額の贈賄が行われたのではないか、というものであった。

裁判の結果、有罪となったのは、日野原、重政誠之（元農林事務次官）、栗栖の三人で、いずれも執行猶予付きであった。[61]しかも、栗栖に関して有罪と認定されたのは、復金融資とは関係のない、会社社長武田要輔から日本建材工業に対する農林中金の融資の謝礼一五〇万円を受け取った一件であった。[62]ただし、本書は、昭和電工事件における贈収賄の事実関係について、再検証し得る資料を持ち合わせていないし、告発する意図もない。

以上のような昭和電工事件について、『昭和財政史』と『経済史の教訓』は、前述のように、外部機関による介入があった個別案件の融資決定方法を、その原因としている。さらに、前者は復金の機構改革とセットで論じ、後者は開銀の制度設計との対比で論じることで、[63]いずれも、外部機関による介入があった個別融資案件決定方法が復金の「失敗」の原因であったとする文脈を形成している。

それに対して、本書は、贈収賄事件の発生を理由として、個別融資案件決定方法を評価することや、復金の「失敗」を論ずることには慎重であるべきであると考えている。なぜなら、原理的には、贈収賄自体は、どのような個別融資案件決定方法であっても起り得るものであるからである。もし、機構改革後や開銀のような外部機関の介入のない個別融資案件決定方法であったとしても、復金の役職員が日野原による贈賄のターゲットになるだけで同様の疑獄事件が発生した可能性は否定できない。

そこで、本書が試みるのは、昭和電工が復金融資において同業他社と比べて「異例」「特別」な取扱いを得ることができたのは、復金の自主性が制限されていたからなのか、換言すれば、復金の融資判断が外部機関の介入により歪められたためであったのか否かについて確認することである。そのために、復金自身は昭和電工向け融資案件に対してどのような判断をしていたのか、という点に注目しながら、昭和電工向け融資の考察を行うことを課題の一つとする。なお、昭和電工向けの運転資金融資は赤字融資であったため、この課題は、前項の赤字融資に関わる課題とも重複する。

(5) 融資後の資金管理体制に関わる課題

最後に、本書では取り上げる準備はできていないが、復金融資の運営方法を評価する上での重要な論点として、加藤健太によって提唱されている融資後の資金管理体制の問題がある。(64) 加藤は、昭電疑獄と復興金融金庫の監査制度に関わる国会審議を踏まえながら、昭和電工に対する監査の実態に接近するとともに、大蔵省と日本銀行が行った復金法第三一条(65)に基づく組織的検査の内容を検討した上で、融資後の資金管理の体制を十分に整備しないまま巨額の資金を供給したことこそが、資金の適切かつ効率的な利用を阻害する一つの、そして、主たる要因となった、と主張している。ここでは、加藤による分析は、復金自身による監査について、一九四八年二月二〇日の参議院財政金融委員会での復金融資部長密田博孝の説明と昭和電工監査の中間報告の資料(復興金融金庫「昭和電工㈱監査の件」一九四八年五月一二日)(66)に基づくものであり、昭和電工監査の最終報告の資料(67)と復金監査部による一般的な監査の実態について、さらに検討する必要があることを指摘しておきたい。

(6) 本書の構成

以上のような、個別案件の融資決定方法、赤字融資、復金債発行枠＝増資に関わる課題を念頭におきつつ、第1章では、復金が融資業務を開始した一九四六年度第四・四半期から東京地方融資懇談会が廃止される一九四七年度第三・四半期までを、第2章では、復興金融委員会幹事会が東京地方融資懇談会の機能を引き継いだ一九四七年度第三・四半期からドッジ・ラインにより新規融資が原則停止される前（一九四八年度第四・四半期）までを、それぞれ対象として、復金融資の実施過程を実証的に検討する。[68] 第3章では、復金融資、そして、赤字融資の最大の借り手であった石炭鉱業向けの融資実施過程を検討する。第4章では、個別案件の融資決定方法と赤字融資に関わる課題を念頭におきつつ、石炭鉱業に次ぐ復金融資の借り手であった電力業向け融資（表序-2、表序-3）のために設置されたとされている外部機関（電力融資委員会）の設置経緯と活動実態を検討する。第5章では、昭和電工向け融資と赤字融資に関わる課題を念頭におきつつ、昭和電工向け融資に対して、復金自身がどのような判断をしていたのかについて検討する。終章では、以上の実証分析の結果を上述の課題に沿ってまとめ、最後に、総括を述べる。

（1）　本書では、政府が、融資を手段とする資金配分へ介入することを通じて、経済に関わる目標の達成を目指すことを政策金融としている。
（2）　岡崎哲二「終章」岡崎哲二・奥野正寛・植田和男・石井晋・堀宣昭『戦後日本の資金配分――産業政策と民間銀行』東京大学出版会、二〇〇二年、三八三頁。岡崎哲二「政策金融機関の明暗――復金と開銀の歴史」同『経済史の教訓――危機克服のカギは歴史の中にあり』ダイヤモンド社、二〇〇二年、四七―四八頁にも同様の記述がある。
（3）　三和良一「戦後民主化と経済再建」中村隆英編『日本経済史7　「計画化」と「民主化」』岩波書店、一九八九年、一三九頁。
（4）　本書が対象とする時期は、戦後統制期のうち、経済安定本部（一九四六年八月設置）を中心として立案・実施された政策である傾斜生産方式が開始された一九四六年度第四・四半期（一九四七年一―三月）から、ドッジ・ラインの実施により統制の解除、市場経済への復帰が本格化していく一九四八年度第四・四半期（一九四九年一―三月）までである。第二次世界大戦後の日本における経済統制と統制解除については、原朗「戦後復興期の日本経済」同編『復興期の日本経済』東京大学出版会、二〇〇二年を参照。同書で原は、「最後まで残されていた石油製品の統制も五二年七月で廃止となっており、日本におけるディスレギュレーションの過程は、（中略）この一九五二年七月をもってほぼ完了したものとみることができる」（二一頁）としている。また、原朗「経済統制の推移」通商産業省・通商産業政策史編纂委員会編『通商産業政策史――第Ⅰ期

戦後復興期（2）』第三巻、通商産業調査会、一九九二年も参照。
（5）寺西重郎は、「現在の途上国および東欧諸国でなされている安定化政策では、即時的にインフレ率の引下げに成功するものの、同時に生産活動の停滞と失業の増大が生じ、成長への見通しがたたないという事態が生じるのが通常である」として、ボリビア、アルゼンチン、イスラエル、ポーランドを事例として挙げている。寺西重郎「安定化政策と生産拡大・成長」香西泰・寺西重郎編『戦後日本の経済改革――市場と政府』東京大学出版会、一九九三年、四九頁。
（6）以下、本節の記述は、別に断らない限り、岡崎哲二「戦後日本の産業政策と政府組織」青木昌彦・奥野（藤原）正寛・岡崎哲二編『市場の役割　国家の役割』東洋経済新報社、一九九九年と、同「戦後経済復興期の金融システムと日本銀行融資斡旋」東京大学経済学会編『経済学論集』第六一巻第四号、一九九六年一月による。
（7）岡崎哲二「『傾斜生産』と日本経済の復興」前掲『復興期の日本経済』第二章。
（8）これは一九四七年度と一九四八年度の一年間の見込みの計画であり、第1・2章で取り扱う実際に各四半期ごとに作成された産業資金計画とは異なっている。
（9）産業資金貸出優先順位表は、甲の一（石炭・亜炭・製鋼・肥料など）、甲の二（金属工業・石油工業・綿織物・染色整理など）、乙（甲の一・二・丙以外のもの）、丙（絹糸・真綿・金属製家具・家庭用電器・化粧品・製菓・精米など）の四種に区分され、甲の一については設備の新設拡張・補修改良資金を認め、甲の二は補修改良資金を主とし場合により新設拡張も認めるが、乙は補修改良のみとし、丙は設備資金の必要を認めないというものであり、一九四七年六月一三日、同年七月二一日、同年一〇月一日と一部改正が繰り返された。前掲『通商産業政策史』第三巻、一六二―一六三頁。
（10）その後、金融機関資金融通準則は、一九四九年八月一五日に行われた改正により丙順位貸出に対する規制の大幅緩和により実質的に廃止され、一九六三年七月に根拠法であった金融緊急措置令が廃止されると同時に廃止された。日本銀行百年史編纂委員会編『日本銀行百年史』第五巻、一九八五年、三五〇―三五一頁。
（11）前掲『日本銀行百年史』第五巻、九五―九六頁。
（12）その後、日銀の融資斡旋は、占領当局の金融引き締め政策への転換要求に応じて手控えられたことで一九五〇年五月以降、その規模が著しく縮小し、一九五四年二月に日銀の融資斡旋部も廃止された。前掲、岡崎「戦後経済復興期の金融システムと日本銀行融資斡旋」四八―四九頁。
（13）例えば、岡崎哲二「日本開発銀行の設立と初期の政策金融」宇沢弘文・武田晴人編『日本の政策金融Ⅰ――高成長経済と日本開発銀行』東京大学出版会、二〇〇九年、第一部、二五・二三―二六頁。
（14）以下、本項の記述は、別に断らない限り、伊藤正直「戦後ハイパー・インフレと中央銀行」日本銀行金融研究所『金融研究』第三一巻第一号、二〇一二年一月により、カッコ内の頁は、同論文での頁番号を示す。

(15) 一万田尚登の就任当初の方針については、他に、「一万田新日銀総裁談　農村滞留資金を吸収　金利、貸出方針は変更せず」『日本経済新聞』一九四六年六月二日、朝刊、一頁、「国民の信頼する計画を樹立　日銀新総裁談」『朝日新聞』一九四六年六月二日、東京、朝刊、一頁、「生産計画が先決　一万田総裁談　金だけ出しても駄目」『読売新聞』一九四六年六月二日、朝刊、一頁も参照。

(16) 前掲『日本銀行百年史』第五巻でも、「本行は『資金融通準則』に基づく融資規制の開始に即応して、本行貸出の抑制と融資あっせんを通じて背後から傾斜金融を押し進め、経済の復興と安定を同時に達成しようとしていたといえよう」（九六頁）とされている。

(17) 日本銀行調査局「戦後における日本銀行の信用政策」一九五〇年一月一日、日本銀行調査局編『日本金融史資料　昭和続編』第九巻、大蔵省印刷局、一九八一年、五〇頁。

(18) 本章第三節（2）を参照。

(19) 前掲「戦後における日本銀行の信用政策」四四頁。

(20) 前掲、伊藤「戦後ハイパー・インフレと中央銀行」では、当該期の日銀に課せられた中軸的課題であった「生産復興とインフレの同時達成」に対する日銀の態度を、「生産の回復によるインフレの進行鈍化を実現するとともに、価格調整政策の限界の露呈を防ごう、あるいはできるだけ遅らせようとする」（一八一頁）ものであったとしている。

(21) 以下、本項の記述は、別に断らない限り、前掲『日本の政策金融Ⅰ』一五―二四頁による。

(22) 戦時補償特別税、軍需会社指定金融機関制度、会社経理応急措置法、企業再建整備法、金融機関経理応急措置法、金融機関再建整備法については、日本政策投資銀行編『日本開発銀行史』二〇〇二年、八頁を参照。

(23) 前掲『日本開発銀行史』八頁。

(24) 以下、本項の記述は、別に断らない限り、大蔵省財政史室編『昭和財政史――終戦から講和まで』第一二巻、東洋経済新報社、一九七六年、六三一―六三三頁による。

(25) 復興金融金庫『復金融資の回顧』一九五〇年、一八二頁。

(26) 以下、本項の記述は、別に断らない限り、前掲『日本の政策金融Ⅰ』五二―五六頁による。

(27) 前掲『昭和財政史――終戦から講和まで』第一二巻、六四五―六四六頁も参照。

(28) 前掲『日本の政策金融Ⅰ』六四頁。

(29) 前掲『昭和財政史――終戦から講和まで』第一二巻、六七三頁。鈴木武雄『現代日本財政史』（中巻、東京大学出版会、

一九五六年、三一六頁）による評価もほぼ同じである。

（30）　前掲『復金融資の回顧』一八三頁。

（31）　ここでの記述は、別に断らない限り、脇山俊「産業資金の供給と産業税制」前掲『通商産業政策史』第三巻、第三章第四節、二〇四―二〇七頁による。

（32）　元資料は、ＥＳＳ資料、一九四八年六月一日付け、無署名、「復金の運営機構」国立国会図書館所蔵、B-12069とされている。

（33）　谷村裕の同ポスト在任期間は一九四七年九月二日から一九四八年七月一七日であった。大蔵省百年史編集室編『大蔵省百年史』別巻、㈶大蔵財務協会、一九六九年、八四頁。

（34）「復興金融金庫の設立と評価――証言者　谷村裕」大月高監修『実録　戦後金融行政史』金融財政事情研究会、一九八五年、二五〇―二五一頁。

（35）「組織と人　④復興金融金庫　根強い官僚勢力の浸透　興銀系の主流に座る工藤氏」『朝日新聞』一九四八年八月二五日、東京、朝刊、一頁。

（36）　前掲『日本の政策金融Ⅰ』三六―三七・四三―四四頁。

（37）　日本銀行調査局「復興金融金庫について」一九六二年一一月一六日、日本銀行金融研究所編『日本金融史資料　昭和続編』第一一巻、一九八一年、三八三頁。

（38）　前述の日銀による事後的な評価を紹介した直後に、「さらに、第五節で述べるように、あらためてデータを分析しても、復金融資が必ずしも効率的に配分されていなかったという結果が得られる」（同書三七頁）と述べられている。

（39）　前掲『経済史の教訓』四七―四九頁。

（40）　真渕勝「国家の銀行――復興金融金庫と日本開発銀行」日本政治学会編『年報政治学』四六巻、一九九五年。

（41）　真渕勝『大蔵省統制の政治経済学』中央公論社、一九九四年。

（42）　一九一五年、大阪市生まれ。東京帝国大学法学部を経て、三八年に日本銀行入行。長年にわたり調査局勤務を続け、四一年には日銀法制定に尽力した。六六年、調査局局長、七〇年、日銀理事に就任。イミダス編「吉野俊彦」『情報・知識imidas』二〇〇五年一〇月（JapanKnowledge Lib、二〇二三年五月二日アクセス）。

（43）　吉野俊彦『戦後金融資の思い出』日本経済新聞社、一九七五年、一一七頁。一万田尚登伝記・追悼録刊行会『一万田尚登伝記・追悼録』六一頁。

（44）　白鳥圭志『戦後日本金融システムの形成』（八朔社、二〇一七年）は、「幹事会も含めた委員会運営に与える専門官僚の影響力は相当大きかった」(一一二頁)としている。それに対して、本書では、官僚内での利害の違いや官僚以外のメンバーの役割がどのようなものであったのかという点を重視している。

(45) もちろん、このこと自体、実証によって確かめられなければならない課題として残されていることは承知している。他に、杉浦勢之「戦後復興期の銀行・証券――『メインバンク制』の形成をめぐって」(橋本寿朗編『日本企業システムの戦後史』東京大学出版会、一九九六年)も、前出の谷村裕の回顧に依拠して、復興金融委員会幹事会を「復金融資の事実上の決定機構」(同書二六五頁)としている。また、前掲『通商産業史』第三巻が依拠しているもの以外にも、幹事会が決定権をもっていた、委員会は形骸化していたとする新聞記事は複数ある。例えば、次の通りである。「運営に自主性を　刷新へ要望高まる」『読売新聞』一九四八年二月四日、朝刊、一頁、「社説　復金融資の問題点はどこか」『朝日新聞』一九四八年五月一四日、東京、朝刊、一頁、「復金をあばく　形骸化した委員会　外部から圧迫と誘惑の手」『読売新聞』一九四八年一〇月二日、朝刊、一頁、「社説　検討を要する復金の在り方」『朝日新聞』一九四八年一〇月六日、東京、朝刊、一頁、「昭電疑獄の背景　返す気ない復金融資　運転資金もバラまけるわけ」『朝日新聞』一九四八年一〇月一〇日、東京、朝刊、一頁。付表A―Dも参照。

(46) 引用も含めて、前掲『復金融資の回顧』一八〇頁。

(47) 前掲『昭和財政史――終戦から講和まで』第一二巻、六七一頁。

(48) 前掲『昭和財政史――終戦から講和まで』第一二巻、六七一頁。ちなみに、一九四八年一二月末の復金運転資金貸出残高は三七七億三三〇〇万円であった。大蔵省財政史室編『昭和財政史――終戦から講和まで』第一九巻、東洋経済新報社、一九七八年、五七一頁。

(49) 前掲『昭和財政史――終戦から講和まで』第一二巻、六七二頁。

(50) 前掲『通商産業政策史』第三巻、二一七頁。

(51) Tetsuji Okazaki, Kazuo Ueda, "The Performance of Development Banks: The Cases of the Reconstruction Finance Bank," *Journal of the Japanese and International Economies*, 9(4), 1995. 引用は、前掲『日本の政策金融Ⅰ』六四頁。

(52) 本項の記述は、別に断らない限り、前掲『昭和財政史――終戦から講和まで』第一二巻、六七六―六八一頁による。

(53) 前掲『昭和財政史――終戦から講和まで』第一二巻、六九七頁。

(54) 前掲『戦後日本金融システムの形成』は、新規貸出総額と回収額における公団の比重が大きかったことは、「復金融資の大部分が回転率の良い公団に向けられていたことや、これにより可能な限り通貨供給面からのインフレにつながる資金供給の抑制を図る努力を払っていたことを意味する。(中略)日銀への資金依存により金融面からインフレ促進を図る面があったことは認める必要はある。しかし、（中略）復金は金融面からのインフレ抑制を重視した行動を採っていたことには注意する必要がある」（一二三―一二四頁）としている。インフレ抑制に注目している点は継承すべきであるが、本書では、インフレ抑制の手段としては、中長期的な通貨供給量の増加につながる、公団向け融資も含めた全体の復金融資残高の増加をいかに抑制するかということの方を重視しており、その鍵を握っていたのがCであったと考えている。また、「少なくとも一九四七年中までは、復金は、中央官僚層主導で公団向けを中心に効率的な資金運用を重視し、回収困難な中小企業向け融資など、非効率的でかつインフレ促進に結実しかねない資金供給を回避する志向性が強かったと判断される」（一二七頁、傍点は引用者）とされているが、本書第1・2章の分析からは、このこと（特に傍点部）を支持する実証的根拠を見出せていない。さらに、次項に関わる点であるが、「復金の民間企業――特に中小企業に対する厳格な融資姿勢は、民間側の贈賄を通じたレント・シーキングを顕在化させた。昭和電工事件がそれである。（中略）昭和電工の贈賄工作は、民間による新規融資獲得《ママ》が厳しさが原因だった」（一二八頁）ともされている。中小企業によるレント・シーキングに関しては本書の対象とし得ていないものの、昭和電工を含めた肥料工業は、前述（本章第三節（3））のように、復金融資の重点産業であった。

(55) 本章第二節（4）で紹介したように、日銀自身もこのことを問題視していた。

(56) 加藤健太「昭電疑獄と復金融資の『監査』体制（1）――制度的枠組みとその実態」『高崎経済大学論集』第五二巻第一号、二〇〇九年、七三頁。他に、麻島昭一『企業再建整備期の昭和電工』学術出版会、二〇〇六年、一七七頁も参照。

(57) 栗栖赳夫は、一九二一年以来日本興業銀行に勤務し、一九四五年一二月以降同行理事として資金の貸付その他興銀の業務一般を掌理する職務権限を有し、一九四七年五月同行総裁となり、同年六月二五日以降は大蔵大臣として政府の財務を統轄する等の一般金融および銀行に関する事務を管理し、特に復興金融金庫その他特殊金融機関に対する監督事務ならびに昭和二〇年勅令第六五七号（会社の解散の制限等に関する件）所定の指定会社の資金借入れに関する許可事務、臨時資金調整法所定の事業設備の新設・拡張・改良に関する許可事務等を掌るとともに、復興金融委員会会長として復金の行う資金の融通に関する議案の審査、承認等の事務を掌る職務権限を有していた（東京地方検察庁「昭和電工事件判決書（日野原関係松下権八）」一九五二年、一四四頁、国立国会図書館所蔵）。さらに、一九四八年三月―一九四八年一〇月の芦田内閣期の経済安定本部長官であった（大森とく子「栗栖赳夫」『国史大辞典』一九八三年、九四一頁）から、その間は、復興金融委員会副会長であった。

(58) 二宮善基は、第一高等学校を経て一九二七年三月東京帝国大学経済学部を卒業し、直ちに日本興業銀行に入り、一九四二年四月臨時資金融通部長、一九四三年五月融資第二部長、一九四六年三月復興管理部長となり、同月理事に就任。復金設立と同時に一九四七年一月興銀を退職して復金理事に就任、これに先立つ一九四六年一〇月から復興金融委員会幹事を兼ね、復金理事として東京地方融資懇談会委員も兼ねていた。一九四七年七月一四日、復金理事、復金幹事、東京地方融資懇談会委員を辞して興銀副総裁に就任。復興金融委員会幹事退職の正式発令は同年八月であるが、実質的には復金理事退職と同時にその地位を去っている。前掲「昭和電工事件判決書（日野原関係松下権八）」五六―五七頁。

(59) 福田赳夫は、一九四六年七月三〇日大蔵省銀行局長に就任、復興金融に関する監督指導、一般銀行監理等に関する事務を担当し、一九四六年一〇月二九日復興金融委員会幹事に就任して復金より回付される借入申込に対する融資の許否に関する認定、復興金融委員会に付議する融資に関する議案の下審査等に関する職務に従事し、一九四七年九月二日大蔵省主計局長に転じた後も、引続き同幹事としてとどまった。前掲「昭和電工事件判決書（日野原関係松下権八）」二三〇―二三一頁。

(60) 前掲『企業再建整備期の昭和電工』一七八頁。「発展する昭和電工事件　事件は巨額の復金融資から更に日野原社長出現問題に」『東洋経済新報』第二三四三号、一九四八年一〇月九日、一七―一八頁。他に、「昭和電工事件　官紀腐敗の足あと」『週刊朝日』五三巻一六号、一九四八年一〇月一七日、五頁、「昭電疑獄・復金融資をえぐる　七千万円の追加分　口頭で承認　〝運転資金〟に疑雲漂う」『毎日新聞』一九四八年九月二三日、東京、朝刊、二頁、「解説　昭電疑獄の発端　〝越年〟に特別金融　復金からの融資経過」『朝日新聞』一九四八年九月二三日、東京、朝刊、一頁も参照。

(61) 前掲『企業再建整備期の昭和電工』一七七頁。

(62) 「昭電事件裁判終る　実刑は一人もなし　栗栖被告の上告棄却」『朝日新聞』一九六二年一一月三〇日、東京、夕刊、六頁。

(63) 開銀の制度設計については、「復金の機能の重要な部分を承継することになる開銀の設立にあたっては、右に述べたような復金の活動に対する反省が制度設計に反映された。すなわち、復興金融委員会幹事会のような、個々の融資判断に外部から干渉する機関は設置されず、融資判断はもっぱら（開銀―引用者）総裁の責任において行われることになった」（前掲『経済史の教訓』四九頁）とされている。

(64) 加藤健太「昭電疑獄と復金融資の『監査』体制（1）――制度的枠組みとその実態」高崎経済大学経済学会『高崎経済大学論集』第五二巻第一号、二〇〇九年、加藤健太「昭電疑獄と復金融資の『監査』体制（2）――制度的枠組みとその実態」高崎経済大学経済学会『高崎経済大学論集』第五二巻第二号、二〇〇九年。

(65) 「主務大臣は、必要があると認めたときは、勅令の定めるところにより、左の各号に掲げる者からその業務及び財産の状況に関し報告を徴し、又は当該官吏にその業務の状況若しくは帳簿書類その他の物件を検査させることができる。／一　復興金融金庫から資金の融通を受けた者／二　復興金融金庫により債務を引き受けられ、又は債務を保証された債務者／三　復興金融金庫により応募され、又は引き受けられた社債の発行者」（／は改行）。前掲『昭和財政史――終戦から講和まで』第一二巻、八六八頁。

(66) 中間監査に関しては次の資料もある。復興金融金庫「昭和電工㈱監査の件」一九四八年五月一二日、『戦後財政史資料 愛知文書 復興金融金庫(14)昭電融資(昭・21―24)』(国立公文書館所蔵)、整理番号三、「(備考)報告の要点説明」、『戦後財政史資料 愛知文書 復興金融金庫(14)昭電融資(昭・21―24)』(国立公文書館所蔵)、整理番号四、「本社払内訳表自22.4.1至22.12.31」、『戦後財政史資料 愛知文書 復興金融金庫(14)昭電融資(昭・21―24)』(国立公文書館所蔵)、整理番号五。

(67)「制限会社・集中排除指定会社 昭和電工㈱本社監査の件」、『戦後財政史資料 愛知文書 復興金融金庫(14)昭電融資(昭・21―24)』(国立公文書館所蔵)、整理番号六。

(68) 本書では、東京地方融資懇談会の廃止と復興金融委員会幹事会によるその機能の引継ぎ、復興金融委員会幹事会の廃止と融資連絡会の設置、それぞれの経緯と要因について検討の対象としていない。それは、資料的な制約によるが、より積極的には、各外部機関が介入した制度の下での融資の実施過程の検討に力点を置いているからである。なお、後者については、前掲『日本の政策金融Ⅰ』三七―四四頁が現在の研究水準をなしている。

第1章　東京地方融資懇談会期の復金融資実施過程

はじめに

本章は、復金が設立された一九四七年一月下旬から融資手続の改革が行われた一九四七年一一月下旬までにおける融資実施過程を、四半期ごとに、順に分析する。

序章で挙げた課題のうち、本章で考察されるのは、復金債発行枠＝増資に関わる課題と個別案件の融資決定方法に関わる課題の二つである。前者については、この時期に行われた二度（一九四七年四月一日、一九四七年九月五日、前掲表序－5）の増資において、増資額の抑制が行われていたのかを確認することが課題となる。後者については、地方融資懇談会、特に、東京地方融資懇談会での審議の状況はどのようなものであったのか、日本銀行はどのような役割を果たしていたのか、四半期ごとの資金枠は守られていたのか、という点を検討することが課題となる。その際、この時期の復金融資実績における大きな変化であった公団向け融資の急増（前掲表序－2）に対して、どのような対応がなされていたのかという点にも注目する。

本章の構成は、一九四六年度第四・四半期から一九四七年度第三・四半期（一一月下旬まで）の各四半期に各節が対応している。また、第一節の初めで、復金設立当初の融資手続に関する先行研究に基づいた確認とそれに対する追加の説明を行っている。

第一節　設立当初における融資の手続きとルーズな審議――一九四六年度第四・四半期

(1) 設立当初の融資手続

設立当初における復金の融資手続は、復興金融委員会によって定められた[1]「復興金融金庫融資準則」「復興金融金庫融資取扱規則」および「地方融資懇談会規則」によって規定され、それらは一九四七年一月二五日付で復興金融委員会委員長より復金理事長宛てに通牒された[2]。それらによる融資手続の流れは、資金計画の作成と個別融資申込の取扱いに大別できる。前者については、経済安定本部により産業資金割当計画が作成され、それに基づいて年間および四半期の産業別資金運用計画を樹立し、常にこれと睨み合わせて資金の運用を図るとされていた[3]。

後者については、次の通りとされていた[4]。融資の申込は、申込者が復金の本支所、出張所ないし代理店に対して直接行うことを原則としたが、一般金融機関が融資申込を受け、貸出困難と認めたものについては、その金融機関が申込の取り次ぎを行うことができた。申込書は二通が復金に提出され、うち一通は日銀に回付された。復金が申込を受けたときは、一件一〇〇万円未満（当該取引先に対する貸出額合計ベース）であれば、原則として復金限りで融資を決定し、日銀に事後報告した。ただし、「異例に属するもの又は融資準則に照らすも判定困難なもの」、および復金が他の金融機関で融資可能と判断したものは日銀に回付し、後者については日銀に融資斡旋を依頼した。一方、一件一〇〇万円以上のものについては、復金は日銀支店長ないし本店管内では資金調整局長の意見を求めた。日銀では、地方融資懇談会の意見を聴いた上、「経済復興の促進となり且つ他の金融機関からは融資を受け得ないと認めたとき」ないし「経済復興の促進とならず融資の必要なしと認められたとき」はそれぞれの旨を金庫に通知し、「他の金融機関で融資出来ると認めたとき」は他の金融機関に融資斡旋を行った。復金は、日銀からの意見の通知があった案件について、金額・条件等が不適当と認めた場合は変更を加え、さらに融資不適当と認めた場合は融資を拒絶することができた。これらの場合、復金は日銀に事後報告した。さらに一件の金額五〇〇〇万円を超えるもの、および重要かつ異例なものについては、復興金融委員会の承認を受けるものとされた。

そのうち、地方融資懇談会について、「地方融資懇談会規則」の一―四は、次のように規定していた(5)。地方融資懇談会は復金の融資に関し、日本銀行支店長（本店にては資金調整局長）の諮問機関として、日本銀行本支店所在地に設置する。構成員は、日本銀行支店長ないし資金調整局長（委員長）、大蔵省・商工省・地方商工局関係官、都・道・府・県庁関係官、復金職員、主要金融機関代表者、その他委員長の委嘱する者とする。懇談会は、①「提出された案件が経済復興の促進に必要と認められるか否か、及び他の金融機関から融資を受け得ないか否か」、②「金庫から融資することを適当と認めたものの中特に必要があるときはその融資金額、期限返済方法等で適当であるか否か」を審議し、結果を復金に通知する。また、懇談会が他の金融機関で融資できると認めた場合は、日銀が他の金融機関に融資を斡旋する。これらから、地方融資懇談会は、先行研究がいうように、「ある案件に復金融資が必要とされるかどうかを事前にスクリーニングする機能を有して(6)」いた。表1-1は、設立時における外部機関の関与範囲と復金内の融資専行権限をまとめたものである。

以上のように説明されている復金設立当初における融資手続の制度面に関しては、さらに、次の三つを追加しておく必要があろう。

一つ目は、懇談会の運営自体にも日銀が大きく関わっていたことである。この点は、先行研究が言及していない「地方融資懇談会規則」の「五、会議の招集は委員長がこれを行ふこと。六、案件の提出は日本銀行がこれを行ふこと」に基づく。

表 1-1　外部機関の関与範囲と復金内の融資専行権限；1947 年 1 月 25 日の設立時

〔東京〕

1 件当り金額	介在する外部機関		復金での融資
100 万円未満			本所限りで融資
100 万円以上～ 5,000 万円未満	東京地方融資懇談会		本所限りで融資
5,000 万円以上，重要，異例	東京地方融資懇談会	復興金融委員会	復金が融資

〔大阪〕

1 件当り金額	介在する外部機関		復金での融資
100 万円未満			支所限りで融資
100 万円以上～ 2,000 万円未満	地方融資懇談会		支所限りで融資
2,000 万円以上～ 5,000 万円未満	地方融資懇談会		本所承認後に融資
5,000 万円以上，重要，異例	地方融資懇談会	復興金融委員会	復金が融資

〔名古屋・神戸・福岡〕

1 件当り金額	介在する外部機関		復金での融資
100 万円未満			支所限りで融資
100 万円以上～ 1,000 万円未満	地方融資懇談会		支所限りで融資
1,000 万円以上～ 5,000 万円未満	地方融資懇談会		本所承認後に融資
5,000 万円以上，重要，異例	地方融資懇談会	復興金融委員会	復金が融資

〔その他〕

1 件当り金額	介在する外部機関		復金での融資
100 万円未満			支所限りで融資
100 万円以上～ 500 万円未満	地方融資懇談会		支所限りで融資
500 万円以上～ 5,000 万円未満	地方融資懇談会		本所承認後に融資
5,000 万円以上，重要，異例	地方融資懇談会	復興金融委員会	復金が融資

出所）『日本の政策金融 I』33-34 頁より作成.
注）1 件当り金額＝当該申込先に対する合計貸出額.

二つ目は、日銀が懇談会に提出する案件の作成に必要な調査には、復金の各部課・支所・出張所・駐在員事務所・代理店が関わっていたことである。一九四七年二月一五日に、復金総務部長から復金の各部課長・支所長・出張所長・駐在員・代理店宛に発せられた通牒[7]で、以下のような指示がなされていた。

申込書ノ御送附ト仝時ニ懇談会デノ説明ノ資料トシテ左記要領ニヨル調査表ノ各項目ニ□シ一応御取調べノ上記載御添附願ヒマス。
尚本件ニ付テハ日銀資金調整局ト打合セ済ミデス。

記

一、　申込元
二、　会社要項
三、　申込金額及使途
四、　主要製品ノ年間製造高、販売高及ビ販売先（最近一ヶ年実績及計画完成后）
五、　原材料ノ年間需要高及ビ購入先
六、　収支予想
七、　償還資源
八、　関係官庁ノ意見
九、　普通金融機関ニテ融資ヲ困難トスル事由（従来ノ取引銀行ニ一応問合スコト）
十、　本申込ヲ受付ケタル事由
十一、　其他参考事項

地方融資懇談会では、これらの項目に関する調査結果に基づいて、個別案件レベルでの復金融資の必要性が審議されていたと考えられる。

三つ目は、一九四七年三月一日に公布施行された金融機関資金融通準則[8]が復金融資に準用されるようになったことである。「復興金融金庫融資準則」では、「設備資金については臨時資金調整法の定める事業資金調整標準、運転資金については別に定める産業緊要度標準に依り其の上順位のものを優先的に取扱ふこと[9]」とされていたが、金融機関資金融通準則の施行を受けて、復興金融委員会は、「復興金融金庫は直接には同準則の適用をうけるものではないがその実施に伴ひこれを準用して一般金融機関との均衡を図る必要がある反面、金庫の使命に鑑み同準則の規定に拘らず独自の立場で融資を処理すべき場合もある」との見解から、その後の復金融資の処理について、

一、復興融資については、さきに通牒した復興金融金庫融資準則に従う外、原則として金融機関資金融通準則をも準用すること。

二、資金貸出の優先順位については、設備資金、運転資金共に今般実施された産業資金貸出優先順位表によるものとすること。

三、丙順位に属する産業の設備資金並びに運転資金の融通は共に復興金融金庫融資取扱規則二、の（一）の（イ）に定める「異例に属するもの」として金額に拘らず日本銀行に回附するを要するものとすること。

という指示を出している[10]。

(2) 地方融資懇談会での審議

復金設立後、最初の年度事業計画も一九四七年一月二五日に復興金融委員会によって承認された[11]。その前提とされたと考えられているのは、「昭和二十一年度第四・四半期資金計画(復興金融金庫)二二・一・一五」[12]である。その特徴を『日本の政策金融Ⅰ』[13]は、第一回政府払込金額四〇億円の範囲内で融資計画が立てられていたこと、石炭・肥料・鉄鋼・機械の計画全体に占める比率が高く傾斜生産を反映していたこととしている(後掲表1-2も参照)。一点だけ付け加えておくと、このときの資金計画では、資金調達に回収が勘案されている様子はなかった。

この最初の資金計画の下での融資実施過程に関する記述資料は乏しいが、次の二つを挙げることができる。

一つは、一九四七年二月(日付不明)に、復金総務部長から融資部長・支所長・出張所員・駐在員に宛てた通牒[14]である。その中で、「本金庫の融資については復興金融金庫融資準則に定められたところにより貴職においては素より適正に御取扱のことと思いますが近時懇談会の論議稍々低調の嫌あり、融資先及融通條件等に関する意見の開陳活発を欠くを以て充分注意せられたいとの大蔵省方面の意向でありますので通貨膨張の抑制旁々此の点特に御留意の上前記準則に照し遺憾のない様本金庫としての処理をせられた」いとの依頼がなされている。

もう一つは、同じく復金総務部長から各部長・検査課長・支所出張所長宛に出された通牒[15](一九四七年四月一日付)である。それは、「従来の取扱件数の内には普通融資の余地ありと認められるものも散見せられるとの批判を聞くのでありますす。依ってかゝる点に付ては此際特に御留意願い此種のものは日本銀行の融資斡旋を俟つこと、致される様」という依頼を行ったものであった[16]。

この二つの通牒から、設立当初の融資実施過程について以下の三点が分かる。第一に、復金の主務官庁の一つであった大蔵省[17]が、すでにこの時期から、懇談会での審議のあり方に積極的に関与していた[18]。第二に、通貨膨張の抑制が復金により意識されていた。しかし、第三に、地方融資懇談会における融資先や融資条件等に関する議論は活発でなく、普通金融機関からの融資可能性に関する検討も十分でなかった。

（3）一九四六年度第四・四半期の融資実施概況

表1－2は、一九四六年度第四・四半期の資金計画と融資状況に関する統計をまとめたもの[19]である。申込額の段階で、すべての産業で資金枠を上回っており、一般産業計では資金枠の約二倍に達している。承認額の段階でも、圧縮はされているが、鉱業、金属工業、機械器具工業以外では資金枠を大きく超過しており、一般産業計では資金枠を約五割も超過している。さらに、貸出実行ベースの新規貸出額の段階でも、次期以降への繰越しで多くの産業で圧縮されているが、逆に前期よりの繰越しにより承認額よりも増加している産業もあり、一般産業計では資金枠を約三〇%も超過している。そして、回収を勘案した残高純増額の段階でも資金枠を上回っていた。その中で、承認額が資金枠を大きく超過していたことは、設立直後の地方融資懇談会における復金融資審議が、資金枠を厳守していなかったという意味で、ルーズなものであったことを示している。

承認・計 ：G	新規貸出額 ：H	残高純増額 ：I
百万円	百万円	百万円
1,238	1,548	1,519
102	49	49
695	361	359
419	886	850
20	50	50
845	1,207	1,117
	305	303
647	121	120
1,997	652	622
5,962	5,179	4,987
G/A	H/A	
%	%	
92	115	
204	99	
82	42	
76	161	
	＋50百万円	
188	268	
	153	
809	151	
425	139	
149	129	

資料室所蔵）1949年3月，26-45，68-83．

表 1-2　1946 年度第 4 四半期の資金枠と融資状況

	資金枠 ; A	申込額 ; B	承認・直接貸 ; C	承認・保証 ; D	取下・市中斡旋 ; E	取下・拒絶 ; F
	百万円	百万円	百万円	百万円	百万円	百万円
鉱業	1,350	1,455	1,238			178
（内石炭）	1,200					
繊維工業	50	129	102		10	15
金属工業	850	1,060	685	10		7
（内鉄鋼）	550					
機械器具工業	550	588	419		10	27
窯業	0	25	20			5
化学工業	450	1,048	785	60	1	53
（内肥料）	400					
電気業	200					
交通業	80	879	647		0.2	7
その他	470	2,587	1,997		26	263
一般産業計	4,000	7,771	5,892	70	48	554
		B/A	C/B	D/B	E/B	F/B
		%	%	%	%	%
鉱業		108	85.1			12.2
（内石炭）						
繊維工業		257	79.2		7.8	11.4
金属工業		125	64.6	0.9		0.6
（内鉄鋼）						
機械器具工業		107	71.2		1.8	4.7
窯業		+25百万円	78.3			19.8
化学工業		233	75.0	5.7	0.1	5.0
（内肥料）						
電気業						
交通業		1,099	73.6		0.02	0.7
その他		550	77.2		1.0	10.2
一般産業計		194	75.8	0.9	0.6	7.1

出所）『日本の政策金融 I』46 頁，表 1-6，日本銀行資金局復興金融課『復興金融統計資料』（東京大学経済学部 105-124 頁より作成．
注）網掛け：100％超のもの．

(4) 復金債発行と日銀引受けの開始経緯

第一回政府払込金＝一九四六年度第四・四半期資金枠の四〇億円を超えた部分は、復興金融金庫法第三章第一八条により資本金（当時一〇〇億円）と払込資本金との差額である未払込資本金から債券引受け・保証残高を差し引いた額の範囲内で認められていた復興金融債券（以下、復金債と記すことがある）の発行[20]によって調達されたと考えられる。一九四六年度には二回計三〇億円の復金債が発行されている（前掲表序－6）。

この復金債の発行開始について、『日本銀行百年史』には、「当時の起債市場の情勢からみてその全額を市中消化することは困難とみられたので、大蔵省は二月一三日付銀行局長の本行総裁あて通ちょうをもって本行に対し応募未了額を引き受けてほしい旨要請してきた。本行は前記のような観点から同金庫の融資の重要性にかんがみ、この要請に応ずることにしたが、『日本銀行法』上債券の引受けについては規定がなく、本行はこれにつき行為能力がないものと解釈されたので、二月一五日付をもって同法第二五条の規定に基づき信用制度の保持育成上必要な業務として大蔵大臣の認可を申請した[21]」とある。この記述では、復金債の日銀引受けは、大蔵省が日銀に要請したものとされている。吉野俊彦も、「大蔵省は、あとで必ず出資するから、短期を引受けてくれと、丁重な公式文書で下手に頼みこんできた。この文書は保管してある」と述懐している[22]。しかし、以下の日本銀行金融研究所アーカイブ所蔵資料[23]からは、少し異なる経緯が明らかとなる。

総第三六号

昭和二十二年二月十日

復興金融金庫債券の本行引受並売買に関し認可申請の件

復興金融金庫債券の市中消化は捗々しくないやうに窺われますので全額消化万一不調の場合を考慮し本債券の本

行引受並に売買に関し別紙案の通り大蔵大臣宛認可申請致したくお伺いします。

尚本債券の売買に関する本行の取扱方に付ては別途営業局より案を具し伺出でます。

（御参考）

本件債券の本行引受に関して去る七日外事局よりG.H.Qに対し諒解を求めましたところ、本債券は市中引受の可能な範囲内で発行することとし、本行の引受は原則として認めないが、復興金融金庫に於て既に融資を決定し、その所要資金を債券発行に依って調達する場合には、市中未消化分に限って本行の引受を認むる旨の回答がありました。その節債券の売買に関しては特にG.H.Qの諒解を得て居りませんが、売却に付ては問題がなく、買入に付ては其の必要を認めた場合に更めて接衝することと致します。尚本件認可申請に付ては大蔵省とも打合済であります。

この資料からは、①一九四七年二月七日に、日銀の外事局[24]が、GHQに対して、復金債の日銀引受けについて諒解を求めたこと、②GHQから、市中銀行未消化分の復金債に限って日銀引受けを許可されたこと、③復金債の日銀引受けと復金債の売買に関して大蔵大臣宛て認可申請することについて、大蔵省側と打合せ済みであること、の三点を知ることができる。それらのうち、三点目の大蔵省側との打合せの内容を日銀内で回覧するために作成されたと推察される資料[25]には、次のように記されている。

（一）復金債券の本行引受に代えて政府が蔵券を発行して復金の所要資金不足額を調達する方法については、元来蔵券発行は予算を前提とする場合に限り政府資金の一時的不足を補填する方法であるから、復金に対する政府出資の履行が財政支出の圧縮要請から本年度追加予算に計上されない事に決定した現状では実行困難である。

又復金は借入を禁ぜられて居るので仮に政府が一時蔵券で資金を調達しても之を復金に貸付ける事は出来ない。

以上の次第で、差当り復金の所要資金は債券発行に依る外方法がない。

(二) 復金債券の本行引受に関しては大蔵省より本行に対して次の通り事前に了解を求むることゝした。

(大蔵省三井復金課長と打合せ)

(イ) 債券発行に関しては復金委員会に附議する必要があるから来る十七日委員会開催(予定)迄に適当な方法で大蔵省より本行に口頭了解を求むる(銀行局長より総裁にお話を願ふやう希望して置いた)こと

(ロ) 委員会終了後大蔵省は書面を以て正式に本件を本行に依頼すること

(三) 復金債券の市中消化の見透しに付ては大蔵省では、懸案の「貸出規制措置」が実施されれば本債券の消化は財政資金の供給として取扱はれるから自由預金増加の五〇%の範囲内では相当積極的に市中に消化させることが出来る、旁々利廻関係から今後当分の間は財政資金に付ては蔵券の市中消化は見送る本債券一本鎗で進むられることゝ思はれるから此点からも本債券の市中消化は更に促進され本行引受になることは余りないと、考へているようである。

この資料からは、①復金の所要資金不足額の調達方法は復金債の発行のみであると日銀で認識されていたこと、②大蔵省から日銀に対する復金債の日銀引受け要請は、日銀と大蔵省の事前の打合せに基づいて行われたものであったこと、③大蔵省側は、復金債の市中金融機関による消化について楽観的な見通しをもっており、日銀引受け額は多くならないと考えていたこと、の三点が分かる。

以上より、復金債の日銀引受けは、大蔵省のみのイニシアティブによってではなく、日銀と大蔵省の事前打合せに基づいて、大蔵省銀行局長から日銀総裁に対して要請がなされ（一九四七年二月一三日）[26]、日銀総裁が大蔵大臣に対して復金債の日銀引受けと売買に関する認可申請を行い（一九四七年二月一五日）[27]、大蔵大臣が日銀に対してそれらを認可する（一九四七年二月一八日）[28]、という手続きを経て、開始されたということが分かる。

ただし、①日銀の外事局が、ＧＨＱに対して、復金債の日銀引受けについて諒解を求めていたことと、②大蔵省側の資料を未見のため真偽のほどは定かではないが、大蔵省側は復金債の市中金融機関による消化について楽観的な見通しをもっていたと、日銀側が認識していたことから、復金債の日銀引受け開始に向けては、日銀の方が大蔵省より主導的に動いていたのではないかと考えられる。

第二節　資金枠の意識化と審議の厳格化——一九四七年度第一・四半期

(1) 最初の増資と公団融資増大に対する懸念

一九四七年三月一九日、復金の資本金を一〇〇億円から二五〇億円へ増資することに関して、ＧＨＱと大蔵省の会談が行われた[29]。大蔵省側の出席者は、銀行局復興金融課課長三井、同課長補佐さいとう、同事務官あらかわ[30]であり、ＧＨＱ側の出席者は、経済科学局財政金融課通貨銀行係[31]ルーリン（Lt. Col. J. R. Ruhlin, ESS/FI《ママ》, Money and Banking Branch）であった。

まず、大蔵省側が、普通銀行の貸出資金不足と、制定されつつある各公団法の規定が運転資金の借入を復金融資に限定していることにより、復金が担っている負担が増えることを理由として、復金の資本金を追加する必要があることを訴えた。それを受けたルーリンが、大蔵省の当初の提案が二億円の増資であったことを指摘したのに対して、大蔵省側は、当初の見積りが低すぎたことと、状況の変化によりますます大きな負担を復金が負わざるを得なくなっていることを、率直に認めている。

さらに、ルーリンは、復金の運営に関する次の七点を指摘している。

a　資本金のうち、払込資本金額は設備資金融資額と、未払込資本金額は運転資金融資額と一致させること。

b　復金は、普通銀行と競合すべきでなく、それらが融資困難な部門に信用を供与すること。

c　復金債の発行に明確な限度を設定すべきであること。

d　銀行部門での預金増加の見通しが甘いことと、都市銀行による復金債の消化は多くないであろうこと。

e　日銀借入が少ない（＝増加預金の多くを日銀借入返済に充てる必要のない）地方銀行の預金増加の五〇％を公債または復金債の購入に振り向けさせるべきであること。

f　にもかかわらず、三月一九日発行の復金債一五億円のうち、地方銀行による消化が二七〇〇万円に止まり、一四億七三〇〇万円が日銀によって消化されたこと。

g　公団の必要資金額は削減できるであろうこと。

最後に、大蔵省側が、もし経済科学局財政金融課（ESS/FI《ママ》）の許可を得ることができたならば、復金増資法案を今会期中に通過させるために必要な調整がなされるであろうと述べ、最終的に、復金の資本金を二五〇億円に増やすことが、勧告（Recommendation）の形で経済科学局財政金融課通貨銀行係により、許可された。

この会談の経過からは、①復金の増資に関して、ＧＨＱの許可が必要であったことと、②このときは増資額は抑制されていないこと、の二点を確認できる。

一九四七年四月一日、復興金融金庫法の一部を改正する法律が公布施行され、復金の資本金は一〇〇億円から二五〇億円へと一五〇億円増資された[32]。このときの増資幅の根拠は、当時の大蔵省銀行局長福田赳夫[33]の帝国議会での説明[34]によると、「さしあたり復興金庫は百五十億増資いたしまして、昨年の残の二、三十億を合せまして、月十五億というふうに大体踏んでおる」というもの（増資一五〇億円＋昨年度残三〇億円＝一八〇億円＝一五億円／月×一二ヶ月）であった。この金額は、一九四七年三月（日にち不明）に復興金融委員会により承認された一九四七年度の復金事業計画における、「本金庫の業務を運営するための資金総額は一応百八十億円」[35]と一致している。

また、福田は、同じ議会での説明の中で、「公団というものができまして、その関係の資金が一体いくばくになるかということがたゞいまのところ見当がつかないのでありまして、その関係上百五十億増資というのは一種腰だめ的なところもある」、「商工当局の検討したところでは（公団関係の資金は―引用者）相当要るのではないかというようなこともあるわけであり」、「万一公団等の関係でこれは足らぬということになりますれば特別議会また次の通常議会等におきまして増額方をお願いしなければならぬ」[36]という懸念も披瀝している。

福田の懸念は、少し後の一九四七年五月から七月にかけて、産業復興公団（五月一日）、船舶公団（五月二二日）、石油配給公団・配炭公団・価格調整公団（六月二日）、肥料配給公団（七月一五日）の六公団が発足し、その金融については、SCAPの意向で、それぞれの根拠法規に「運営資金は必要があるときには、復興金融金庫から借り入れるものとする」と規定されたことで[37]、現実のものとなっていく[38]。しかし、一九四七年三月末の時点では、公団向けの融資がどれほどの規模になるのか見当もつかないという状況であった。

（2）大都市支所の融資専行権限引下げ

一九四七年四月五日、復金は、大阪、名古屋、神戸、福岡支所の融資専行権限を他の支所と同じ五〇〇万円未満に引き下げた。『日本の政策金融Ⅰ』は、この変更を、「一九四六年八月の会社経理応急措置令施行以来の経済界の混乱

表1-3　外部機関の関与範囲と復金内の融資専行権限；1947年4月5日の変更後

〔東京〕

1件当り金額	介在する外部機関		復金での融資
100万円未満			本所限りで融資
100万円以上～5,000万円未満	東京地方融資懇談会		本所限りで融資
5,000万円以上，重要，異例	東京地方融資懇談会	復興金融委員会	復金が融資

〔東京以外〕

1件当り金額	介在する外部機関		復金での融資
100万円未満			支所限りで融資
100万円以上～500万円未満	地方融資懇談会		支所限りで融資
500万円以上～5,000万円未満	地方融資懇談会		本所承認後に融資
5,000万円以上，重要，異例	地方融資懇談会	復興金融委員会	復金が融資

出所）『日本の政策金融Ⅰ』33-34頁より作成.
注）1件当り金額＝当該申込先に対する合計貸出額.

が沈静したこと、および融資に慎重を期す必要があるという復金の認識によるものであった」としている。(39) この変更により、外部機関の関与範囲と復金内の融資専行限度の関係は表1－3のようになった。

(3) 東京地方融資懇談会における審議の厳格化

一九四七年度第一・四半期のスタート時点で、公団融資の増大が懸念されていたことは、その分、一般産業向けの融資が圧迫を受けることもあり得るという懸念も同時に生じさせていたと推測することはそれほど無理のないことであろう。(40) そのことに加えて、復金が各四半期の資金運用計画を樹立する際の基となる産業資金配分計画（経済安定本部作成）の決定が一九四七年五月二六日まで遅れた(41)(42)ことが、東京地方融資懇談会での審議に大きな影響を与えていた。(43)

最初に、そのことを確認できるのは、一九四七年四月一八日開催の第三六回東京地方融資懇談会である。(44) 同回の懇談会に付議された議案四一号に対して、(45)「前回拒絶の方向で一応留保されたが今回勧銀側から本件を融資する事は一般扱（生糸設備資金一釜当り二八、〇〇〇円見当）に比して著しく均衡を失するから（一釜当り四七、八〇〇円見当となる）到底引受兼ねる旨申出があり、一方農林省当局側からも生糸資金の重要性が強調され是非共復金で看てもらい度いと相当強硬に主張されたが前回仝様の論拠と更に今年度第一・四半期復金融資額見込額の枠の関係で本件はどう見ても承認困難の故を以て重ねて勧銀の考慮を促す事」という結論が出された。さらに、その回の審議状況について、復金総務部総務課は、「尚融資見込額枠の都合で問題になったものが今回は本件（議案四一号―引用者）の他にも数件あり此の点で今後の審議が一層厳格になる様な形勢が相当明瞭に看取された」としている。

さらに、第三八回（五月二日開催）の東京地方融資懇談会においても、復金総務部地方課により、「今回懇談会では申込金額の圧縮されたもの数件あり当面する資金事情及今期資金枠の関係から審議厳選化の傾向が相当顕著に看取された」と認識されるような状況が続いていた(46)。

翌第三九回（五月九日開催）の東京地方融資懇談会においても、「前回仝様申込金額の圧縮されたもの又は圧縮されそうになったもの等、数件あ」り、そのうち一件の審議中、「最近の懇談会に於ける借入金額圧縮の是非が問題となり復金融資の原則論に迄波及」することになった。その議論では、「国家予算に基く融資だから金額も厳重に査定すべきものとする見解」と、それに反対する、「仮令政府資金でも金額の決定は事業に対する金融面からの検討と関連する事だから金融機関たる復金に委せるべきであるとする別様の見解」が表明された(47)。その結論や各見解がどの構成員のものであるかに関する記述は見当たらないが、このような議論が生じたということは、東京地方融資懇談会の構成員間の緊張が高まっていたことを示している。そのような状況は、資金枠を上回るような融資を行い、大蔵省から論議が低調であると苦言を呈されるような前四半期とは異なるものである。この時期の東京地方融資懇談会では、資金枠を強く意識したという意味での厳格な審議が行われるようになっていたといえよう。

（4）大蔵省による資金枠厳守方針の明確化

決定が遅れていた一九四七年度第一・四半期の産業資金配分計画は、ようやく一九四七年五月二七日に経済安定本部から発表された。総額は二四〇億円と決定されたが、新聞報道は、その根本のねらいを、「融資額を一般自由預金増加額の50％にとどめ、産業融資の面からインフレを抑え、同時に資材の傾斜生産（ママ）に応じた基礎産業への重点融資を行おうとする」ものと伝えている[48]。

その産業資金配分計画に基づく、復金資金計画について、『日本の政策金融Ⅰ』は、総額は九〇億円とされ、一九四七年度事業計画の融資枠一八〇億円の半分がすでに第一・四半期の計画に組み込まれ、内訳では、石炭の比重が高まった一方で、公団融資に一三％が割り当てられたために、他の産業に対する融資枠が圧迫されたとしている[49]。ここでも一つ付け加えると、一九四六年度第四・四半期同様、この資金計画には資金調達に回収が勘案されている様子がない。

この発表直後の第四二回東京地方融資懇談会（五月三〇日開催）の席上、大蔵省銀行局復興金融課長三井武夫は、次の趣旨の談話[50]を行っている。

1. 各地方融資懇談会で通過してる（ママ）案件を見ると中央の方針が充分徹底して居らぬ憾があるが此の事に就ては今後東京地方融資懇談会に於ける議決の模様を地方に連絡して方針の統一を期する様、日本銀行にも依頼した。
2. 最近融資申込を為す業者中、如何にも中央官庁の諒解を得て来た様に語る者が兎角多いから地方融資懇談会にかゝる案件の相談を受けた場合は地方融資懇談会を尊重させ慎重に対処されたい。
3. 第一・四半期資金枠の事は各地に割当てる事も考へられるが差当っては割当をなさない方針である、今回の枠は資金蓄積の面から観て増額は困難であるから先づ絶対のものであり超過の場合は第二・四半期に廻すとか何とか検討して更に対策を各省と協議する事と考へてる（ママ）から左様承知の上、此の計画実行に特に協力を願い度い。

この1と2からは、前述のような東京地方融資懇談会における資金枠を強く意識した審議の厳格化方針が、それ以外の地方融資懇談会で十分に徹底されていなかったこと、融資申込者の中に中央官庁の諒解を得て来たように語る者が多いので慎重に対応しなければならない状況であったことを窺い知ることができる。そして、3は、口頭によるものではあるが、主務官庁の大蔵省によって資金枠厳守の方針が明確化されたことを示している。

このような方針が懇談会での審議に反映され、生産復興・増産を重視する関係官庁の計画遂行よりも資金枠の範囲内に融資を抑制することが優先された事例として、以下の二つを挙げることができる。

①亜炭鉱業向け融資[51]

亜炭関係の申込数件について、第四一回（開催日不明）と第四二回（五月三〇日）の東京地方融資懇談会では、融資基準作成中のため留保とされたが、第四三回（六月六日）の東京地方融資懇談会で、石炭庁から、カロリー、可採炭量、一ヶ月出炭高、炭層、稼行状況、運送交通等の諸条件を勘案した融資基準が提示された。しかし、「此の規準を其の儘採るとしたら今期の枠では到底処理し切れないことが明瞭である故、取り敢えずの処置としては右規準に拠らず極く優良な条件のものに限って取上げることゝ成」った。

②ペニシリン製造業向け融資[52]

同種案件として一括審議されたペニシリン製造業三社からの申込（議案第一五七号：E製薬㈱、議案第一六〇号：F研究所、議案第一七〇号：G企業㈱）について、第四二回の東京地方融資懇談会では、「ペニシリン関係案件が全部出揃ってから全貌の説明を厚生省当局から聴取した上、枠内で再検討する事として留保」になった。ペニシリン関係案件が全部出揃ったか否かは不明であるが、第四四回（六月一三日）の東京地方融資懇談会において、「厚生省当局からペニシリン製造に就ての全般的な説明があり其の重要度並に輸出品としての将来有望性等充分諒承されたが現下の資金事情では厚生省当局の計画に副う様な融資は到底覚束ない事であるので専門的見地から見て最優秀な業者を厳選の上優先融資するという方針で検討された結果議案一六〇号F研究所に対し申込金額九、〇〇〇千円の内設備資金五、〇〇〇円（千円の誤りと考えられる―引用者）のみ承認する事と成り其の他は取下」となった。

（5）一九四七年度第一・四半期の融資実施概況

表1－4は、一九四七年度第一・四半期の資金計画と融資状況に関する統計をまとめたものである[53]。申込額の段階では、繊維工業、電気業、交通業では、資金枠を下回っているが、それら以外では資金枠を大きく超過しており、一般産業計では申込額が資金枠を三〇％超過している。このことと、復金債の発行余力があったこと[54]から、一九四七年度第一・四半期においても、融資実施過程のあり様によっては、前四半期同様、復金債の発行によ

承認・計 ；G	新規貸出額 ；H	残高純増額 ；I
百万円	百万円	百万円
4,746	4,102	4,044
	3,679	3,696
99	60	54
621	686	697
	680	695
515	512	481
73	51	50
741	1,033	873
	683	664
170	263	243
277	168	162
607	751	599
7,849	7,626	7,202
	325	325
	7,951	7,527
G/A	H/A	
%	%	
118	102	
	99	
18	11	
113	125	
	124	
107	107	
91	63	
93	129	
	91	
57	88	
46	28	
143	177	
101	98	
	27	
	88	

学部資料室所蔵）1949 年 3 月，26-45，68-

表1-4　1947年度第1四半期の資金枠と融資状況

	資金枠 ；A	申込額 ；B	承認・直接貸 ；C	承認・保証 ；D	取下・市中斡旋 ；E	取下・拒絶 ；F
	百万円	百万円	百万円	百万円	百万円	百万円
鉱業	4,010	5,398	4,746			13
（内石炭）	3,710					
繊維工業	550	463	99			330
金属工業	550	882	621			20
（内鉄鋼）	550					
機械器具工業	480	812	500	15	2	53
窯業	80	132	73		1	32
化学工業	800	913	737	4		73
（内肥料）	750					
電気業	300	170	170			
交通業	600	358	277		0	71
その他	425	1,021	607		6	260
一般産業計	7,795	10,148	7,830	19	9	851
公団	1,205					
合　計	9,000					
		B/A	C/B	D/B	E/B	F/B
		%	%	%	%	%
鉱業		135	87.9			0.2
（内石炭）						
繊維工業		84	21.3			71.3
金属工業		160	70.5			2.3
（内鉄鋼）						
機械器具工業		169	61.5	1.8	0.2	6.5
窯業		165	55.2		0.4	24.0
化学工業		114	80.8	0.4		8.0
（内肥料）						
電気業		57	100.0			
交通業		60	77.3		0.1	19.8
その他		240	59.5		0.6	25.5
一般産業計		130	77.2	0.2	0.1	8.4
公団						
合　計						

出所）『日本の政策金融Ⅰ』46頁，表1-6，日本銀行資金局復興金融課『復興金融統計資料』（東京大学経済83，105-124頁より作成.

注）網掛け；100％超のもの.

る資金調達で資金枠を超えた融資が行われる可能性があった。

そのような状況の中で、東京以外の地方融資懇談会で十分に徹底されていなかったという限界があったものの、東京地方融資懇談会においては、資金枠の意識化が構成員間の緊張を高めて審議厳格化の傾向にあり、口頭によってではあるが、主務官庁の大蔵省から資金枠厳守方針が明示された。その結果、承認額の段階では、すべての産業で圧縮がなされており、一般産業計では資金枠をわずかに上回る程度にまで抑制されている。

さらに、貸出実行ベースの新規貸出額では、前期よりの繰越しで増額している産業もあるが、最大の鉱業で次期への繰越しがなされており、一般産業計では、資金枠の範囲内に収まっている。また、公団融資も、開始されたばかりでまだ大きくはなかったことから、全体としても新規貸出額は資金枠を下回った。

第三節　公団融資の増大と一般産業融資の抑制——一九四七年度第二・四半期

（1）大蔵省、日銀、復金による融資抑制

公団融資の影響は、一九四七年度第二・四半期以降に大きくなるが、それに先立つ一九四七年六月二五日、大蔵省銀行局長は復金に対して、「復興金融金庫の融資方針に関する件」（蔵銀第五五二号）を通牒した。その中で、第二・四半期は相当額の資金を公団に供給する必要が生じる一方、復金債の消化状況が非常に悪いことから、「一般貸出に宛てらるべき資金の額は一層窮屈にならざるを得ず、従って同金庫の融資方針は今後一層厳格に扱い、我が国経済復興の為に眞に必要な事業の所要資金であって一般金融機関からは到底供給を困難とするものに限ってこれが融通に応」じ、「地方融資懇談会の運営に当っては左記諸点に留意せられ万遺憾なきを期せられ度い」と指示した。(55)

同通牒（蔵銀第五五二号）の中で、「目下関係各方面と折衝の上策定中」とされていた第二・四半期の復金資金計画

は、産業資金計画の決定が公価引上げ（七・七物価体系）による運転資金の増加量がはっきりしなかったことや追加予算の未決定から遅れていたために、その決定が大幅に遅れた[56]。ようやく八月一六日になって、「追加予算との関係から財政資金の見通しがつかないため一応財政資金を切離して産業資金計画のみを樹てること」となり、「大蔵省、経済安定本部間で具体案につき協議した結果、産業資金計画につき両庁間の意見が一致[57]」し、八月一九日の閣議で第二・四半期の産業資金計画と復金資金計画が同時に決定された[58]。その第二・四半期復金資金計画[59]では、総額は前期の二倍以上の二〇一億円に急増したが、そのうち半分近い九六億円が公団融資に配分され、公団以外の一般産業枠は小幅な増加にとどまり、公団の構成比上昇に対応して、他の部門は、石炭を含めて全般的に構成比が低下している[60]。

この四半期の資金計画から、前四半期までのものと異なり、資金調達に既融資回収金と保証融資[61]が組み込まれるようになり、融資合計二〇〇億九〇〇〇万円＝既融資回収等四〇億九〇〇〇万円＋保証融資二〇億円＋復金資金調達額一四〇億円という等式が想定されていた[62]。すなわち、新規貸出額は二〇一億円まで認めるが、残高純増額は既融資の回収を見込んで一六〇億円までしか認めず、さらに保証融資を利用することで一四〇億円までしか債券発行や政府払込による資金調達を認めないという方針が組み込まれた資金計画であった。しかも、その検討期間中においては、総額自体について圧縮ないし大幅な増加は望めないとの見込みがもたれていたから、公団向け融資の増大とその一般産業向け融資への圧迫に対する懸念は大きく、以下のように、復金自身、大蔵省、そして、日銀により、融資抑制的な臨時措置がとられることとなった。

一九四七年七月八日、復金内部において、「今般当局に於ては第二四半期産業資金計画樹立に当り健全財政確立の建前から復金融資の枠も相当程度圧縮の止むなきに至る情勢にある」という認識に基づいて、「復金資金の節用の趣旨」から「第二、四半期産業資金計画が確立される迄の臨時的措置」として、以下の四点が指示された[63]。

一、今後の貸出に就ては事業の緊要度並に資金の必要度等を勘案して極力貸出金額の圧縮乃至繰延に努めること。
二、今後貸出の必要を生じたものに就ては各店（支所、出張所並に代理店）の専行極度にかかわらず本所に協議の上その承認を得て貸出を実行すること。
三、既承諾の未貸出分についても前二号に準じて取扱ふこと、但し緊急止むを得ないものはこの限でない。
四、新規申込の受附に際しては一段と事業の緊要度に留意し慎重を期すること。

同じ七月八日、復興金融委員会において、「東京地方融資懇談会に附議する案件の激増に鑑み其の運営の円滑化を図る」ため、東京地方融資懇談会への付議限度を従来の一〇〇万円以上を三〇〇万円以上（地方は従来同様一〇〇万円以上）に引き上げることを内容とする復興金融金庫融資取扱規則および地方融資懇談会規則の一部の改正が行われ、七月一日に遡り実施のこととなった。これにより外部機関の関与範囲と復金の融資専行権限の関係は表1－5のようになった。それと同時に、「金庫限りの処理事案のものも貸出優先順位乙種のものについては融資后懇談会に於て貸出理由の簡単なる報告をする事」とされたが、この措置は、「最近金庫資金の窮屈化に伴い不急用途への貸出は極力圧縮する趣旨」に基づくものであった[64]。

また、同じ七月八日には、大蔵省銀行局長から、復金に対して、「地方融資懇談会に於ける融資決定はこれを一時留保すること」という指示も出されている。それは、第二・四半期の復金資金「計画は資金蓄積計画とも睨合せの上大体総額百億円程度となる見込であり、その中約半額は優先的に各公団へ《ママ》所要資金にこれを振向ける予定である。従って一般産業資金として充当し得る金額は約五十億円程度に止めざるを得ない結果となり、これを石炭、亜炭、鉄鋼及び肥料の超重点産業に割当てるときは殆んど残余は存しない」という見込みに基づいていた[65]。

直後に開催された第四八回東京地方融資懇談会（一九四七年七月一一日）[66]では、議事に先立ち日銀資金調整局長と大

表 1-5　外部機関の関与範囲と復金内の融資専行権限；1947 年 7 月 8 日の変更後

〔東京〕

1件当り金額	介在する外部機関		復金での融資
300 万円未満			本所限りで融資
300 万円以上～ 5,000 万円未満	東京地方融資懇談会		本所限りで融資
5,000 万円以上，重要，異例	東京地方融資懇談会	復興金融委員会	復金が融資

〔東京以外〕

1件当り金額	介在する外部機関		復金での融資
100 万円未満			支所限りで融資
100 万円以上～ 500 万円未満	地方融資懇談会		支所限りで融資
500 万円以上～ 5,000 万円未満	地方融資懇談会		本所承認後に融資
5,000 万円以上，重要，異例	地方融資懇談会	復興金融委員会	復金が融資

出所）「復興金融金庫融資取扱規則及地方融資懇談会規則一部改正の件」総々発第 22-81 号，1947 年 7 月 10 日，『総々発綴（復金）昭和 22 年度』（東京大学経済学部資料室所蔵）より作成．
注）1件当り金額＝当該申込先に対する合計貸出額．

蔵省銀行局復興金融課長から談話が発表された。ともに、第二・四半期の産業資金計画・復金資金計画が圧縮される見込みであること、そのうち相当部分が公団融資に割り当てられ一般産業向け融資が圧迫されることという認識を示した上で、日銀資金調整局長は、「地方融資懇談会では当分緊急を要するものだけを通し其他は差控える様に（日銀各支店へ—引用者）通牒した。当懇談会としても当然此の方針で進み、資金計画の決定する迄は（多分次週懇談会迄には決定するだろう）極めて緊要なものだけを相談することに致し度い」とし、大蔵省銀行局復興金融課長は、「本来なら復金で面倒を見度い産業資金でも、出来るだけ普通融資を斡旋するか、復金による保証制活用かに依り、なるべく復金としては資金調達せずに済む様取計って行き度い」としている。このような日銀と大蔵省の復金融資抑制方針に基づいて審議が進められた結果、同回の議案の大部分は留保となり、「融資価値は相当認められ乍ら厳重審議に依り取下げ」られたものも三件あった。[67]

続く第四九回の東京地方融資懇談会（七月一八日開催）[68]においても、「前回に於ける方針と同様に緊急分のみの審議となり、枠の点で懸念のあるものは仮令重要度が認められても次回迄留保の余議《ママ》なき」に到った。その一例として、復金総務部地方課は、議案二八五号：H兵器㈱を挙げている。この案件は、商工省から、「当社が日立製作所から継承した設備資材並に技術に依り製作を開始した処の鉱山機械、電動工具製造は、石炭の増産に直接関連があるのみならずG・H・Qからも指示を受けてる《ママ》緊急且つ重要度の高い業種であり、融資の決定を一週間延引すればそれだけ石炭の増産が遅れるという程の実情を縷々説明の上本件は留保とせずに是非今回の懇談会で承認され度い」と「相当強硬な主張があった」にもかかわらず、日銀と大蔵省が、「此の業種に対する綜合的な枠と睨み合せねば決定し兼ねる」と反対し、「手持資材の使用価値等検討する必要もあるとの理由で結局留保」となった。同案件に対しては、翌第五〇回の東京地方融資懇談会（七月二五日）[69]で、商工省から「全面的支持を惜まずと重ねて重要度の説明があった」にもかかわらず、「枠外となる見込のものであり更に赤字金融的な点も問題にされて容易に承認に到らず、結局、金額も半額にされた上漸く復金保証で常陽銀行に斡旋」という第四八回で大蔵省銀行局復興金融課長が示した方針に沿った結論が下されている。

その後、大蔵省は、一九四七年七月二六日に至り、「暫定的に総額百三十三億円（債務保証約二十億円を含む）内公団分七十億円、一般産業分六十三億円の予定で一応の実行計画を進めることとし度い」としたが、「新規事業計画に伴う融資に対しては今後真に緊急已むを得ないもの以外は承認困難を予想される状況」であるという認識に変わりはなく、地方融資懇談会においては、「本暫定計画に包含可能の超重点産業分に付ては承認を与えることとするも、計画に包含されるや否や疑問のものに付ては中央に協議の上決定することとし、包含不能の見込のものに付ては申込者に事情を充分納得せしめ取下せしめるか、又は日本銀行より普通融資を斡旋する様御指導相成り度」いとする通牒（「復興金融金庫の本年度第二、四半期融資計画に関する件」蔵銀第六二七号）を銀行局長名で復金理事長宛てに発している。[70]

(2) 保証制度活用による融資抑制

第二・四半期の復金資金計画が前四半期比二倍の規模で決定（一九四七年八月一九日）されても、大蔵省による復金融資抑制方針は変わらなかった。

一九四七年九月二日に、大蔵省銀行局長は、復金理事長に宛てた通牒[71]において、第二・四半期の復金資金計画について、「健全金融の方針を堅持して公団所要資金を極力緊縮すると共に一般産業資金に於ては石炭、鉄鋼及び肥料の外は重要産業につき最少限度の所要資金を計上するに止めたが、尚当初予定の金額を相当超過する結果となった」という認識を示した上で、次のような指示を出している。

① 第二・四半期資金計画内にあるものについても真に必要已むを得ないものに限定して融資の承認を為すこと

② 中小工業及び輸出産業については業態、製品の重要性等につき、其の判定に困難を感ずるものが多いと思はれるから、特に関係方面とも密接な連携を保持して適切な運用を図ること

③ 融資全般に亘り普通融資可能のものについては日銀より普通融資を斡旋すること

④ その場合、復金の保証制度を活用する等、極力所要資金金額の節減に努めること

⑤ 地方融資懇談会に於ては概ね六月二五日附蔵銀第五五二号「復興金融金庫の融資取扱方針に関する件」に準拠して処理し、計画に包含されること明瞭なもの以外は中央と協議の上、決定すること

このうち、当期から資金調達にも組み込まれるようになった④の保証制度活用について、大蔵省は、「市中銀行の資金を極力産業面に活用することによって日銀券の増発を防止する」ことを目的として、復金保証制度の改正を決定し、八月に遡って実施することとした。その要点は[72]、

一、保証料を日歩二厘であったのを一厘に引下げること

二、保証融資の最高を一般市中銀行の協定金利の二銭三厘まで引上げること
三、保証融資の方法を損失保証と支払保証の二本建とし、支払保証は財政資金のワク内で行い特に重点産業に限定し、一年後に復金が肩替りする、損失保証は金融機関のワク内融資について一定の限度内（第二四半期二千万円）で復金が保証する

である。借り手側の負担を減らすこと（一）、市中銀行の取り分を増やすこと（二）、そして、市中銀行の資金制約を減らすこと（三）により、市中銀行による保証制度の利用を促進しようとしたものといえる。

復金では、この保証制度改正の周知のため、総務部長から各部・支所・出張所長に宛てた通牒[73]が発せられた。その趣旨は「金庫の融資残高の激増に鑑み、可能なものは極力市中金融によらしめるため金庫の保証を付することによって、市中金融の実行を容易ならしめる。尚復興金融債券の発行を節減繰延せんとする趣旨より新に支払保証を設けた」というものであった。

この保証制度活用による復金融資の抑制は、大蔵省のみにより構想されたものではないようである。先に引用した新聞記事は、復金保証制度の改正について、「通貨の膨張をおさえようとする日銀の強い意見をくんだもので、第三四半期からはさらに復金による保証制度を強化し復金債の発行を最少限にとゞめ、通貨の増発を防止しようとするねらいであ[74]」ったとも伝えている。このことを裏付けるものとして、一九四七年九月二二日に、日銀資金調整局長（加藤寛二）が各支店長に宛てて出した通牒[75]がある。その中には、「復興金融金庫の保証制度を活用し極力市中金融を斡旋する方針については先に御通知致しました」とそれ以前から日銀が保証制度活用方針をとっていたことをうかがわせる記述があり、さらに続けて、「懇談会、委員会又は中央協議の結果『可及的保証附市中融資とし已むを得ざるときは復金直接融資のこと』に決定を見たものは此の條件を厳守し斡旋が最終的に不成立となった後に初めて復金融資

によらしめること、し貴地復金とも予め十分連絡をとって処理せられる様」と保証制度活用による復金融資抑制の徹底を指示している。

(3) 一九四七年度第二・四半期の融資実施概況

以上のように、一九四七年度第二・四半期においては、資金計画が決定されるまでは、その総額について圧縮ないし大幅な増加は望めないとの見込みがもたれていたから、公団向け融資の増大とその一般産業向け融資への圧迫に対する懸念は大きく、復金、大蔵省、日銀により、融資抑制的な臨時措置がとられており、資金計画が決定されてからも、大蔵省と日銀の方針に変更はなく、通貨膨張の防止を目的とした保証制度の活用も図られていた。

表1－6は、一九四七年度第二・四半期の資金計画と融資状況に関する統計をまとめたものである。

前四半期との違いとして一番大きな点は、公団向け融資が本格化して資金枠を一七％も超過していることである。このことと、一般産業向けにおいて、申込額の段階で、一般産業計が資金枠を四〇％も超過していたこと、そして、次節でみるように九月五日に増資が行われ復金債の発行余力も増えていたことから、融資実施過程のあり方によっては資金計画を大きく上回ってしまう可能性があったといえる。

しかし、前述のように、大蔵省・日銀が復金融資抑制方針をとっていたことから、承認額の段階で、金属工業で資金枠を大きく超過しているが、その金属工業も含めて申込額より圧縮されており、一般産業計では資金枠の範囲内にまで圧縮されている。しかも、貸出実行ベースの新規貸出額の段階では、前期からの繰越しで交通業が承認額よりも大きく増加していることを確認できるが、金属工業などでの次期への繰越しもあり、一般産業計では、資金枠の九〇％となっている。その結果、新規貸出の総額は、公団融資の資金枠超過をカバーして、資金枠をわずか三％上回るだけにとどめられた。さらに、残高純増額も資金計画で許容されていた一六〇億円を下回っている。しかし、大蔵省と日銀により活用が図られ、二〇億円と見込まれていた保証融資が承認額ベースで一二億円に止まったため、残高純増額から保証融資承認額を差し引いた額は復金資金調達額とされた一四〇億円を若干上回っていた。

第四節　東京地方融資懇談会の廃止（一九四七年一一月二一日）まで

（1）一九四七年九月五日の増資

一九四七年度第二・四半期の復金融資は、大蔵省と日銀による復金融資抑制により、ギリギリ資金枠内に収まった。しかし、各種公団の設立と公定価格引上げに伴う資金需要の増大により、各月の融資残高純増額は、四月一七億四三〇〇万円、五月二四億三三〇〇万円、六月三三億五二〇〇万円、七月四四億六七〇〇万円、八月二五億九四〇〇万円[76]と一九四七年四月一日の増資の際の見通しである一五億円／月を大きく上回るものであった。

そのため、早くも五月上旬には「年内には再増資が必要になる」[77]との新聞報道が現れ、七月には復金総務部によ

承認・計：G	新規貸出額：H	残高純増額：I
百万円	百万円	百万円
5,707	5,612	4,720
	5,265	4,384
163	176	224
1,138	480	600
	458	444
501	439	398
26	26	25
1,451	1,359	1,117
	1,103	1,055
360	100	100
244	446	444
716	746	458
10,306	9,383	8,086
	11,310	7,245
	20,693	15,331
G/A	H/A	
%	%	%
101	99	
	103	
58	63	
172	73	
	73	
78	69	
65	66	
103	96	
	110	
90	25	
81	149	
66	69	
99	90	
	117	
	103	96

学部資料室所蔵）1949 年 3 月，26-45，68-

16,000 百万円に対する比率.

表 1-6　1947 年度第 2 四半期の資金枠と融資状況

	資金枠 ；A	申込額 ；B	承認・直接貸 ；C	承認・保証 ；D	取下・市中斡旋 ；E	取下・拒絶 ；F
	百万円	百万円	百万円	百万円	百万円	百万円
鉱業	5,645	7,936	5,707			69
（内石炭）	5,100					
繊維工業	280	200	159	4		1
金属工業	660	1,386	495	643	22	41
（内鉄鋼）	630					
機械器具工業	640	899	384	118		55
窯業	40	53	16	10		4
化学工業	1,410	2,034	1,371	80	2	76
（内肥料）	1,000					
電気業	400	400	100	260		
交通業	300	320	194	50		5
その他	1,085	1,451	697	19	287	116
一般産業計	10,460	14,678	9,123	1,183	310	367
公団	9,630					
合　計	20,090					
		B/A	C/B	D/B	E/B	F/B
		%	%	%	%	%
鉱業		141	71.9			0.9
（内石炭）						
繊維工業		72	79.4	2.1		0.6
金属工業		210	35.7	46.4	1.6	3.0
（内鉄鋼）						
機械器具工業		140	42.7	13.1		6.1
窯業		131	30.3	19.0		6.7
化学工業		144	67.4	3.9	0.1	3.7
（内肥料）						
電気業		100	25.0	65.0		
交通業		107	60.7	15.6		1.7
その他		134	48.0	1.3	19.8	8.0
一般産業計		140	62.2	8.1	2.1	2.5
公団						
合　計						

出所）『日本の政策金融 I』46 頁，表 1-6，日本銀行資金局復興金融課『復興金融統計資料』（東京大学経済 83，105-124 頁より作成．

注）1．網掛け；100%超のもの．

2．下段の「残高純増額」-「合計」は，1947 年度第 2 四半期復金資金計画における残高純増許容額って第二・四半期以降一九四八年一月までの増資所要見込額が三度も算定されている。算定された増資必要額は、それぞれ、三〇四億二〇〇〇万円、三五五億五〇〇〇万円、三二一億二〇〇〇万円であった(78)。政府も、検討中であった第二・四半期産業資金計画と睨み合わせて増資額の算定を始め、当初は一〇月の臨時議会までの繋ぎ資金とする一五〇億円増資案もあったが(79)、各種公団の設立および公価引上げに伴う資金需要の増大に鑑みて三〇〇億円の大幅増資を決定した(80)。第一回国会に提出された復興金融金庫法の一部を改正する法律案は、原案通り可決、九月五日に公布施行され、復金の資本金は五五〇億円となり(81)、これにより「明年一月ころまでの資金の供給を確保し得る見込(82)」であった。以上のように、このときの増資は、復金が算定した増資所要見込額とほぼ同額であり、増資額が抑制された形跡を確認できない。

(2) 保証制度活用方針の継続

一九四七年度第二・四半期に、大蔵省と日銀によって示された復金融資の抑止とそのための保証制度活用の方針は、第三・四半期になっても維持された。一九四七年一〇月一〇日に、大蔵省銀行局長は、復金理事長宛て通牒「第三、四半期資金計画決定に至るまでの暫定的処理方針について」(蔵銀第八七八号(83))を発し、「申込案件中他の金融機関に担当せしむべきものはつとめて復金融資を避け、已むを得ないものについては保証を考慮する(84)」ことと指示している。

第三・四半期復金資金計画の決定は、一九四七年一一月一日の臨時閣議で第三・四半期産業資金計画と同時に行われたが、この計画では、融資合計一九〇億円＝既融資回収等一七億円＋保証融資三三億円＋復金資金調達額一四〇億円という等式が想定されていた(85)。すなわち、新規貸出額の総額一九〇億円自体が前四半期(二〇一億円)よりも減らされている中で、残高純増額は既融資の回収を見込んで一七三億円までしか認めず、さらに、保証融資を利用することで一四〇億円までしか債券発行や政府払込による資金調達を認めないという資金計画であった。この資金計画の中で、保証融資は前四半期に比し絶対額と割合ともに増大している。

そして、一九四七年一一月二〇日に復金が決定した第三・四半期融資方針[86]にも、五つの一般事項の一つとして、「融資方針によって融資の対象となるものについても出来得る限り普通融資によることとし、已むを得ないものについては損失保證乃至支払保證を考慮する」と保証制度の活用が盛り込まれた[87]。

その翌二一日に開催された第六七回を最後として、東京地方融資懇談会は廃止され、これ以降は、復興金融委員会幹事会がその機能を担うことになった[88]。

(3) 申込処理の概況

表1-7は、第五三回(一九四七年八月一五日開催)から第六六回(一一月一四日)に限られるが、東京地方融資懇談会において、承認、斡旋、取下と決定された案件の金額と件数を資金使途別にまとめたものである[89]。

第二・四半期については、第五三回(八月一五日)―第五九回(九月二六日)分のみであり、同四半期に開催された東京地方融資懇談会の約半分しかカバーできていないが[90]、同四半期の復金資金計画決定(八月二二日)後の期間に相当している。復金の直接融資として承認された金額が申込金額計の四五%と過半に達していないことと、金額・件数どちらでみても一〇%前後が保証融資として承認されていることは、前節で明らかにした、資金計画決定後における復金融資抑制の継続と保証制度の活用という大蔵省と日銀の方針に対応している。

第三・四半期については、第六〇回(一〇月三日)から第六六回まで、すなわち、最後となった第六七回(一一月二一日)以外をカバーできている。復金の直接融資として承認された金額が申込金額計の六四%にとどまっている一方で、保証融資として承認された案件の申込計に対する比重が金額・件数どちらにおいても前四半期比で上昇していることに、第三・四半期になっても大蔵省と日銀によって復金融資の抑止とそのための保証制度活用の方針が維持されたことが表れている。

おわりに

本章が対象とした時期には、復金債の発行可能額を増やすため二度の増資（一九四七年四月一日、同年九月五日）が行われたが、いずれにおいても増資額の抑制はなされていなかった。それらの増資にもより、この時期には、未払込資本金から債券引受け・保証残高を差し引いた額の範囲内で認められていた復金債の発行力に余裕があった。すなわち、資金計画で定められた資金枠を越えた融資を行うことが可能であり、もし、そのような融資が復金債の日銀引受けによって賄われたならば、その分だけさらにインフレを悪化させる可能性が潜在していた。

実際に、一九四六年度第四・四半期は、資金計画を約二倍も超過する申込に対して資金枠が守られず、当初予定さ

（1947/11/14）分

斡旋	取下	計
申込金額 ；G （百万円）	申込金額 ；H （百万円）	申込金額 ；I=A+D+G+H （百万円）
607	81	7,032
	32	5,073
607	45	1,836
	4	123
	225	6,164
	39	4,013
	181	1,147
	5	1,005
8.6	1.2	100.0
	0.6	100.0
33.1	2.5	100.0
	3.5	100.0
	3.6	100.0
	1.0	100.0
	15.8	100.0
	0.5	100.0
件数 ；L	件数 ；M	件数 ；N=J+K+L+M
2	9	157
	4	87
2	4	61
	1	9
	16	109
	5	63
	10	35
	1	11
1.3	5.7	100.0
	4.6	100.0
3.3	6.6	100.0
	11.1	100.0
	14.7	100.0
	7.9	100.0
	28.6	100.0
	9.1	100.0

り作成．

あったが，集計値に修正している．

表1-7　東京地方融資懇談会における申込処理状況；第53回（1947/8/15）～第66回

		直接貸			保証		
		申込金額；A（百万円）	承認金額；B（百万円）	承認／申込；C=B/A × 100（%）	申込金額；D（百万円）	承認金額；E（百万円）	承認／申込；F=E/D × 100（%）
第2四半期		5,611	3,170	56.5	733	631	86.1
	設備	4,577	2,318	50.6	464	395	85.1
	運転	915	775	84.7	269	236	87.7
	設備・運転	119	78	65.3			
第3四半期		4,488	3,973	88.5	1,451	776	53.5
	設備	3,831	3,766	98.3	143	134	94.1
	運転	119	112	94.1	847	432	51.0
	設備・運転	538	95	17.7	462	210	45.5
第2四半期		79.8	45.1		10.4	9.0	
	設備	90.2	45.7		9.1	7.8	
	運転	49.8	42.2		14.7	12.9	
	設備・運転	96.5	63.0		0.0	0.0	
第3四半期		72.8	64.5		23.5	12.6	
	設備	95.5	93.9		3.6	3.3	
	運転	10.4	9.7		73.8	37.7	
	設備・運転	53.5	9.5		45.9	20.9	
		件数；J			件数；K		
第2四半期		129			17		
	設備	75			8		
	運転	46			9		
	設備・運転	8					
第3四半期		65			28		
	設備	49			9		
	運転	8			17		
	設備・運転	8			2		
第2四半期		82.2			10.8		
	設備	86.2			9.2		
	運転	75.4			14.8		
	設備・運転	88.9			0.0		
第3四半期		59.6			25.7		
	設備	77.8			14.3		
	運転	22.9			48.6		
	設備・運転	72.7			18.2		

出所）「東京融資懇談会審査状況」第53-66回分，『東京融資懇談会審議綴1・2』（東京大学経済学部資料室所蔵）よ

注）1．二重線より下は，計を100とした構成比（単位；%）．

2．第57回の「直接貸」の「申込金額」と「承認金額」は資料ではそれぞれ，3,316,226千円，1,412,970千円で

れていた資金源である払込資本金だけでは不足したため復金債発行により追加の資金が調達された。しかし、翌一九四七年度第一・四半期は、資金計画を上回る申込があったにもかかわらず、資金枠は守られ、続く第二・四半期も、資金計画を上回る申込に加えて公団向け融資が本格化したにもかかわらず、資金枠はほぼ守られた。

そのように、復金債の発行により資金計画を無視した融資が可能であった状況の中で、資金枠が守られるようになったのは、東京以外の地方での不徹底という限界はあったものの、地方融資懇談会での審議が厳格化したからであった。地方融資懇談会での審議は、復金設立当初の一九四六年度第四・四半期には、融資先や融資条件等に関する議論が活発ではなく、普通金融機関からの融資可能性に関する検討も十分になされていなかった。しかし、一九四七年度第一・四半期から、融資額を圧縮される案件が増えたことにより構成員の間で意見対立が起きたり、生産復興・増産を重視する関係官庁の計画遂行よりも資金枠の範囲内に融資を抑制することが優先された決定がなされる案件も確認できるというものに変わった。第二・四半期途中からのデータに限られるが、東京地方融資懇談会で承認された案件でも、その承認金額は申込金額の五割前後に抑えられていた。

その厳格化に大きな役割を果たしたのは大蔵省と日本銀行であった。議論活発化の注意、資金枠厳守方針の明確化、融資方針厳守の指示、融資決定一時留保の指示、融資斡旋や保証制度活用の促進、東京地方融資懇談会での案件審議における発言など、復金融資の実施過程に対して、これまでほとんど知られていなかった介入を行っていた。

一九四六年度第四・四半期から一九四七年度第二・四半期にかけて、復金の融資残高は、一九四七年三月末の五九億八六〇〇万円から一九四七年九月末の二八八億四五〇〇万円へと約四・八倍に増加した[91]。しかし、それは、個別案件審議のレベルにおいて大蔵省と日銀によって融資承認額が抑制されていたことを通じて抑制されたものでもあった。すなわち、単に経済の復興に追随するだけではない、抑制の効いた増加であったのである。

(1) 復興金融金庫法第三章第一六条「復興金融金庫は、業務開始の際、資金の融通に関する条件その他業務の方法を定め復興金融委員会の承認を受けなければならない。これを変更しようとするときも同様とする」に基づく。引用は、大蔵省財政史室編『昭和財政史——終戦から講和まで』第一二巻、東洋経済新報社、一九七六年、八六七頁。

(2) 宇沢弘文・武田晴人編『日本の政策金融Ⅰ』東京大学出版会、二〇〇九年、三二頁。元資料は、「融資準則、融資取扱規則及び地方融資懇談会規則に関する件」通牒番号不明、一九四七年一月二五日、復興金融金庫総務部総務課『復興金融委員会通牒綴（1）』（東京大学経済学部資料室所蔵）整理番号八六—九七。

(3) 前掲『日本の政策金融Ⅰ』三二頁、前掲『復興金融委員会通牒綴（1）』整理番号八七。

(4) 前掲『日本の政策金融Ⅰ』三三—三四頁、復興金融金庫『復金融資の回顧』一九五〇年、一八三頁、前掲『復興金融委員会通牒綴（1）』整理番号九一—九四。

(5) 前掲『日本の政策金融Ⅰ』三四頁、前掲『復興金融委員会通牒綴（1）』整理番号九五—九六。

(6) 前掲『日本の政策金融Ⅰ』三四頁。

(7) 「借入申込書ノ受付及ビ日銀ニ対スル回附ニ関スル件」総々発第二二‐六号、一九四七年二月一五日、『総々発綴（復金）昭和二十二年度』（東京大学経済学部資料室所蔵）。□は判読不可字。

(8) 朝日新聞社経済部編『朝日経済年史　危機にあえぐ日本経済』昭和二三年版、一九四八年、三九頁。

(9) 前掲『日本の政策金融Ⅰ』三二頁、前掲『復興金融委員会通牒綴（1）』整理番号八八。

(10) 引用も含めて、「本金庫融資の『金融機関資金融通準則』取扱方並に丙順位借入申込の地方融資懇談会に附議の件」復委第二〇号、一九四七年三月一一日、前掲『復興金融委員会通牒綴（1）』整理番号一四一—一四二。

(11) 前掲『日本の政策金融Ⅰ』四四—四五頁。元資料は、復興金融金庫『復興資金年度別融資方針に関する資料』（東京大学経済学部資料室所蔵）六—九頁。

(12) 前掲『復興資金年度別融資方針に関する資料』一〇—一一頁。前掲『日本の政策金融Ⅰ』四五頁では、その作成者を復金としているがその確証はない。①タイトル中の括弧内が「復金による」と「復金の」どちらを意味しているか確定できないこと、②同資料の目次（一頁）では「昭和21年度第4四半期資金計画（安本）」となっていることがその理由である。

(13) 前掲『日本の政策金融Ⅰ』四五—四七頁。

(14) 「本金庫融資方針に関する件」総々発第二二‐一六号、一九四七年二月、前掲『総々発綴（復金）昭和二十二年度』。

(15) 「本金庫融資準則ノ遵守ニ関スル件」総々発第二二‐三二号、一九四七年四月一日、前掲『総々発綴（復金）昭和二十二年度』。

(16) この通牒がこの時点で出された背景の一つとして考えられるのは、一九四七年三月二二日に、マッカーサーから吉田首相宛てに、食糧危機・インフレへの対処の甘さを非難し、経済統制の強化を指示した書簡（一九四七年三月二二日付）が送られ、それに対する回答書（一九四七年三月二八日付）の中で、吉田首相が「昭和二二年度予算編成方針たる健全財政主義を堅持するとともに、放漫なる資金の供給をいましめ、インフレーションを阻止する」と述べていることである。「マ元帥吉田首相へ書翰　全経済の総合処理　安本による急速・強力な措置緊要」『朝日新聞』一九四七年三月二九日、東京、朝刊、一頁。

(17) 「復興金融金庫と復興金融委員会に対する全般的な監督はその主務大臣たる大蔵大臣及び商工大臣の行ふところである」（大蔵省理財局経済課長酒井俊彦外三名『企業再建整備法・金融機関再建整備法・復興金融金庫法等諸法律詳解』㈶大蔵財務協会、一九四七年、六三頁）。

(18) 大蔵省内部での担当部署は、一九四六年八月一日から開始された日本興業銀行による復興金融に対応して、一九四六年八月三一日に銀行局に設置された復興金融課であった。大蔵省百年史編集室編『大蔵省百年史』下巻、㈶大蔵財務協会、一九六九年、二三五頁、同別巻、八四頁。日本興業銀行による復興金融については、前掲『日本の政策金融Ⅰ』一二〇―一二二頁、前掲『昭和財政史――終戦から講和まで』第一二巻、六二七―六三一頁を参照。

(19) 申込額よりも新規貸出額が大きいものは、当該四半期よりも前に申し込まれた案件で当該四半期に融資が行われたものの額が、当該四半期に申し込まれた案件で次四半期以降に融資が行われたものの額よりも上回ったためと考えられる。

(20) 前掲『日本の政策金融Ⅰ』二五頁、前掲『昭和財政史――終戦から講和まで』第一二巻、八六七頁。

(21) 日本銀行百年史編纂委員会編『日本銀行百年史』第五巻、一九八五年、一〇三頁。

(22) 吉野俊彦「終戦前後の日銀の状況」、大蔵省財政史室編『財政史ニュース第58号』事務連絡第二三三号、一九七三年五月九日、一八頁、国立国会図書館憲政資料室所蔵。

(23) 「総第三六号　復興金融金庫債券の本行引受並売買に関し認可申請の件」一九四七年二月一〇日、『自昭和二十一年七月至昭和二十二年十二月　復興金融関係書類　総務部』（日本銀行金融研究所アーカイブ所蔵）、検索番号４８９４１。手書き。作成主体は不明。「回議」の朱印あり。総裁、副総裁、理事、総務部長、営業局長、外事局長、資金調整局長、考査局長、発券局長の押印あり。取消線はママ。傍線はママ（実際は赤線）。

(24) 「外事局は、一九四二年五月一日の日本銀行法の施行にともない、従来の外国為替局等の事務を引き継ぐ部局として設置された。終戦後の一九四六年二月一九日には外事局に渉外課が設けられ、終戦直後から渉外事務室が担当していた連合国最高司令部との間の事務を行った（渉外課は一九四七年九月二二日に渉外部として独立）。一九四九年四月二日に、単一為替レート設定にともなう外国為替関係事務の増加に対応するため、外国為替局に改称した」。アジ歴グロッサリー（参考資料：『日本銀行百年史』第四巻、五二一頁、同第五巻、四三七—四三八頁）、二〇二二年五月三日アクセス。

(25)「回覧　復金債券の本行引受等に関して（大蔵省当局より聴取したる事項）（二二・二・一二）」『自昭和二十一年七月至昭和二十二年十二月　復興金融関係書類　総務部』（日本銀行金融研究所アーカイブ所蔵）、検索番号４８９４１。手書き。作成主体は不明。「回覧」の印あり。重役（一万田含む）、総務部長、営業局長、資金調整局、考査局長の押印あり。取消線はママ。

(26) 大蔵省銀行局長福田赳夫「銀秘第一六八六号」一九四七年二月一三日、『自昭和二十一年七月至昭和二十二年十二月　復興金融関係書類　総務部』（日本銀行金融研究所アーカイブ所蔵）、検索番号４８９４１。

(27) 日本銀行総裁一万田尚登「総第三九号　復興金融債券の本行引受並売買に関し認可申請の件」一九四七年二月一五日、『自昭和二十一年七月至昭和二十二年十二月　復興金融関係書類　総務部』（日本銀行金融研究所アーカイブ所蔵）、検索番号４８９４１。

(28) 大蔵大臣石橋湛山「蔵銀第一八六号」一九四七年二月一八日、『自昭和二十一年七月至昭和二十二年十二月　復興金融関係書類　総務部』（日本銀行金融研究所アーカイブ所蔵）、検索番号４８９４１。

(29) この会談に関する記述は、別に断りのない限り、Economic and Scientific Section Finance Division Money and Banking Branch "MEMO FOR FILE: INCREASE OF CAPITALIZATION - RECONVERSION FINANCE CORPORATION (BANK)", March 20, 1949（国立国会図書館憲政資料室所蔵ＧＨＱ／ＳＣＡＰ文書、ESS（C）09809）による。

(30) 三井武夫の銀行局復興金融課長在任期間は一九四六年八月三一日の同課新設から一九四七年九月二日であった。大蔵省百年史編集室編『大蔵省百年史』別巻、㈶大蔵財務協会、一九六九年、八四頁。「さいとう」と「あらかわ」については特定できていない。

(31)「第三次南氷洋捕鯨関係設備資金融通の経緯」『復金週報』第三七号、一九四八年一二月一三日、四頁では、経済科学局（ＥＳＳ）のFinance Divisionは、「財政金融部」と訳されており、同部はMoney and Banking Branch（通貨銀行課）とPublic Finance Branch（財政課）の二つの課に分かれるとされている。本書では、Finance Divisionの部署名の日本語訳については、浅井良夫『戦後改革と民主主義——経済復興から高度成長へ』（吉川弘文館、二〇〇一年、七〇頁）に倣い、Finance Divisionは財政金融課、Money and Banking Branchは通貨銀行係、Public Finance Branchは財政係と訳す。

(32)「貴族院議事速記録第二十九号（昭和22・3・31）」、日本銀行金融研究所編『日本金融史資料　昭和続編』第二三巻、一九九一年、一九二頁。

(33) 福田赳夫の銀行局長在任期間は一九四六年七月三〇日—一九四七年九月二日。大蔵省百年史編集室編『大蔵省人名録——明治・大正・昭和』㈶大蔵財務協会、一九七三年、「附録大蔵省主要官職歴任表」九頁。

(34) 「復興金融金庫法の一部を改正する法律案　第九十二回帝国議会　衆議院　昭和十四年法律第七十八号を改正する法律案（寺院等に無償にて貸付しある国有財産の処分に関する件）委員会議事録（速記）第九回」一九四七年三月二九日、前掲『日本金融史資料　昭和続編』第二三巻、一八〇—一八一頁。

(35) 引用を含めて、前掲『復興資金年度別融資方針に関する資料』一三頁。

(36) 前掲『日本金融史資料　昭和続編』第二三巻、一八〇—一八一・一八六頁。

(37) 前掲『昭和財政史——終戦から講和まで』第一二巻、二〇八頁。

(38) さらに、一九四八年二—三月には、油糧、食糧（二月二〇日）、食料品（二月二一日）、飼料（二月二一日）、酒類（三月一日）の五配給公団が創立され、それらの運営資金も復金から借り入れるものとされた。前掲『昭和財政史——終戦から講和まで』第一二巻、二〇八頁。

(39) 前掲『日本の政策金融Ⅰ』三三頁。

(40) この点を具体的に示す資料は今のところ入手できていない。

(41) 前掲『日本の政策金融Ⅰ』四八頁、「昭和二十二年度第一・四半期産業資金配分計画の件」総々発第六一号、一九四七年六月四日、前掲『総々発綴（復金）昭和二十二年度』、「昭和二十二年度第一・四半期産業資金配分計画について（安定本部）」、前掲『復興資金年度別融資方針に関する資料』一五—一六頁。

(42) 遅れた理由に関する直接的な資料は入手できていないが、四月の総選挙における社会党の勝利から、吉田内閣総辞職（五月二〇日）、片山哲首相指名（五月二三日）、社会党首班三党連立内閣の発足（六月一日）と続く政権交代の影響が大きいと考えられる。前掲『朝日経済年史』昭和二二年版、六頁。

(43) 前掲『日本の政策金融Ⅰ』では、この点に関心は払われていない。

(44) 以下を含め同回の東京地方融資懇談会については、復興金融金庫総務部地方課「第三十六回東京融資懇談会の件」一九四七年四月二四日、復興金融金庫総務部総務課『東京融資懇談会審議綴1・2』（東京大学経済学部資料室所蔵）。

(45) 申込者：B蚕糸㈱（資本金二〇〇〇千円払込済、生糸製造、甲二）。借入金額及び使途：三九六〇千円（設備資金・整地費、建物工作物・機械計五三九〇千円の一部）。返済期限及び方法：一五ヶ年以内、収益金ニ依ル。経由金融機関：勧銀浦和支店。普通融資を困難とする事由：貸出長期に亘るため。第三五回で拒絶の方向で一応留保となった論拠は、「当社所要設備資金は総額七、六七四千円で払込資本金を除く不足額五、六七〇千円は勧銀よりの借入に依り調達して居り本件が貸出長期に亘る故を以て普通融資を困難とするとは諒承し難い」というものであった。復興金融金庫総務部地方課「第三十五回東京融資懇談会の件」一九四七年四月二一日、前掲『東京融資懇談会審議綴1・2』。

(46) 復金総務部地方課「第三十八回東京融資懇談会の件」一九四七年五月八日、前掲『東京融資懇談会審議綴1・2』。

(47) 復金総務部「第三十九回東京融資懇談会の件」日付不明、前掲『東京融資懇談会審議綴1・2』。

(48) 引用は、「第一・四半期の産業資金計画　総額二百四十億　基礎産業に重点融資」『朝日新聞』一九四七年五月二八日、東京、朝刊、一頁。他に、「産業資金配分計画決る　第一四半期　総額二百四十億円　産業別に一定のワク」『日本経済新聞』一九四七年五月二八日、朝刊、一頁も参照。

(49) 前掲『日本の政策金融Ⅰ』四八頁。元資料は、明記されていないが、「昭和二十二年度第一・四半期産業資金配分計画について（安定本部）」前掲『復興資金年度別融資方針に関する資料』一五―一六頁と推測される。また、「昭和二十二年度第一・四半期産業資金配分計画の件」総々発第六一号、一九四七年六月四日、前掲『総々発綴（復金）昭和二十二年度』も参照。

(50) 復金総務部地方課「第四十二回東京融資懇談会の件」一九四七年六月四日、前掲『東京融資懇談会審議綴1・2』。

(51) 復金総務部地方課「第四十二回東京融資懇談会の件」一九四七年六月四日の議案第一四八号：C燃料㈱、同「第四十三回東京融資懇談会の件」一九四七年六月九日の議案一八〇号：D炭砿㈱、いずれも前掲『東京融資懇談会審議綴1・2』。

(52) 復金総務部地方課「第四十二回東京融資懇談会の件」一九四七年六月四日、同「第四十四回東京融資懇談会の件」一九四七年六月一六日、いずれも前掲『東京融資懇談会審議綴1・2』。

(53) 新規貸出額よりも残高増減額が上回っている業種が二つ（石炭、鉄鋼）ある。利用資料の不備であると考えられるが、原因は不明である。ただし、その超過額はそれほど大きな値ではなく、ここでの論旨に大きく影響しないこと、現時点では他により適切な統計を見出し得ないことから、本書ではこの点は無視する。

(54) 一九四七年度事業計画の融資枠一八〇億円の半分がすでに第一・四半期の計画に組み込まれていたとはいえ、残りの九〇億円は復金債の発行余力として残されていた。

(55) 前掲『日本の政策金融Ⅰ』四九頁、「復興金融金庫の融資方針に関する件」総々発第七四号、一九四七年六月二七日、前掲『総々発綴（復金）昭和二十二年度』。

(56)「産業資金は三百億　第二四半期　政府、具体案を準備」『日本経済新聞』一九四七年八月一〇日、朝刊、一頁。

(57)「産業資金三百五十億　財政資金と切離し　次の閣議で決定」『日本経済新聞』一九四七年八月一七日、朝刊、一頁。

(58)「三百四十五億円　第二四半期産業資金計画決る」『日本経済新聞』一九四七年八月二〇日、朝刊、一頁。

(59) 前掲『日本の政策金融Ⅰ』四九頁。

(60)　第二・四半期の融資方針は一九四七年八月二二日に決定されている。「第二四半期融資方針に関する件」総々発第二二-一〇三号、一九四七年八月二六日、前掲『総々発綴（復金）昭和二十二年度』、「昭和二十二年度第二四半期融資方針　二二・八・二二　復金総務部」、前掲『復興資金年度別融資方針に関する資料』二六—三一頁。

(61)　復金の貸借対照表上で負債勘定とされていることから、実質的に市中銀行からの借入れによる融資であったといえる。前掲『日本の政策金融Ⅰ』六一頁の表1-17復興金融金庫貸借対照表の「支払承諾」がここでの保証融資に当たる。

(62)　「三百四十五億円　第二四半期産業資金計画決る」『日本経済新聞』一九四七年八月二〇日、朝刊、一頁、「二百億九千万円　復興金庫融資額決る」『日本経済新聞』一九四七年八月二一日、朝刊、一頁、「三百四十五億円　第二・四半期の産業資金計画」『朝日新聞』一九四七年八月二二日、東京、朝刊、一頁。

(63)　「融資取扱上の臨時措置に関する件」総々発第七七号、一九四七年七月八日、前掲『総々発綴（復金）昭和二十二年度』。この通牒は、復金総務部長から各支所・出張所・代理店・部・課長に宛てたもの。その後、七月一五日に、申込の受付と貸出しの実行に関する具体的な取扱要領を指示した通牒（「融資臨時措置暫定取扱要領について」総々発第二二-八三号、一九四七年七月一五日、前掲『総々発綴（復金）昭和二十二年度』）が出されている。

(64)　「復興金融金庫融資取扱規則及地方融資懇談会規則一部改正の件」総々発第二二-八一号、一九四七年七月一〇日、前掲『総々発綴（復金）昭和二十二年度』。

(65)　「本金庫の本年度第二、四半期資金計画に関する件」総々発第二二-八二号、一九四七年七月一一日、前掲『総々発綴（復金）昭和二十二年度』、「復興金融金庫第二、四半期資金計画に関する件」蔵銀第五八一号、一九四七年七月八日、前掲『復興金融委員会通牒綴（1）』整理番号三五〇—三五一。

(66)　復金総務部地方課「第四十八回東京地方融資懇談会の件」一九四七年七月一四日、前掲『東京融資懇談会審議綴1・2』。

(67)　議案二五三号：I肥料㈾、議案二六三号：J曹達㈱、議案二六七号：K機製㈱。

(68)　復金総務部地方課「第四十九回東京地方融資懇談会の件」一九四七年七月二三日、前掲『東京融資懇談会審議綴1・2』。

(69)　復金総務部地方課「第五十回東京地方融資懇談会の件」一九四七年七月三一日、前掲『東京融資懇談会審議綴1・2』。

(70)　「第二・四半期融資計画に関する件」総々発第二二-九一号、一九四七年七月二九日、前掲『総々発綴（復金）昭和二十二年度』。

(71)　「復興金融金庫の本年度第二、四半期資金計画に関する件」蔵銀第七六八号、一九四七年九月二日、前掲『復興金融委員会通牒綴（1）』整理番号三九四—三九六。

(72)　「市中資金産業面に活用　復金保証融資をさらに強化」『日本経済新聞』一九四七年九月一〇日、朝刊、一頁。

(73)「債務保証に関する件」総々発第一二一‐一〇六号、一九四七年九月一二日、前掲『総々発綴（復金）昭和二十二年度』。
(74)「市中資金産業面に活用　復金保証融資をさらに強化」『日本経済新聞』一九四七年九月一〇日、朝刊、一頁。
(75)「保証制度活用に関する日銀通牒移牒の件」総々発第一一二号、一九四七年九月三〇日、前掲『総々発綴（復金）昭和二十二年度』。
(76) 前掲『昭和財政史――終戦から講和まで』第一九巻、五六五頁より算出。
(77)「公団運営資金含め産業融資八十億円　一四半期　復興金庫年内に再増資か」『日本経済新聞』一九四七年五月五日、朝刊、一頁。
(78) 復金総務部「復興金融金庫増資所要見込額」一九四七年七月一〇日、『増資関係綴』（東京大学経済学部資料室所蔵）整理番号一―五、同「復興金融金庫増資所要見込額」一九四七年七月一八日、前掲『増資関係綴』整理番号六―八、同「復興金融金庫増資所要見込額」一九四七年七月二四日、前掲『増資関係綴』整理番号九―一一。
(79)「復金百五十億を増資」『日本経済新聞』一九四七年七月三〇日、朝刊、一頁。
(80)「復金・三百億増資　全額債券発行」『読売新聞』一九四七年八月九日、朝刊、一頁、「復金融資は二百億九千万円」『日本経済新聞』一九四七年八月一八日、朝刊、一頁。
(81)「復興金融金庫法の一部を改正する法律案　第一回国会」、前掲『日本金融史資料　昭和続編』第二三巻、二二五頁。
(82) 衆議院財政及び金融委員会（一九四七年八月二三日）における小坂善太郎大蔵政務次官の発言。「復興金融金庫法の一部を改正する法律案　第一回国会　衆議院　財政及び金融委員会議録第十三号」一九四七年八月二三日、前掲『日本金融史資料　昭和続編』第二三巻、一九三頁。
(83) 愛知揆一。銀行局長在任期間は一九四七年九月二日―一九四九年二月九日。前掲『大蔵省百年史』別巻、八四・一〇四頁。
(84)「第三、四半期資金計画暫定処理方針について」総々発第一二一‐一一八号、一九四七年一〇月一四日、前掲『総々発綴（復金）昭和二十二年度』、「第三・四半期資金計画決定に至るまでの暫定処理方針について」蔵銀第八七八号、一九四七年一〇月一〇日、前掲『復興金融委員会通牒綴（1）』整理番号四〇五―四〇八。
(85)「第三四半期産業資金計画決る　前期より八十億増　総額四百廿五億」『日本経済新聞』一九四七年一一月二日、朝刊、一頁、「総額は四百廿五億　第三・四半期の産業資金計画」『朝日新聞』一九四七年一一月二日、東京、朝刊、一頁、「復金融資を圧縮　三・四半期資金計画決る」『読売新聞』一九四七年一一月二日、朝刊、一頁。
(86)「復興金融金庫第三・四半期融資方針並融資事前協議の件」総々発第一三〇号、一九四七年一一月二〇日、前掲『総々発綴（復金）昭和二十二年度』、「昭和二十二年度復興金融金庫第三四半期融資方針　復金総務部」前掲『復興資金年度別融資方針に関する資料』三四―四四頁。

(87)『日本の政策金融I』では、この融資方針について、「民間金融機関の活用を重視し、融資に対する政府の干渉や赤字融資を排除する姿勢が見られるようになったことが注目される」(五〇頁)としている。しかし、そのうち、民間金融機関の活用重視という点は、前節で明らかにしたように、すでに大蔵省と日銀により前四半期から示されていたものを追認しただけのものであった。

(88)「東京地方融資懇談会廃止に伴う金庫内処置に関する件」総々発第二二一―一三二号、一九四七年一一月二一日、前掲『総々発綴(復金)昭和二十二年度』。

(89) 留保とされた案件が含まれていないため、同期間に同懇談会に付議されたすべての案件に関する処理状況とはなっていない。

(90) 第四七回(七月四日)―第五九回の一三回のうち七回分に当たる。

(91) 大蔵省財政史室編『昭和財政史――終戦から講和まで』第一九巻(統計)、東洋経済新報社、一九七八年、五七一―五七二頁。

第2章　復興金融委員会幹事会期の復金融資実施過程

はじめに

本章は、復興金融委員会幹事会が東京地方融資懇談会の機能を引き継いだ一九四七年度第三・四半期から、新規貸出しが原則停止される一九四九年三月末までにおける融資実施過程を、四半期ごとに、順に分析する。序章で挙げた課題のうち、本章で考察されるのは、復金債発行枠＝増資に関わる課題、個別案件の融資決定方法に関わる課題、そして、赤字融資に関わる課題の三つである。

復金債発行枠＝増資に関わる課題については、この時期に行われた四回（一九四八年二月九日、四月一二日、七月一二日、一二月二八日、前掲表序‐5参照）の増資において、増資額の抑制が行われていたのかを確認することが課題となる。やや結論の先取りとなるが、この時期には、第1章の時期と異なり、増資額の決定を巡る動きが活発になり、さらには、決定された増資額に融資方針が大きな影響を受けるようになる。

個別案件の融資決定方法に関わる課題については、復興金融委員会幹事会での審議の状況はどのようなものであったのか、日本銀行はどのような役割を果たしていたのか、四半期ごとの資金枠は守られていたのか、という点を検討することが課題となる。先行研究では、一九四九年二月の制度改革により、復金の自主性は一応制度上は保たれるようになったとされているが、その点を確認するために、幹事会の代わりに設置された融資連絡会での協議についても考察する（第六節）。

最後の赤字融資に関わる課題については、先行研究では、復金は自主性が制限された融資決定方法ゆえに赤字融資を実施していたという図式が想定されているが、実際には、復金は赤字融資に対してどのような態度をとっていたのかを、復金の融資方針、復金審査部の審査方針、若干の事例を通じて検討する。

本章の構成は、各節が一九四七年度第三・四半期から一九四九年度第四・四半期の各四半期に対応している。また、制度面に関して、第一節で、これまでよく知られていなかった、幹事会と地方融資懇談会との関係と、復金内での融資決定手続について明らかにしている。

第一節　融資手続きの変更と赤字融資に対する復金の姿勢——一九四七年度第三・四半期

（1）東京地方融資懇談会廃止前後の幹事会

①廃　止　前

一九四七年一一月二一日の第六七回をもって東京地方融資懇談会が廃止される以前の復興金融委員会幹事会（以下、幹事会）に関する手掛かりは少ない。

その出発点での構成員、役割について、『復金融資の回顧』は、一九四六年一〇月二九日に復興金融委員会官制に基づいて復興金融委員会が発足した際に、同「委員会における議案の下審査を行うために幹事として大蔵、商工、農林、運輸、安本の関係局課長及び、日銀、復金の関係局部課長並びに産業界、金融界から合計二十五、六名が任命された」(1)としている（付表B）。復興金融委員会の議案のうち、復興金融委員会の承認を必要とした融資申込案件の範囲は、「一件の金額五千万円を越えるもの、及び重要且つ異例なもの」[2]とされていたから、大口・重要・異例な案件の下審査が、融資実施過程における幹事会の役割であったと考えられる。

その出発点から東京地方融資懇談会廃止までの期間における運営実態についても資料は乏しく、唯一、一九四七年八月二一日に復金総務部長が復金融資部長に宛てた通牒[3]を見出すことができる。その内容は、「今般復興金融委員会幹事会は毎週水曜日午後一時半より定期的に開催せられることになりました就いては同議案原稿は印刷頒布の都合上前週金曜日午後一時までに当部までお提出下さるよう御願い申上げます。尚整理の都合上附議予定案件については確定次第予め別紙様式による次回復興金融委員会附議予定報告書を御提出下さるよう併せて御願い申上げます」というものであった。この資料からは、①一九四七年八月下旬からは定期的に開催されるようになったこと、さらに、地方融資懇談会と異なり、②議案の作成は復金の融資部が行っていたこと、③議案の取りまとめなどの事務局的な役割も復金の総務部が担っていたことの三点を窺い知ることができる。

②廃止後

東京地方融資懇談会廃止後の幹事会については、復興金融委員会で幹事会の廃止が決定された一九四九年二月三日までの間に、第一回（一九四七年一一月二六・二七日）―第六一回（一九四九年一月二八日）の開催を確認できる[5]。東京地方融資懇談会廃止後の融資制度上における変化と幹事会の構成・役割などについては、『日本の政策金融Ⅰ』[6]により、『復金融資の回顧』と復金の内部資料[7]に基づいて、以下のように説明されている[8]。

復興金融委員会幹事会は同委員会の幹事によって組織され、大蔵省銀行局長が議長を務めた。議長は毎週定期的に幹事会を召集し、議長が必要と認めた場合は、関係官庁官吏、日銀・復金職員の出席を求めて意見を聴くことができた。新たに「復興金融金庫暫定融資取扱規則」が復興金融委員会によって制定された。これまでの方式から変更された点は、第一に、東京地方融資懇談会を廃止するとともに、復金本所が申込を受けた案件で、一件当り三〇〇万円以上のものについて、審査のうえ復興金融委員会幹事会に回付することになったことである。ただし、異例なもの、融資準則によって判定困難なものは金額によらず幹事会に回付し、認定を受けた。また復金は事情によって審査前に幹事会の認定を受けることができた。すなわち、復金本所が取り扱う案件については、外部機関によるスクリーニングが事前から事後に変更された。復金は幹事会に付議する案件について事前に日銀と協議した。幹事会は、回付された案件について、①当該申込が経済復興の促進になるか否か、②当該申込が一般の金融機関で融資が困難であって金庫の融資かまたは債務保証を要するか否かについて認定し、結果を復金に通知した。幹事会は、復金が融資ないし債務保証をすることが適当と認めた案件について、必要な場合、金額、期限ないし返済方法について意見を付けることができた。ただし、「幹事会の認定に拘わらず金庫本所が、融資又は債務保証を拒絶し、又はその実行を延期し若くは金額を削減する必要があると認めたものは、その旨幹事会に報告する」ことができた。

第二に、幹事会が融資ないし債務保証を適当と認定した案件のうち、一件五〇〇〇万円を超えるもの、および重要かつ異例なものについては復興金融委員会の承認を受けた。第三に、復金は申込受付の状況および幹事会決定事項の処理状況を定期的に幹事会に報告した。第四に、幹事会の役割とは関係のない変更であるが、日銀は復金から申込を回付された際、一般金融機関の融資可能性を直ちに審査し、可能と認めた場合は融資斡旋を行うことになった。日銀は、融資に当たって復金の保証が必要な場合はその旨を復金に通知し、保証なしで一般金融機関が融資可能な場合はその旨を復金に通知して申込を取り下げさせた。

『日本の政策金融Ⅰ』によると、このときの変更は、東京の復金本所が取り扱う案件に関するものだけとされているが、ほぼ同じ時期に、東京以外の復金支所取扱いの案件に関する取扱方法についても変更が行われていた。この変更を主導したのは日銀である。日銀は、各支店が主催する地方融資懇談会が取り扱う案件に関する中央協議取扱方法の変更を決定し、一九四七年一一月二六日に、日銀資金調整局長から各支店長に対し、「復興融資承認に関する中央協議取扱要領」を通知した。(9) その骨子は次の通りである。

一、地方融資懇談会は復興融資申込案件中左の各号に該当するものについては中央に協議すること。但し火急を要する場合は事後承認を求めることが出来る。

1．申込金額一件五百万円以上の事案（但し中央に於て企業別に枠の割当てられたものについてその範囲内に於て承認する場合は協議を要しない。又復興金融委員会に附議すべきものは従来通りの取扱とし本取扱要領による中央協議を要しない）

2．一件五百万円未満のもので異例に属するもの(10) その他地方懇談会に於て中央協議会の必要あると認められたもの

二、支店は中央協議事案につき地方懇談会としての意見を附し協議書を資金調整局に廻附すること

三、資金調整局は協議事案を受理した場合復興金融委員会幹事会に諮り其の結果を支店に通知する。

四、地方懇談会は左の通知内容に基いて事案を処理する。

この変更により、地方融資懇談会での審議⇒復金の本所承認で融資可能であった一件当り五〇〇万円以上五〇〇〇万円未満の案件について、地方融資懇談会での審議の後、復興金融委員会幹事会での協議・承認が必要とされるようになった。日銀自身は変更の理由を、「復興融資について資金計画との関係及承認方針の寛厳について地方的な不統一を避ける為め特に中央に於ける調整の必要が大きくなった為め」としている。この変更を受けて、一九四七年一二月四日、復金総務部長は融資部長・中小事業部長・支所長・出張所長に対して、この変更は「中央に於て市中融資の斡旋を強力に指示する必要があること及地方に於ける承認方針の寛厳の不統一を調整しようとするためであって日

表 2-1　外部機関の関与範囲と復金内の融資専行権限；1947 年 11 月 25・26 日の変更後

〔東京〕

1件当り金額	介在する外部機関		復金での融資
300万円未満			本所限りで融資
300万円以上～5,000万円未満	復興金融委員会幹事会		本所限りで融資
5,000万円以上，重要，異例	復興金融委員会幹事会	復興金融委員会	復金が融資

〔東京以外〕

1件当り金額	介在する外部機関		復金での融資
100万円未満			支所限りで融資
100万円以上～500万円未満	地方融資懇談会		支所限りで融資
500万円以上～5,000万円未満	地方融資懇談会	復興金融委員会幹事会	本所承認後に融資
5,000万円以上，重要，異例	地方融資懇談会	復興金融委員会	復金が融資

出所）「地方融資懇談会の承認に関し日本銀行支店より中央協議の件」総々発第 22-141 号，1947 年 12 月 4 日，『総々発綴（復金）昭和 22 年度』（東京大学経済学部資料室所蔵）より作成．

注）1件当り金額＝当該申込先に対する合計貸出額．

本銀行の立場上又現在の状況に於ては已むを得ない措置であるから貴所に於ても此の点十分お含みの上御処理願ひたい」と指示を出している。

前章の東京地方融資懇談会期から問題となっていた、資金計画の厳守とそのための市中融資の活用に関する東京とそれ以外の地方との間における承認方針の不統一の調整のために、日銀主導で融資手続の変更が行われ、その担い手として幹事会が明確に位置づけられたのである。これら変更後の外部機関の関与範囲と復金内の融資先行権限をまとめると表2－1のようである。

(2)　東京地方融資懇談会廃止後の復金内融資決定手続

融資制度に関する実証水準を引き上げた『日本の政策金融Ⅰ』においても、復金内部の融資決定手続については「必ずしも明らかではない」（同書三四頁）とされている。それを知るための資料は、東京地方融資懇談会期に関するものは入手し得ていないが、東京地方融資懇談会廃止後に関するものとしては、一九四七年一一月一六日に復金総務部総務課により作成された「東京地方融資懇談会廃止に伴う金庫内処置」[11]がある。少し長いが以下に引用する。

一、申込受付

申込受付については先づ参考書類（別紙様式一）二通の提出を要求し一応の見透しを得て《ママ》後、申込書（別紙様式二）二通及調査書類（別紙様式三）の提出をなすよう措置する

（A）金庫直接受付

（イ）新規申込

融資部総務課、中小事業部指導課に於て受付ける

（ロ）貸増申込

融資部、中小事業部各担当課に於ける受付け申込書二通を融資部総務課、中小事業部指導課に回附する

（B）代理店受付

直轄代理店（除地方融資懇談会存続地域）受付のものに就ては申込書二通に必ず代理店の意見書（別紙様式四）を附し融資部総務課或は中小事業部指導課に回附する

申込書受付につき疑義あるものは予め金庫の意向を確めた上申込書を提出させるよう指導する

（C）日銀よりの回附受付

日銀が融資斡旋を受けたものの内、金庫の融資（保証）の対象として考慮し得ると認めたものに就いては日銀より総務部総務課或は中小事業部指導課に連絡し各課に於て申込を受付ける（（A）の（イ）に同じ）

申込書受付について疑義あるもの、或は《ママ》現局の意向を徴する必要あるものは関係官省との打合せ会に持

出すこと
融資部中小事業部は復金借入に関する問合せ相談等について整理カード（別紙様式五）により整理する。
申込受付のものについては受付票（別紙様式六）を交付し受付簿（別紙様式十二）により整理し毎週申込受付状況報告書（別紙様式七）を作製する。

二、日銀への申込書回附
融資部総務課は申込受付後速に総務部総務課を通し申込書一通（参考書添附別紙様式二）を日本銀行に回附する。

中小事業部の受付のもので幹事会に附議することを要するものについても同じ。

総務部総務課は日銀回附簿（別紙様式八）により整理する。

三、審査
融資部総務課は申込書類を次の場合を除き審査部に回附する。
一、金庫の保証なしに市中融資の確実性あるものは日本銀行にその旨連絡し審査部には回附しない。
二、申込案件によっては審査部と打合せの上審査を為さず直ちに幹事会に附議し認定を受ける。
審査部は回附を受けた案件につき審査を行い原則として審査終了の上融資部総務課に調書を回附する。但し必要あるときは融資部、審査部打合せの上審査終了を待たず幹事会に附議することができる。

中小事業部受付のものについても前項に準ずる。

代理店受付のものについては融資部総務課、中小事業部指導課は前項に準じ代理店に審査を依頼し或は直ちに幹事会に附議し認定を受ける。

四、幹事会

（1）幹事会附議案件は原則として審査終了のものとする。
但し、必要あるときは融資部、中小事業部は審査部と打合せの上審査をなさず（三―二）或は審査の終了を待たずに附議することができる。

（2）議案の様式[12]

（A）甲議案（復興金融委員会に附議を要するもの）
（別紙様式十）
議案番号　復委融第　　号（融資部関係）
　　　　　復委公第　　号（公団金融部関係）
　　　　　復委石第　　号（石炭金融部関係）

（B）乙議案（幹事会限り決定のもの）
議案はなるべく簡単なものとし説明を以て補足する方針をとる
（別紙様式十一）
議案番号　復幹融第　　号（融資部関係）
　　　　　復幹中第　　号（中小事業部関係）

（3）議案の打合せ
融資部総務課、中小事業部指導課は総務部総務課を通し日本銀行と幹事会附議案件につき予め打合せを行い市中融資の可否等を確認する。

（4）議案の作製
議案は融資部総務課、中小事業部指導課で作成の上概ね幹事会開催の一週間前に総務部総務課に回附する。

（5）金庫内部に於ける説明

幹事会前日までに議案について役員に対し融資部、中小事業部並に審査部より説明を行う。

（6）会議事務

幹事会の事務は総務部総務課に於て行う。

案件の説明は融資部、中小事業部が行う。代理店案件は予め定められた代理店の説明担当者をして行わせることができる。

幹事会議事録（金庫内のもの）の作成及決定通知は総務部総務課に於て行う。

五、報告

融資部総務課は申込以後の処理状況（別紙様式九）を作成し総務部総務課に提出する。

この資料からは、審査部による審査の内容について知ることはできないが、以下の点を知ることができる。

第一に、申込受付の段階で、「先づ参考書類二通の提出を要求し一応の見透しを得て後《ママ》、申込書二通及調査書類の提出をなすよう措置する」、「申込書受付について疑義あるもの、或は《ママ》現局の意向を徴する必要あるものは関係官省との打合せ会に持出すこと」とあることから、ある程度の選別がなされていた可能性がある。

第二に、幹事会に付議される前の復金内部での融資手続は、申込受付⇒審査部での審査⇒役員会での説明⇒幹事会での審議というものであった。その一方、幹事会での審議後の復金内部での融資手続については、処理状況の作成・報告がなされていたようであるという点しか分からない。

第三に、東京地方融資懇談会期と同様に幹事会の事務と議案の作成を復金が行っていたことと、案件の説明を復金が行っていたことを確認できる。後者については、このときの制度改革を挟んだ前後の期間にわたって大蔵省銀行局復興金融課長であった谷村裕[13]による、「案件を準備し説明する復金の事務当局」には、「興銀からの出向者が多く、部長クラスでは湊守篤さんや密田博孝さん」など「相当のサムライがそろっていた」という回顧と符合する[14]（付表E）。

第四に、申込先から提出させた参考書類、申込書、調査書類や代理店の意見書により情報を集め、さらに審査部での審査を経た後に、融資部総務課、または、中小事業部指導課により作成された甲議案の様式（乙のものは甲のものを簡略化したものであった）をまとめると表2－2のようであった。この様式に沿って作成された議案[15]に基づいて幹事会での審議が行われていたのである。

（3）赤字融資に対する復金の姿勢――方針上の廃止原則と実際上の容認姿勢

一九四七年度第三・四半期の復金融資方針は、東京地方融資懇談会廃止直前の一九四七年一一月二〇日に決定されたが、融資制度の改革後に改めて決定された形跡はない。その五つの一般事項は『日本の政策金融Ⅰ』（四九―五〇頁）で紹介されているが、その中には、同書が注目点の一つとして「赤字融資を排除する姿勢が見られるようになったこと」（同書五〇頁）を挙げているように、「赤字資金については原則として採り上げない」とする項目（③）が組み込まれていた。これは、第3章で明らかにするように、同時期の石炭鉱業合理化を目指した炭鉱特別運転資金融資制度の開始と歩調を同じくするものでもあった。

しかし、実際には、赤字融資は一九四七年度第三・四半期も行われていた。その一つであり、一九四七年度復金事業計画で「超重点産業」とされていた肥料工業[16]向けの赤字融資に関する幹事会での審議は以下のようであった。

第一回幹事会（一一月二六・二七日開催）に、昭和電工㈱ほか一三社に対する一〇月分赤字運転資金一億一〇〇万円[17]（硫安関係九社八二〇〇万円、その他五社一九〇〇万円）の議案（復委融第九号[18]）が付議された。この案件の申込経緯は次

各　項　目	記　載　方　法
	・○○㈱（資本金○○千円内○○千円払込済，取締役社長○○）
	・（例）65,000千円，7月期運転資金，甲1 ・金額，使途，順位の順に一列にかくこと ・使途は運転資金，設備資金の別のみ記載但し数口貸出ある場合或は設備運転両者ある場合等は具体的使途を明記すること
	・（例）承認あり次第或は8月末等
	・（例）6ヶ月営業収益等 ・方法は返済財源の意で営業収益○○売上代金，価格差補給金，社債等必ず記載のこと
(1) 設立	・昭和○年，特経会社，○○系，制限会社の別，大株主
(2) 資産総額並に外部負債	・固定資産 ・流動資産 ・主たる新勘定借入金 ・特別損失 ・特経会社の場合は新旧分離のこと
(3) 事業概況	・事業種類 ・業界における地位 ・事業所名 ・製品名 ・生産能力 ・生産実績 ・できるだけ簡単に記載すること
(4) 申込金の使途	・申込の事情（借入を必要とする業況金繰状態等の説明） ・削減せる場合はその理由明記 ・本資金の重要性，普通金融困難な事情等附記するを便なこともある ・設備資金の場合は大約の使途内訳，運転資金の場合には資金繰表を必ずつけること（別表としても可）
(5) 収支予想並に償還見込	・売上｜製造損益｜一般管理費｜支払利息｜税金｜償却前損益 ・返済方法が営業収益による場合は償還と収支予想とが矛盾せざるよう特に慎重に扱うこと ・製品単純なものは屯当り或は1個当り損益に生産数を乗じて1ヶ月収支を出すも1方法である ・赤字金融の場合は1ヶ月間の採算上の赤字を出しておく必要がある
(6) 融資後の監査等につき特に述ぶべき点	
その他，GHQ許可，資金調整法許可等特に述ぶべきもの	
(1) 特経会社制限会社の別	
(2) 既融資額	・内訳 ・其他主なる借入金（本融資金との関係に於て返済期限及方法を記載するを要するものは記載） ・特別損失
(3) 以後	・（イ）の（3）以降は前回記載済のものは省略但し前回以後の異動《ママ》をかくこと ・前回議案と矛盾せざるよう注意すること ・償還計画については前回と一括して考えるようにすること
	・記載方法は融資議案に同じ ・但し保証を必要とする事由は明記のこと

に関する件」総々第22-132号，1947年11月21日，『総々発綴（復金）昭和22年度』（東京大学経済学部資料室所蔵）

表 2-2　甲議案の様式

	大　項　目
1．融資議案	融資先
	金額及使途
	融資時期
	返済期限及方法
	参考 (イ)新規の場合
	参考 (ロ)既附議案件の場合
2．債務保証議案	保証委託先 保証の相手方 保証の種類 保証金額及使途 保証期限及返済方法 保証時期 参考

出所）「東京地方融資懇談会廃止に伴う金庫内処理」より作成.

の通りである。一九四七年八月以降の電力事情悪化が甚だしかったため、硫安の生産量は、「七一、〇〇〇屯ベースを月平均一五、〇〇〇屯（約一二〇、〇〇〇千円）下廻り十月は物価庁ベース七七、二一〇屯に対し実績五九、二一〇屯」にとどまった。さらに、風水害および貨車繰り不調によるストック著増が各社の金繰りに逼迫を加えている。従って、現在の販売価格が改訂されるか、あるいは、電力事情が好転せぬ限り今期の赤字は免れぬ結果となり、その赤字を復金の融資により補塡するため、借入申込に至った。まず、この案件について復金から、「金庫としては如何に肥料会社が困窮しても原則として裏付のない赤字融資は取上げ得ない立場にあるが本件は之を取上げるか否かに依っては肥料会社全般の企業維持に重大な影響を及ぼすものであるから慎重に検討願い度い旨」の説明があった後、討議に入った。その結果、硫安関係九社分については、（1）将来価格の改正に当たっては必ずこの融資（利息を含む）の部分を織り込むというGHQの覚書（英文）を貰ってあること、（2）会社の企業維持の点から適性な赤字融資額を査定してあること、（3）会社の内容をさらに検討し今回の査定額に多少の凸凹があった場合は今後の融資（一一月分、一二

表 2-3　第 1 回肥料産業向け制電赤字融資

申　込　先		申込金額;A(千円)	融資金額;B(千円)	B/A(%)	融資方法
硫安	日新化学	25,000	25,000	100	直接融資
	東洋高圧	6,000	6,000	100	直接融資
	東北肥料	6,000	6,000	100	直接融資
	旭化成	3,000	3,000	100	直接融資
	別府化学	2,000	2,000	100	直接融資
	昭和電工	30,000	20,000	67	直接融資
	昭和電工		10,000	33	保証融資
	日本水素	5,000	5,000	100	保証融資
	東洋合成	3,000	3,000	100	保証融資
	東亜合成	2,000	2,000	100	保証融資
	硫安計	82,000	82,000	100	
その他	信越化学	6,000	6,000	100	保証融資
	東亜鑛工	3,000			
	東北興業	3,000			
	呉羽化学	3,000			
	石原産業	4,000			
	その他計	19,000	6,000	32	
合　計		101,000	88,000	87	
直接融資計			62,000		
保証融資計			26,000		

出所）復金総務部地方課「復興金融幹事会の件」総地第 46 号，1947 年 12 月 9 日，『東京融資懇談会審議綴 1・2』（東京大学経済学部資料室所蔵），「肥料にワク外融資　第 1 回分に 8,800 万円　制電赤字融資具体化」『日本経済新聞』1947 年 12 月 5 日，朝刊，1 頁より作成．

月分）において補正均衡をとることなどにより、異議なく可決された。その一方、その他五社分については、事情の異なるものを一括案件としたことが問題とされ、各社別の議案として次回幹事会に提出すること、そのうち一社は復金直接貸とし、他四社は市中斡旋の方向で進むこととされた。後者に関する第二回幹事会での審議についての資料は入手し得ていないが、日本経済新聞は、「肥料産業には第一回分としてこのほど硫安、石灰窒素の両業種会社に復金の直接融資によるもの六千二百万円、市中銀行から復金支払保証として融資するもの二千六百万円、合計八千八百万円の融資がきまり制電赤字融資が具体化し始めた」[19]と伝えている。表2－3は、この記事と第一回幹事会の資料から、この案件の各社別申込額と融資額をまとめたものである。硫安関係九社分は申込金額八二〇〇万円の融資が行われているが[20]、そのうち二〇〇〇万円は保証融資となっており、その他五社分に至っては保証融資での一社六〇〇万円のみとなっている。

　この事例から、重要な点として次の二つを指摘することができる。一つ目は、復金自身が融資方針上の赤字融資廃止原則に固執していなかったことである。「裏付けのない」＝返済の裏付けのない＝回収の見込みがない赤字融資は採り上げ得ない「立場にある」としつつも、この案件を取り上げなかった場合に生ずるであろう肥料会社全般の企業維持への重大な影響を考慮に入れて慎重に検討して欲しいとしていることは、自らの賛否に関する明言を避けてはいるが、事実上容認の態度を示している。二つ目は、融資方法が幹事会での結論と異なっているものが硫安関係分の中にある理由は不明であるが、第1章第四節で明らかにした保証制度活用方針継続の影響が、この赤字融資案件の帰結にも現れていることである。

（4）一九四七年度第三・四半期の融資実施概況

表2－4は、一九四七年度第三・四半期の資金計画と融資状況に関する統計をまとめたものである。申込額の段階では、石炭を含む鉱業だけでなく、金属工業、機械器具工業、化学工業、電気業からも資金枠を上回る申込があり、一般産業計で資金枠を二四％も超過していた。

しかし、東京地方融資懇談会期から続く融資抑制方針により、承認額の段階では、鉱業以外で申込額が圧縮され、鉱業、機械器具工業、化学工業、電気業以外では資金枠を大きく下回っており、一般産業計ではほぼ資金枠と同額となっている。すなわち、資金計画の段階よりも鉱業、機械器具工業、化学工業を優先しつつ、他の産業向けの融資を圧縮することで、資金計画での資金枠が守られていた。

貸出実行ベースの新規貸出額では、鉱業と交通業が承認額よりも増えているが[21]、おそらく、それら以外の貸出しが次四半期以降に繰り越されたために、一般産業計の新規貸出額はほぼ資金枠にまで抑えられている。すなわち、貸出実行段階においても、石炭鉱業への優先的資金供給が他業種への融資圧縮でカバーされていたのである。

公団融資は、新規貸出額は資金枠の二・七倍に達しているが、回収が進んだことから残高純増額では資金枠を下回っている。その結果、一般産業と公団を合わせた残高純増額は、資金計画で許容された一七三億円[22]の八九％にとどまっている。

まっている。

しかも、日銀を中心とした保証制度活用方針の強化・継続により、保証融資として承認された金額・割合がともに前の四半期（前掲表1-6）よりも大きくなっており、その面からも復金資金の節約が図られていた。

第二節　増資の削減による融資の圧縮――一九四七年度第四・四半期

（1）増資の削減

一九四七年度第四・四半期開始前の一九四七年一二月二九日に、復金総務部長は、各部課長、支所長、出張所長、代理店に対し、第四・四半期の融資方針決定までの暫定措置として、「新規案件の取扱に就ては第三、四半期の融資方針によること」という指示を出している[23]。それは、その決定までに「尚相当の時日を要する」という認識に基づいていたが、そのような認識は、資金計画を左右する復金債の発行余力を拡大するための増資が未確定であったため

承認・計 ；G	新規貸出額 ；H	残高純増額 ；I
百万円	百万円	百万円
4,884	8,113	6,316
	7,453	5,672
203	180	167
346	191	-13
	169	-10
1,038	424	384
31	30	21
1,646	757	707
	521	499
1,538	521	521
414	577	548
1,279	851	781
11,380	11,644	9,433
	20,587	5,932
	32,231	15,365
G/A	H/A	
%	%	%
113	187	
46	41	
74	41	
153	62	
38	38	
114	52	
97	33	
66	92	
72	48	
99	102	
	274	
	170	88.8

学部資料室所蔵）1949年3月，26-45，68-

17,300百万円に対する比率.

表 2-4　1947 年度第 3 四半期の資金枠と融資状況

	資金枠；A	申込額；B	承認・直接貸；C	承認・保証；D	取下・市中斡旋；E	取下・拒絶；F
	百万円	百万円	百万円	百万円	百万円	百万円
鉱業	4,330	4,999	4,884		0.2	16
（内石炭）	−					
繊維工業	440	319	182	21		8
金属工業	470	679	215	131	100	14
（内鉄鋼）	−					
機械器具工業	680	1,513	269	769	30	67
窯業	80	44	22	9	2	7
化学工業	1,450	2,357	989	657	40	50
（内肥料）	−					
電気業	1,590	2,181	688	851		
交通業	630	525	348	66	1	10
その他	1,780	1,526	882	397	30	84
一般産業計	11,450	14,143	8,479	2,901	203	257
公団	7,523					
合　計	18,973					
		B/A	C/B	D/B	E/B	F/B
		%	%	%	%	%
鉱業		115	97.7		0.003	0.3
（内石炭）						
繊維工業		72	57.2	6.6		2.5
金属工業		145	31.7	19.3	14.7	2.1
（内鉄鋼）						
機械器具工業		223	17.8	50.8	2.0	4.5
窯業		55	50.2	19.7	4.6	15.9
化学工業		163	42.0	27.9	1.7	2.1
（内肥料）						
電気業		137	31.5	39.0		
交通業		83	66.3	12.6	0.2	1.9
その他		86	57.8	26.0	2.0	5.5
一般産業計		124	60.0	20.5	1.4	1.8
公団						
合　計						

出所）『日本の政策金融 I』46 頁，表 1-6，日本銀行資金局復興金融課『復興金融統計資料』（東京大学経済 83，105-124 頁より作成．

注）1．網掛け：100%超のもの．

2．下段の「残高純増額」-「合計」は，1947 年度第 3 四半期復金資金計画における残高純増許容額であった。前回（一九四七年九月五日）の増資自体が「明年一月ころまでの資金の供給を確保し得る見込」[24]のものであったから、さらなる増資によってそれ以降の資金調達の目途が付かなければ、第四・四半期の資金計画と融資方針も決めようがない状況であった。

①復金による増資所要額算出

増資に向けた動きとして最初に確認できるのは、復金による二度の増資所要額算出[25]（表2－5）である。どちらも一九四七年度「第四・四半期以降来年度第三・四半期に至る資金を概算」したものである。経費の見積りによる相違はあるが、一九四八年一ヶ年間の所要額を約六四〇億円としており、産業資金だけでも毎四半期の所要額を一二〇億円と見込んでいた。

②大蔵省による三〇〇億円増資案

次いで、復金の作業との関係は不明であるが、大蔵省銀行局復興金融課が、一九四八年一月一〇日に一九四八年一ヶ年間の増資所要額を九五〇億円[26]、さらに、一月一四日に同年三月末までの増資所要額を三〇〇億円[27]と算出している。後者の算出基礎となった復金の資金調達と資金需要の見通しは次の通り[28]である。資金調達が、資本金「五百五十億円のうちすでに使用ずみのもの債券発行四百卅四億円、政府払込四十億円、保証融資契約卅二億円（昨年十二月末）計五百六億円に達し残額は四十四億円しかないが、十九日予定の廿五億円を発行すれば今月末廿億円程度の発行余力しかなく、二月には全く資金の見通しがたゝない状況」にあった。一方で、第四・四半期だけで資金需要が、「石炭、肥料、鉄など重要産業の設備、運転資金増に加え新設公団の発足で五百億円以上あり、これを極力圧縮し、また公団融資をなるべく市中銀行へ移すとしても最低三百億円」見込まれていた。一月二一日の新聞[29]もこの三〇〇億円増資案を伝えている。

表 2-5　増資所要額（復金算出）　（単位：百万円）

1947/11/28				1947/12/6			
産業資金所要額	＋	48,000	毎期 12,000	産業資金所要額	＋	48,000	毎期 12,000
公団資金所要額	＋	19,500		公団資金所要額	＋	19,500	
損失保証	＋	1,200	毎期 300	損失保証	＋	1,200	毎期 300
貸出金回収等	−	8,500		回収及利益金等	−	3,900	
経費	＋	3,880					
合　　計		64,080		合　　計		64,800	

出所）復金総務部「増資所要額調」1947 年 11 月 28 日，同「増資所要額調」1947 年 12 月 6 日，『増資関係綴』（東京大学経済学部資料室所蔵）整理番号 12-23 より作成.

③ＧＨＱによる一五〇億円への削減

ただし、実際には、三〇〇億円増資案と二〇〇億円増資案の二つの案で、一九四八年一月一五日から、ＧＨＱとの折衝が開始された[30]。三〇〇億円増資案は、「今回増資分を、第四・四半期の分を賄へる最少限度に切りつめる方針の下に」考えられたもので、一九四八年三月末の復金債発行余力を約六八億とみていた。一方の二〇〇億円増資案は、三〇〇億円増資案の「計算から新規公団の所要資金約八〇億を除い」て考えられ、同余力を約四八億円とみていた。

それに対して、ＧＨＱからは、一月二三日に、「復金業務の尨大化を出来るだけ抑へるといふ方針からともかく最少限度必要なところで切る」という考えに基づいて、次の二案が提示された。

（一）二〇〇億円増資を認める。その代り、既定予算に計上されている一〇〇億円の政府払込は、必ず実行することを確約せよ。

（二）右確約不可能ならば一五〇億円の増資で我慢せよ、尚払込実行については最少限度債券償還に充てらるべき三〇億を確保するよう努力せよ。

注一、右何れの場合も新設公団の金融は復金から外すことを前提とす。

注二、一応右の如く最少限度で今回は増資しておいてその間に復金今後の運営につき充分検討すること。

このGHQの提案のうち、(二)が選択され、翌二四日、「その旨返答直ちに承認を得た」。一五〇億円の増資で「我慢」したのは、二〇〇億円増資の条件とされた一〇〇億円の政府払込実行を確約できなかったからであろう。なぜなら、復金の払込資本金は、一九四七年一二月末の四〇億円から一九四八年三月末の七〇億円へと、三〇億円しか増加していないからである(表序-5)。

復金の資本金を第四・四半期の復金資金需要にのみ対応させるべく一五〇億円増資して七〇〇億円にするという、復金法の一部を改正する法律案は、一九四八年一月二七日に国会へ提出[31]、一九四八年二月九日に公布施行されて、復金の資本金は七〇〇億円となった[32]。しかし、一五〇億円の増資では、一九四八年三月末に復金債発行余力がほぼなくなることから、一九四八年「三月末状態を推測すると大体一杯一杯といふところであり(中略)三月早々又々増資法案を提出することを余儀なくされることは不可避である[33]」と考えられていた。

(2) 復金による融資圧縮方針(一九四八年二月五・一六日)

一九四七年度第四・四半期の産業資金計画と復金資金計画は、閣議で決定された様子はない。それは、一九四八年二月九日の片山内閣総辞職から同年三月一〇日の芦田内閣成立まで約一ヶ月間に及ぶ政治空白[34]が原因であったと考えられる。そのことと増資額が半減されたことから、復金は、自主的に、以下のような融資圧縮方針を採用していた。一五〇億円増資法案成立直前の一九四八年二月五日、復金総務部長は、以下の五項目を一般方針として、各部課長・支所長・出張所長・代理店に対して通牒[35]した。

一、超重点産業以外は出来る限り消極方針を採り全般的に極力市中融資による如くすること。
二、新規事業については特別の事情あるものの外原則として採り上げないこと。

三、納税資金融資は採り上げないこと。
四、電力制限による赤字補塡融資については鉄鋼、肥料、その他について必要最少限度のものを考慮する。
五、設備資金融資に当っては運転資金に流用せられぬ様特に留意すること。尚業種別の方針については資金計画決定後通牒の予定である。

この一般方針の背景にあった認識は、「金庫の資本金については目下国会に於て審議中であるが大体一五〇億円の増資となる見込であり、第四、四半期資金計画も未決定であるが資本金の状況から本期融資については相当圧縮の要あるものと見込まれる」というものであった。ただし、この一般方針では、前四半期の融資方針で原則取り上げないとされていた赤字融資が、電力制限によるものについて必要最小限度と限定付きではあるが、融資対象として復活している。

さらに、復金総務部長は、一五〇億円増資実施後の一九四八年二月一六日に、各部長、支所長、出張所長に対して、経済安定本部が策定した第四・四半期資金計画査定資料を参考として送付した通牒[36]の中で、「金庫としては今回の増資が一五〇億円に削減された関係上前期承認済未貸出分を考慮に入れるときは本計画通り融資する場合は現在の資金で三月末迄賄うことが困難であり金庫としては此の計画内で更に極力融資を圧縮することが必要であるから此等の点を充分御承知の上参考とせられたい」と指示している。しかも、その計画は、「G.H.Qの承認未了であり未だ正式決定に至らないもの」であったから、さらに融資を圧縮しなければならなくなる可能性も残されていた。

(3)一九四七年度第四・四半期の融資実施概況

表2-6は、一九四七年度第四・四半期の資金計画と融資状況に関する統計をまとめたものである。前述のように、

当期の資金計画が閣議決定された様子がないため、資金枠は、『日本の政策金融Ⅰ』にならって、一九四八年一月二八日に経済安定本部財政金融局産業金融課が作成した「昭和22年度第4・4半期復興金融金庫資金計画」(37)を用いている。ただし、これは、おそらく三〇〇億円増資案が前提とされているため、一般産業計だけでも一六六億五〇〇〇万円に達している。

申込額の段階では、鉱業、機械器具工業、化学工業、電気業から、三〇〇億円増資案を前提とした資金枠をも上回る申込があり、一般産業計で資金枠を一七%も超過していた。これに公団が加わることを考えれば、一五〇億円の増資の範囲内で賄えきれない状況にあった。

しかし、承認額の段階で、鉱業以外の圧縮により、一般産業計で一五六億円にまで抑えられ、さらに、新規貸出額の段階で、鉱業も含めて貸出実行の次期への繰越しがなされ、一般産業計で一三一億円にまで抑えられている。このことには、上述の復金の自主的な融資圧縮方針も大きく寄与していたと考えられる。

それでも、公団を含めた残高純増額はわずかに一五〇億円を超過していたが、融資承認のうち一八億円が保証融資

承認・計：G	新規貸出額：H	残高純増額：I
百万円	百万円	百万円
8,602	7,461	5,271
	6,935	5,085
394	225	221
738	494	489
	443	440
1,123	730	708
24	24	21
1,755	1,287	1,235
	995	974
2,037	1,708	1,641
382	479	391
560	763	578
15,615	13,172	10,556
	22,994	4,698
	36,166	15,253
G/A	H/A	
%	%	%
113	98	
63	36	
62	42	
93	61	
30	30	
80	59	
127	107	
38	48	
48	66	
94	79	
	295	
	148	

学部資料室所蔵）1949年3月，26-45，68-

表 2-6　1947 年度第 4 四半期の資金枠と融資状況

	資金枠 ：A	申込額 ：B	承認・直接貸 ：C	承認・保証 ：D	取下・市中斡旋 ：E	取下・拒絶 ：F
	百万円	百万円	百万円	百万円	百万円	百万円
鉱業	7,585	8,767	8,591	11	0	3
（内石炭）	−					
繊維工業	630	527	330	64		3
金属工業	1,190	1,200	505	234	34	12
（内鉄鋼）	−					
機械器具工業	1,205	2,154	644	478	17	59
窯業	80	34	12	13		8
化学工業	2,195	2,544	1,042	713	5	37
（内肥料）	−					
電気業	1,600	2,641	1,823	214	182	
交通業	1,005	533	317	65		34
その他	1,160	1,014	489	71	4	388
一般産業計	16,650	19,416	13,753	1,863	241	543
公団	7,793					
合　計	24,443					
		B/A	C/B	D/B	E/B	F/B
		%	%	%	%	%
鉱業		116	98.0	0.1	0.0	0.03
（内石炭）						
繊維工業		84	62.6	12.2		0.6
金属工業		101	42.0	19.5	2.8	1.0
（内鉄鋼）						
機械器具工業		179	29.9	22.2	0.8	2.7
窯業		43	34.5	36.6		21.9
化学工業		116	41.0	28.0	0.2	1.5
（内肥料）						
電気業		165	69.0	8.1	6.9	
交通業		53	59.5	12.1		6.4
その他		87	48.2	7.0	0.4	38.2
一般産業計		117	70.8	9.6	1.2	2.8
公団						
合　計						

出所）『日本の政策金融Ⅰ』46 頁，表 1-6，日本銀行資金局復興金融課『復興金融統計資料』（東京大学経済 83，105-124 頁より作成.

注）網掛け：100％超のもの.

とされていたため、それを残高純増額から差し引いた当該四半期の追加的資金調達額は一三四億円となっており、一九四七年度第四・四半期の復金融資は何とか半減された増資の範囲内で賄うことができていた。

第三節　ＧＨＱによる増資額削減と幹事会での審議状況——一九四八年度第一・四半期

(1) ＧＨＱによる増資額の削減

前回（一九四八年二月九日）の増資は、一九四八年三月までの所要資金を賄うためのものであったから、それ以降の融資を賄うための増資に向けた動きが一九四八年三月上旬から始まった。

①復金の三〇〇億円増資案

一九四八年三月五日には、復金総務部が表２‐７のような増資計画案を作成している。純粋な増資所要額は二六六億円と算出されているが、「三月末における資本金の状況、四月以降における物価改訂及公団金融等不確定要素を考慮し三〇、〇〇〇（百万円—引用者）の増資を必要とする」[38]というのがこの時点での復金の認識であった。

②日銀による増資抑制

一九四八年三月前半には、大蔵省、経済安定本部（以下、安本と略すことがある）、日銀、復金が、それぞれの一九四八年度第一・四半期増資所要額案（表２‐８）を持ち寄り、商工省も含めて、復金増資案打合せ会が行われている。[39]日銀案が最低の二〇四億円、安本案が二六六億円で、大蔵省案と復金案が二七〇億円台とそれぞれの案に大きな隔りがあったが、最終案は日銀案に最も近い額となっている。そのような結論に至るまでには以下のような議論がなされていた。なお、この打合せ会の出席者は、大蔵省（谷村課長、松平、塩谷事務官）、安本（原課長）、日銀（西園寺課長、高松調査役）、商工省（倉科事務官）、復金（密田・湊・秋山部長、守山・岡・中原・児玉次長、愛知課長）であった。

まず、産業資金について。大蔵省の谷村[40]が、大蔵省案と「日銀案との差は二〇億であるが、この差は主として（物価の—引用者）騰貴を考慮するかしないかにあり、他は大体一致しているので、騰貴を含めずに一七〇億とし、保証を二〇億としては如何」と大蔵省案と日銀案の中間の額を提案したのに対し、日銀の高松が、「四・四半期の産業資金は大きすぎたので、この点を考へて極力圧縮すべきだ」と反対した。また、日銀の西園寺が、「生産が増加すれば市中で見てもらえるものが多くなるのではないか」と主張し、その点について、安本の原が、「企業の条件は四—六はさして良くならない。良くなるのはそれ以後である」と否定的な見解を述べているが、谷村（大蔵）により、「それでは一六〇億とし、保証を二五億とする」と日銀案に沿った結論が下された。

次に、公団資金（表2-9）について。既設公団分については、最高額の安本案が運転資金も計上したものであったのに対し、最低額の日銀案は設備資金のみを計上したものであった。運転資金を計上しなかった理由について、高松（日銀）は、「四—六間の増産を二割とすると買取代金（現在六〇億）は七〇億となる。更に石炭値上り三〇％、其他値上り二〇％とすると八八億となり、増加運転資金は二八億となる。回転を二ヶ月とすると五六億円である。これは回収もあるので市中で十分みてゆける」と説明しているが、谷村（大蔵）は、「それでは既設公団三〇億とする」とした。日銀が市中融資で賄えるとした運転資金も一〇億円（＝最終三〇億円－日銀案二〇億円）計上されているが、安本案よりも日銀案に近い額での裁定であった。

表2-7　復興金融金庫増資計画案

（自4月至6月）　（単位：百万円）

支出	33,720
貸出増加	24,800
産業資金	18,400
設備	12,500
（内支払保証）	500
運転	5,900
（内支払保証）	2,000
公団資金	6,400
既設公団	2,000
新設公団	4,400
債券償還	8,000
経費	50
次期繰越	870
収入	33,720
政府払込	8,000
回収	1,950
利息金及保証料	1,200
債券収入	22,570
（額面）	24,000
増資所要額	
債券発行	24,000
債務保証	2,600
計	26,600

出所）復金総務部「復興金融金庫増資計画案（自4月至6月）」1948年3月5日，『増資関係綴』（東京大学経済学部資料室所蔵），整理番号35-37.

表 2-8 「4-6 復金増資案」（復金総務部 23. 3 .12）

（単位：百万円）

	安本案	日銀案	大蔵省案	復金案	最終案
支出					
貸出増加	27,146	20,800	26,500	26,300	22,000
産業資金	16,750	16,000	18,000	18,400	16,000
公団資金	10,396	4,800	8,500	7,900	6,000
債券償還	8,000	8,000	8,000	8,000	8,000
経費	54		50	50	50
繰越			50	310	60
計	35,200	28,800	34,600	34,660	30,110
収入					
債券発行	23,200	17,300	23,400	23,510	18,810
（額面）	24,600	18,400	24,970	25,000	20,000
政府払込	8,000	8,000	8,000	8,000	8,000
回収金等	4,000	3,500	3,200	3,150	3,300
計	35,200	28,800	34,600	34,660	30,110
債務保証額	2,000	2,000	3,000	2,600	2,500
増資所要額	26,600	20,400	27,970	27,600	22,500

出所） 復金総務部「4-6 復金増資案」1948 年 3 月 12 日,『増資関係綴』（東京大学経済学部資料室所蔵）, 整理番号なし（ただし 47-48 の間）.

表 2-9 公団向け融資計画案 （単位：百万円）

公団内訳	安本	日銀	金庫	最終
既設	4,800	2,000	3,500	3,000
新設	5,596	2,800	4,000	3,000
計	10,396	4,800	7,500	6,000
回収金等内訳				
回収金	2,500	500	450	450
補給金		1,500	（1,500）	1,500
利息等	1,500	1,500	1,200	1,350
計	4,000	3,500	1,650 （3,150）	3,300

出所） 「復興金融金庫増資案打合会（3 月 2 日）」『増資関係綴』（東京大学経済学部資料室所蔵）, 整理番号 47 より作成.
注） 「金庫」の「公団内訳」の「計」は, 表 2-8 の「復金案」の「公団資金」と一致していないがそのままとしている.

新設公団については、まず、谷村（大蔵）から、「安本案と復金案の中間をとって五〇億としてはどうか」と提案がなされたが、高松（日銀）が、「それでは基礎がないし、且つ新設のものは回転が早いので五〇億では多すぎる」と反対した。そのため、谷村（大蔵）は、「三八億としてはどうか、この数字には根拠がある」と譲歩案を示したが、高松（日銀）は、「日銀案は担当者を呼び出して検討したものであるから、この資料が正当である限り譲歩出来ない」とそれにも反対した。その後、復金側の「新設のものを軌道に乗せるためには半年や一年はかゝる」（秋山）、「閉鎖機関よりの買取資金等も入用なので必ずしも市中でみれるものばかりではない」（中原）という意見に対して、西園寺（日銀）が「大事々をとっていてはだめだ」と反対する議論を経て，谷村（大蔵）が，「この打合せ会は資金計画ではなく増資のワクを作るのであるから，ラフであってはならないが，そうまでつきつめてゆく必要はない。増資のワクの提出に当っては，各業種につき，ぎりぎりに計画を立て，それに余裕をつける方法と，各々につき少しずつ余裕をとってゆく方法とがあるが，この場合は後者によるべきであると思うから三〇億としては如何」とさらなる譲歩案を示した。これに対しても，高松（日銀）は，「日銀案の算定基礎は一ヶ月所要額一五億，騰貴を含め一八億，これを二ヶ月分とすると三六億，この内一四億は既に融資済なので二二億となる，これに閉鎖機関への決済資金を加へると二八億となる」と反対を主張したが，谷村の裁定は，「それでは三〇億とする」というものであった。

以上のような議論の結果，最終案の増資所要額は日銀案に最も近い二二五億円となったが，「一応最後の線として二五〇億を確保すること」[41]と決まった。[42]さらに，ＧＨＱに対する提案の方法が議論されており，谷村（大蔵）の「司令部に対する提案の方法であるが，二五〇億ぎりぎりで持ってゆくか，それとも五〇億のリザーブをとり三〇〇としてもってゆくか」という問いかけに，原（安本）は，「前例に徴しても必ず司令部では内容をみずに削る。余裕をみると三〇〇億，ぎりぎりでゆくと二五〇億であるといって持っていっては如何」と発言している。他にいろいろの意見があったが，谷村（大蔵）により，「安本案（増資額二六六億）でゆくこと、し，最低二五〇億を確保する」とされ，解散した。

③ＧＨＱとの会談での削減

復金の増資に関するＧＨＱとの会談は，一九四八年三月一九日に行われた。[43]まず，経済科学局のフィリップス[44]より，増資額を一九四八年四―六月分とするか同年四月分のみとするかについて，「四―六月分の三ヶ月分として考慮し度い」との発言があり，次いで，増資額の検討に入り，大蔵省銀行局復興金融課長の谷村から，次のように，二五〇億円増資案が提案された。

六月以降既設公団の運転資金を全面的に市場資金によって賄ふこと、すれば復金としては二百億円程度で足りると思ふが市中銀行の金繰乃至復興融資に対する従来の非協力的態度から見て六月中約七〇億円に達する資金を市中銀行から調達することは事実（ママ）に困難であり更にE・S・Bの計画に考慮していない融資の増加物価問題等未定の要素をも考慮すれば或程度の余裕は是非見込まねばならないから増資額は二百五十億円として認められ度い

日本側の提案を受けて、フィリップスは、「回収に一段と努力すべきである、来期の回収を考へれば二百億の資金は不必要である、肥料公団の如きは残高が毎月累増を示している」と数字を挙げて説明したのち、一九四八年四―六月の復金収支予想を提示した（表2-10）。それによると、GHQ側は、当初、約一〇〇億円しか増資の必要なしと考えていたことがうかがえる。

そのような大幅な圧縮提示に対して、谷村が、「収入の部繰越五十四億円、公団回収三十億円を計上せるは諒解し難しとして再考慮を求め説明」した結果、繰越額を四二億円に訂正（一九四八年三月末保証推定額を三八億円より五〇億円に修正）することと、公団の回収額三〇億円は回収より除外することについて、GHQ側も諒解した。

続いて、「復金長谷川部長[45]より本月二十九日以降四月八日に至る十一日間の金繰を説明し三月二十九日頃約三十三億円の債券発行を必要とする予定なるを以て四月への繰越高は約九億円に過ぎざる旨説明（七〇〇億－（債券五七一億＋保証五〇億＋払込七〇億）＝九億）」したところ、フィリップスが、「月末には回収額も多いと思はれるが斯かる多額の資金を必要とする理由は如何」と質問したのに対して、「復金資本金の状況を考へ融資の繰延べを強行した結果である」との説明が返されている。

さらに、フィリップスが、三月「二十九日発行の三十三億の内四月に繰越された余裕資金は二十三年度第一・四半

期分と考へる」と主張したことに対しては、日本側から、「大口貸出先を個々に説明し三月二十九日以降月末迄に三十四億の資金を必要とし、四月一日より八日迄には八千五百万円の不足を生ずる事実を説明」したことにより、一九四八年度第一・四半期分としないことで諒解を得た。

ここまでの協議を受けて、フィリップスが、一九四八年四―六月の収支予想修正案（表2-11）を提示して、「配炭

表2-10　復金収支予想；1948年4-6月（ESSフィリップス）

（単位：百万円）

支出		収入	
一般 （保証2,000を含む）	17,550	繰越	5,400
公団	2,021	一般回収	450
償還	8,000	公団〃	3,000
経費	50	利息	1,450
繰越	1,000	払込	8,000
計	28,621	計	18,300
		支出超	10,321

出所）「復金増資に関する司令部との会談要旨（自23，3，19午后3時至〃4時40分）」，『戦後財政史資料　愛知文書　復興金融金庫（5）復金運営Ⅳ』（国立公文書館所蔵），整理番号96．

表2-11　復金収支予想修正案；1948年4-6月（ESSフィリップス）

（単位：百万円）

支出		収入	
一般 （保証2,000を含む） （18,750－含保証2,000－ヨリ石炭生産奨励金5-6月分1,200を削除）	17,550	繰越	4,200
公団	2,021	一般回収	450
償還	8,000	×公団〃	3,000
経費	50	利息	1,450
繰越	1,000	払込	8,000
計	28,621	計	17,100
自3.29至4.8貸出	7,349	自3.29至4.8回収	3,993
合計	35,970	合計	21,093
		差引不足額	14,877
		×公団回収削除	3,000
		不足金修正額	17,877
		（右債券額面	18,900）

出所）「復金増資に関する司令部との会談要旨（自23，3，19午后3時至〃4時40分）」，『戦後財政史資料　愛知文書　復興金融金庫（5）復金運営Ⅳ』（国立公文書館所蔵），整理番号96．

公団の回収を電力、交通事情の好転を考慮して七億増と見込し《（ママ）》増資金額を百八十億円として今次増資案に諒解を与ふべき旨提案」した。

それに対して、谷村が、「二百億は事務担当者が極めて詳細に推算した結果であり二月増資百五十億は二、三両月分の所要資金であるが今次増資は四月への繰越僅少旁々三ヶ月の所要資金を賄ふものである、同一―三月中債券発行高は二十九日に三十三億発行するものとして一九二億に達する」と強調したのち、種々応酬の末、フィリップスが、「二百億の増資を承認する、之は非常に寛大な諒解である然し自分としては手許資料により二十三年度第一・四半期は百五十億で足りるとの信念を持っている、従って二百億の増資は認めるが今後は毎旬、当旬の貸出実績を個々の場合（case by case）に付て説明され度い」と発言し、二〇〇億円の増資が認められた。

最後に、谷村課長が、「自分としては上司に貴方の意向を報告して諒解を得る必要があるから明朝承認のサインを貰ひ度い、尚今後の貸出に付ては御指示副ふ様に致し度い」（傍線ママ）と発言し、会談は終了している。

以上のように、このときの増資額の決定では、ＧＨＱ側による大幅な圧縮提示をそのまま受け入れるしかない状況ではなく、日本側の抵抗により復活させることができていた。ただし、最終的にＧＨＱ側により認められた増資額は、日本側の当初希望額から削減されたものであった。

その後、一九四八年三月二三日に行われた、ＧＨＱ経済科学局財政金融課財政係のリード(46)と松平事務官(47)との面会(48)において、「増資二百億円は承認する」と伝えられている。また、このとき同時に提示された他の意見は、①資金の回転を早めることで融資を極力圧縮し、新規融資は最小限度に圧縮すべきこと、②石炭等の価格改定により赤字金融の必要がなくなることが望ましいこと、③政府関係の支払いを迅速にして公団融資の金額を極力圧縮すべきこと、④インフレ防止のため復金融資はできる限り政府出資の範囲で賄うことが望ましいことの四つであった。従って、ＧＨＱによる復金増資額の削減は、インフレ抑制の観点から、その一環としてなされたものであったといえる。

一九四八年三月二三日の閣議で復金増資額は二〇〇億円と決定された[49]。その後、復金資本金を七〇〇億円から九〇〇億円にするための復金法一部改正法律案は、同月二七日に国会へ提出[50]された後、四月六・七日にそれぞれ衆議院と参議院で可決[51]、同月一二日に公布施行されている[52]。

（2） 復金による資金節減方針

増資額が二〇〇億円と閣議決定された一週間後の一九四八年三月三〇日に、一九四八年度復金事業計画が復興金融委員会によって承認された[53]。その骨子は、『日本の政策金融Ⅰ』[54]で紹介されているが、運用資金については、第一・四半期を一八〇億円とし、第二・四半期以降については情勢に応じて決定するとされており、年度を通じた見通しは立てられていなかった。

当初三〇〇億円の増資が必要であるとしていた復金は、ＧＨＱによって削減された増資法律案が公布施行された四月一二日に、資金計画の閣議決定を待つことなく、第一・四半期復興金融金庫融資方針を、総務部長名で大蔵、日銀、各部課長（除秘書）、代理店、支所長、出張所長に対して通知した[55]。それは、「諸般の情勢より金庫の増資を抑制せられざるを得ない現況」から、「極力市中融資を活用し金庫資金を節減すること」を一般融資方針とするよう指示したものであった。

その後、一九四八年度第一・四半期資金需給計画の閣議決定（四月一三日）[56]、安本による第一・四半期復金資金計画案の作成と同案の検討（四月一九・二〇・二三日、安本、大蔵、日銀、復金出席）[57]を経て、第一・四半期復金資金計画が、五月一日に閣議決定され、同月六日に安本から発表された[58]。この資金計画（後掲表2-13参照）について、『日本の政策金融Ⅰ』は、「総枠が前期より減少する中で、公団の構成比が大幅に低下するとともに、新たに最重点産業と位置づけられた電力の構成比が上昇した」（同書五一頁）としている。新規貸出額の二二一億九〇〇〇万円が前四半期の二四四億円と比べて減少しているのは確かである。しかし、この資金計画は、それだけではなく、「既融資の回収を三、四十億円見込み、融資増加額を二百億円以内に止めること」[59]、すなわち、追加的な資金調達を増資の範囲内に抑えることを目指した資金計画であったのである。しかも、五月五日に炭鉱特別運転資金融資審査委員会が決定した二〇億八五〇〇万円の赤字融資はこの計画の資金枠に含まれなかった[60]が、それも二〇〇億円の増資の中で賄う必要があったから、他産業向けの融資をさらに圧縮しなければならない状況であったのである。この資金計画決定後、復金はあらためて第一・四半期復興金融金庫融資方針を定めて六月二日に総務部長名で各部課長、支所長、出張所長へ宛てて通知しているが、その一般方針に四月一二日のものと大きな変更はない[61]。

(3) 幹事会での審議状況

以上のように、GHQによる増資額削減によって資金調達面から制約を受けていたこの時期における個別案件レベルでの審議については、一九四八年六月一四日に行われた復金の部長会での議論から重要な手掛かりを得ることができる。

同日の部長会では、「幹事会の運営に関する金庫の方針について」[62]が議題の一つとされ、その具体的な検討点は、「㋑幹事会限りの案件（乙議案）について金庫の意向と、幹事会の意向が異なった場合の態度について」と、「㋺支店協議案件と地方融資懇談会との問題について」の二つであった。

これらの検討のために方針案が作成されており、㋑については[63]、

一、幹事会限りの案件（乙議案）については金庫において審査し役員の承認を得たものについて金庫側において納得しうる理論的経営的根拠なくしては原則として金額の削減、条件の変更は承認しないこと。

二、幹事会において前項の金庫決定に対し金額の削減等変更の余地ありとするものについては金庫において検討の上変更可能の際は改めて金庫役員の承認を得ること。
三、幹事会の意向に従い金庫において再検討するも金庫の決定を変更することが出来ず幹事会意見の一致をみるに至らぬ場合は委員会に回附すること。
四、幹事会限りの案件で審査の結果金庫が融資に対し消極的乃至は否定的態度を決定したものについて所管官庁の意見等により幹事会において融資承認の方向と決定したものは委員会に回附すること。

としていた。これらの項目が幹事会の取決めとして正式に採用されたことは確認できていないが、この方針案に基づいた議論の中で出された意見は次の通りである。

①　方針案によれば、両者間に齟齬のあった場合は委員会に持ち出すようになっているが、委員会がもっと強力なものにならなければ有名無実になる可能性がある。
②　金庫側の決めた金額や條件を幹事会が勝手に変更するようでは、金庫として責任をとることは出来ない。
③　金庫の意向を尊重されない石炭、電力等はむしろ命令融資により、金庫は責任を回避した方がよい。
④　金庫の既融資会社については、金庫の自主的判断を充分尊重してもらわぬと債権保全を期し難い。
⑤　幹事会での発言は必ず所属を代表することとし、責任の所在を明らかにしたい。
⑥　幹事会は大まかな方針、方向を熟議するにとどめ、個々の金額、條件等は金庫に一任してもらいたい。
⑦　現在幹事会の議事規則が出来ていないのが大きな欠陥である。
⑧　幹事会において責任のとれぬ範囲迄手を出し、発言するなと云うことを強調したい。

⑨　幹事会出席人を制限したい。

これらの意見は、幹事会運営に対する復金の不満と同時に、当時の幹事会での審議状況を表している。すなわち、議事規則を作り（⑦）、出席者を制限し（⑨）、出席者の発言は所属を代表させて（⑤）でも、無責任な発言を控えさせるべきだと復金が不満を感じるほどに、当時の幹事会では、復金以外の幹事が、個々の案件の金額や条件（②、⑥）にまで、あるいは、責任のとれない範囲（⑧）まで活発な発言をしていたと考えられるのである。そのことは、第二八回幹事会（六月一一日）での審議中に、大蔵省銀行局復興金融課長（谷村裕）が、「問題は基盤たる日本経済の推勢《ママ》に懸っており、全体的観点より見て企業の存否の裁決は決し得ないが、幹事会の現在の性格は、一般融資方針の検討に過ぎず、此の点では個々の問題に対して一段と充実している役員会の審査は尊重さるべきである」と発言していること[64]からも裏付けられる。

㋺に関する方針案は、「五、日銀の『支店協議』について地方融資懇談会の改廃と関連して早急に合理化を考えること[65]」というものであった。ここでの「支店協議」とは、第一節（1）で明らかにした、日銀の主導によって一九四七年度第三・四半期から始められた、地方融資懇談会が取り扱う五〇〇万円以上―五〇〇〇万円未満の案件を幹事会に諮ることを指していると考えられる。この種の案件は日銀支店が地方融資懇談会としての意見を付し協議書を日銀資金調整局に廻付し同局が幹事会に諮るとされていたが、その幹事会での協議に関する復金の意見は、「支店協議には日銀の調査意見が強く表れてくるが、此の点は是正すべきである」というものであった。このことは、東京以外の地方から諮問される案件に関する幹事会での協議状況を表しており、是正すべきであると復金が不満に感じるほどに、日銀は自らの意見を主張していたと考えられる。

表2－12は、その日銀と、大蔵省、経済安定本部が、幹事会での審議において、融資に消極的な態度を示したこと

表 2-12　日銀・大蔵・安本が融資に消極的な態度を示したことが確認できた案件数と問題があるとしたポイント

	1947年度第4四半期			1948年度第1四半期			1948年度第2四半期			1948年度第3四半期			1948年度第4四半期		
	日銀	大蔵	安本	日銀	大蔵	安本	日銀	大蔵	安本	日銀	大蔵	安本	日銀	大蔵	安本
案件数	4	0	3	18	6	8	7	3	0	6	2	0	2	0	0
取上げ時期の妥当性	1			2											
融資対象としての妥当性			1	9	5	5	1	2		2			1		
需給状況からみた設備投資の必要性				1			2			1					
申込先現有能力からみた設備投資の必要性				1						2			2		
輸出の見透し							1								
申込先に関する評価				1						2					
事業の見透し			1	2		1									
原材料調達				1						1	1				
償還の見透し	1		1	1	1	1	1	1							
返済期限				1											
復金借入の必要性	1			2			2			1					
融資方法（復金直接貸の必要性）				1		1									
資金枠との関係			1			2	1								
同種申込との関係							1								
その他	1			2	1		1				1				

出所）『東京融資懇談会審議綴1・2』（東京大学経済学部資料室所蔵），『復金週報』（東京大学経済学部資料室所蔵）より作成．

が確認できた案件数と、それらの発言を当該案件について問題があるとしたポイントに分類したものである。ただし、『東京融資懇談会審議綴1・2』と『復金週報』で確認できたものだけである。最上段の案件数とそれ以下の合計値が一致しない列があるのは、複数のポイントを問題としている案件があるためである。一見して分かるように、日銀が問題であるとしているポイントが幅広い。そのような状況に対して、復金は、「責任のとれぬ範囲迄手を出し、発言するな」と不満を感じていたと考えられる。

(4) 一九四八年度第一・四半期の融資実施概況

表2-13は、一九四八年度第一・四半期の資金計画と融資状況に関する統計をまとめたものである。申込額の段階では、鉱業、繊維工業、金属工業、機械器具工業、電気業で資金枠を上回っており、一般産業計では資金枠を二三%も超過していた。承認額の段階では、資金計画に含まれていなかった赤字融資が行われた石炭鉱業（第3章第四節（7）参照）と電気業（第4章参照）は資金枠を大きく超過したままであったが、復金の自主的な融資圧縮方針や日銀・

承認・計 ；G	新規貸出額 ；H	残高純増額 ；I
百万円	百万円	百万円
10,596	11,811	9,178
	11,362	8,790
590	685	655
614	413	112
	329	33
1,194	964	839
72	64	60
1,604	1,031	934
	608	587
4,928	4,069	4,009
1,173	968	909
716	780	731
21,487	20,785	17,428
	22,341	-803
	43,126	16,625
G/A	H/A	
%	%	%
135	151	
77	89	
89	60	
83	67	
33	30	
63	40	
137	113	
80	66	
56	61	
108	105	
	949	
	194	83.1

学部資料室所蔵）1949年3月，26-45，68-

20,000百万円に対する比率.

表2-13　1948年度第1四半期の資金枠と融資状況

	資金枠：A	申込額：B	承認・直接貸：C	承認・保証：D	取下・市中斡旋：E	取下・拒絶：F
	百万円	百万円	百万円	百万円	百万円	百万円
鉱業	7,830	10,720	10,590	6	47	15
（内石炭）	−					
繊維工業	770	860	500	90		78
金属工業	690	805	427	188	42	17
（内鉄鋼）	−					
機械器具工業	1,435	2,258	943	251	84	68
窯業	215	102	46	26		7
化学工業	2,565	2,269	1,317	287	34	36
（内肥料）	−					
電気業	3,590	5,268	4,897	31		
交通業	1,475	1,214	1,103	70	2	8
その他	1,270	907	643	73		81
一般産業計	19,840	24,403	20,466	1,022	209	309
公団	2,354					
合　計	22,194					
		B/A	C/B	D/B	E/B	F/B
		%	%	%	%	%
鉱業		137	99	0.1	0.4	0.1
（内石炭）						
繊維工業		112	58	10		9
金属工業		117	53	23	5	2
（内鉄鋼）						
機械器具工業		157	42	11	4	3
窯業		47	46	25		7
化学工業		88	58	13	2	2
（内肥料）						
電気業		147	93	1		
交通業		82	91	6	0.2	1
その他		71	71	8		9
一般産業計		123	84	4	1	1
公団						
合　計						

出所）『日本の政策金融Ⅰ』46頁，表1-6，日本銀行資金局復興金融課『復興金融統計資料』（東京大学経済 83，105-124頁より作成．

注）1．網掛け；100％超のもの．

2．下段の「残高純増額」−「合計」は，1948年度第1四半期復金資金計画における残高純増許容額大蔵省・安本による幹事会での融資抑制的な態度によって、他の産業では大きく削減されており、一般産業計では資金枠を八%上回るまでに圧縮されている。貸出実行ベースの新規貸出しの段階でも、前期からの繰越分により鉱業で承認額よりも増加しているが、他産業での次期以降への繰越しにより、一般産業計では、資金枠の五%超で抑えられており、さらに、回収を勘案した残高純増額ベースでは資金枠を下回った。しかも、公団向け融資が、新規貸出額ベースでは資金枠を大幅に上回ったが、残高純増額ベースでは回収超過となっていることから、合計では、復金資金計画で許容された融資増加額＝追加的な資金調達額である二〇〇億円を一七%も下回る結果となった。

公団向け融資が、回収超過となった要因は、回収面にはこの時期に特別な措置が行われたことを確認できないので、貸出面において実施された変更であったと考えられる。その変更は六月から公団認証手形制度が既設公団にも適用されたことである。公団認証手形制度とは、公団は法規上手形関係人となることができないため設けられたもので、公団に資材などを納入した業者が振り出した約束手形に公団が認証のスタンプを捺印し、業者はこれにより取引金融機関から融資を受け、公団は期日までに手形を決済するという制度であり[66]、これにより巨額に上っていた公団向け運転資金融資を復金から市中銀行へ切り換えることが意図された。そもそも、五月一日に決定された復金資金計画においても、この公団認証手形制度の六月からの既設公団への適用が織り込まれており、そのために公団向けの資金枠が前四半期計画比五三億円減とされていたが[67]、その想定を上回って公団向け運転資金融資の市中銀行への切換えが進んだのである。

第四節　ＧＨＱの抑制・警告と日本側の反発——一九四八年度第二・四半期

（1）ＧＨＱによる増資額削減

一九四八年四月一二日の増資は、一九四八年度第一・四半期の所要資金を賄うものであったから、その直後から次の増資に向けた動きがみられた。

一九四八年四月一五日に、大蔵省銀行局復興金融課は、一九四八年四月から一九四九年三月までの復金収支見込みから、「諸般の事情を一応現状のまゝとしても尚且相当額の貸出増加を余儀なくせられ現在資本金九〇〇億円は昭和二三年度末には（中略）一、四七五億円の巨額に達」すると予想している。[68] 五月一八・二〇日には、大蔵省、商工省、日銀、安本、復金が出席して増資所要額打合せ会が行われた。[69] 安本が第一・四半期の資金枠に物価改定を見込んだ一定の倍率を乗じて算定した第二・四半期資金計画に基づき検討された結果は、「第二・四半期資金計画は総額三〇、七五〇百万円（一般産業二三、五〇〇　公団七、二五〇）として金庫の増資所要額を三百億円」とするものであった。その直後の復金部長会（五月二四日）での増資問題に関する報告によると、[70] 復金総務部が前述の打合せ会での結論に沿った七—九月分三〇〇億円増資案を作成し、五月二六日の閣議でそれを単純に二倍した六〇〇億円を一九四八年末までの2四半期分増資所要額として決定したようであるが、[71] その時点では、肝心の「G. H. Qの承認は未済」であった。五月三一日の部長会においても、[72]「七—十二月間の増資所要額を六〇〇億円としてG. H. Qと交渉中」と報告されていたが、六月一一日に国会に提出された復金法一部改正法案は、復金の資本金を九〇〇億円から一三五〇億円へと四五〇億円増資するというものであり、[73] 原案通り可決され、一九四八年七月一二日に公布施行されている。[74]

当時の大蔵省銀行局長愛知揆一が、増資額を六〇〇億円から四五〇億円へ圧縮した理由として、国会での説明の中で挙げたのは、①単に経済的観点のみならず、政治的、社会的諸般の関係からできるだけ圧縮することが望ましいこと、②特に外資導入との関連から復金をできるだけ縮小した方がよいこと、③できるだけ詳細に審査・監査をし、回収も促進するために復金の業務分野・規模を縮小したいことの三つであった。[75] どれも可能であれば実施したい目標であったであろうと考えられるが、実質的な圧縮理由は、六〇〇億円の増資についてGHQの承認が得られなかったことであった。その根拠は、六月一四日の部長会で、[76]「G・H・Qより本年末迄として四五〇億円の増資が承認された。これは第二・四半期二〇〇億円、第三・四半期二五〇億円の割である」と報告されていることである、閣議決定（五月二六日）よりも第二・四半期は一〇〇億円、第三・四半期は五〇億円圧縮されており、しかも、「第一・四半期よりの六〇億円の繰越が見込[77]」まれていたのである。

(2) 日本側の反発

以上のように、GHQは、日本側提案の復金増資額を削減し、かつ、第二・四半期の融資総額も指示してきたのであるが、以下のように、この時期までは日本側にも、それに従わない余地が残されていたと考えられる。

①経済安定本部による資金需給計画案と復金資金計画案

経済安定本部は、第二・四半期の資金需給計画案を、一九四八年七月二日に内定、同三日に発表した。その中で、産業資金供給は、七―九月の前期比五％生産上昇と物価改定による運転・設備資金需要増加を見込み、前四半期計画よりも二〇〇億円多い六八〇億円とされ、そのうちの二三〇億円が復金融資であった。[78] また、経済安定本部が、一九四八年七月八・九日に、大蔵省・日銀・復金に対して行った第二・四半期復金資金計画案の説明は、「今期は資本金の制約もあり又物価改訂実施に伴い復金融資は原則として設備資金に限るとの方針により一般産業設備一六、〇〇五百万円、運転資金四、五〇〇百万円、計二〇、五〇五百万円、公団四、九〇八百万円、総計二五、四一三百万円である」[79]というものであった。「各方面において検討を要するので正式決定には若干の時日を要する見込」とされていたが、先の資金需給計画案において想定されていた第二・四半期の復金融資総額と同様、既述のGHQ指示額を上回るものであった。

②GHQによる警告

詳しい経緯は第3章で述べるが、一九四八年七月一二日に、復金の融資業務にも言及した「価格補正に伴う当面の産業金融対策」が閣議決定された。その中で、「価格補正によって企業採算の基礎は確立せられることとなるので、価格補正後においては赤字金融はこれを行はない」、「今後産業金融は極力市中金融機関の活動に俟つと共に復興金融金庫よりの融資は眞に緊要な設備資金に限り、運転資金は原則としてこれを融通しない」ことが定められた[80]。

その直後の七月一六日に、GHQ経済科学局財政金融課フィリップスは、記者会見で発表した金融政策に関する談話の中で、復金融資について、「その本来の業務に帰るべきで、赤字融資から手を引かなければならない、復金の融資額は第二四半期二百億円、第三四半期二百五十億円と決定したが、この限度は厳に守らなければならない」[81]と述べている。このフィリップスの発言は、赤字融資について先の閣議決定を支持する一方で、融資額については経済安定本部による資金需給計画や復金資金計画案に対する警告の意味が込められていたと考えられる。

③復金による赤字融資継続方針

その第二・四半期の資金需給計画と復金資金計画は、「一、安本で当初予定した第二四半期の復金資金二百五十億円のワクが少額であるという反対意見のあること、二、各業種に対する融資額が未定であり、特に炭鉱に予定している八十六億円は商工省などでは百十億円を要求しており、この間の調整が問題となっていることなどから決定が遅れ」[82]た。しかし、復金は、先の閣議決定（「価格補正に伴う当面の産業金融対策」）との関係によって「金庫の採上げ方についいては慎重に考慮を要する」という認識をもつようになっていたため、両計画の決定を待たずに、一九四八年七

月三〇日に、自主的に、次のような暫定融資方針を定めている。(83)

一、融資は設備資金を原則とする。

二、今回の価格補正並生産増加に伴う増加運転資金は市中融資によること

但し日本経済の復興上重要不可欠なもので

(イ)動力資材の配当不足其他の事情でその前途に多分の不安があり市中融資が不可能なもの

(ロ)市中金融機関よりの借入が多額に達し現在以上市中融資を期待することが不可能なもの

については個別的に採り上げ極力保証制度により、やむを得ないものについては直接融資を考慮する。

三、価格補正により企業採算の基礎は確立せられること、なるので赤字補填資金は融通しない。

但し

(イ)石炭、重要鉱山、肥料、電力については曩に決定を見た価格補正前の不足運転資金は融資を実行する。

(ロ)価格体系整備に至る迄の価格補正のズレによる経過的不足資金は考慮する。

一と二は、「価格補正に伴う当面の産業金融対策」の設備資金に限り運転資金は原則として融通しないという点を取り入れたものであり、(イ)と(ロ)で例外として採り上げる運転資金について定めている。三は、赤字融資の停止に関するものであるが、これにも二つの例外規定が設けられている。これらは、「価格補正に伴う当面の産業金融対策」の赤字融資停止に関する部分を、重要産業の価格補正前の不足運転資金(イ)(84)だけでなく、企業採算の基礎が確立されるまでの価格補正のズレによる経過的不足資金(ロ)も融通しても構わないと解釈したものである。すなわち、フィリップスの意見に反する、赤字融資継続のための実質的な抜け道を、復金自身が作っていたということに

なる。[85]

④**復金資金計画での反発**

決定が遅れていた第二・四半期の資金需給計画と復金資金計画は、一九四八年八月一〇日に閣議で決定された。この資金需給計画の方針[86]は、資金需要を、財政資金四〇〇億円、産業資金七五〇億円、このうちから重複項目として政府の復金出資一〇〇億円を差し引いた総額一〇五〇億円、これに対する資金供給を預金純増七三〇億円、差引三三〇億円[87]の資金不足に金融機関の手許現金増を七〇億円と見込み、通貨増発を三九〇億円に抑えることで、期末発券高を通貨発行審議会で決定（七月三日安本発表[88]）した発行限度二七〇〇億円以内の二六九五億円に抑えるというものであった。

復金資金計画については、閣議決定と同じ日に、大蔵省が「昭和二十三年度第二、四半期復興金融金庫資金計画に関する件」を発表している。その内容は次の通り[89]である。

一、本年度第二、四半期に於ける復興金融金庫の融資はさきに閣議に於て決定された「価格補正に伴う当面の産業金融対策」の趣旨に則り、我国経済復興上眞に緊要なものに限定すると共に、限られた資金を最も効率的に配分するものとする。

二、当期の資金供給総額は、債券発行額を二五四億円以内とし、これに対し既融資回収等を考慮して融資総額を二六三億九千万円とする。

三、一般産業資金は二三七億一千万円とし、これが配分に当っては石炭、電力、鉄鋼、輸送等に重点を置くこと、するが、他産業についても緊要な資金はこれを確保し、全般的に均衡を失することのないようにする。

四、資金の融通は各業種共原則として設備資金に限ること、し、運転資金については日本銀行の融資斡旋制度の強化、手形制度の利用拡充等により、極力市中金融機関よりの融資に期待すること、する。
五、価格補正によって企業採算の基礎は確立せられること、なるので、所謂赤字補塡資金としては石炭、重要鉱山、肥料、電力に対する価格補正前に於ける特別資金以外は新たに計上しない。
六、公団資金については認証手形制度の拡充により、極力復興金融金庫からの借入金の節減をはかるものとし、これを二六億八千万円と概定する。
七、中小企業、輸出産業、農林工業、並びに北陸災害復興に対する融資については、その重要性を考慮し、これが融資の実行について必要な措置を講ずる。

これに関して、『日本の政策金融Ｉ』は、「復金の赤字融資と運転資金融資を原則として停止するという上の閣議決定（「価格補正に伴う当面の産業金融対策」―引用者）の趣旨は、八月一〇日に大蔵省が発表した「昭和二三年度第二・四半期復興金融金庫資金計画に関する件」にそのまま採り入れられた」（五二頁）としている。しかし、運転資金融資の原則停止については妥当な指摘であるが、赤字融資停止については、「価格補正に伴う当面の産業金融対策」そのままではなく、先述の復金暫定融資方針における例外規定（イ）と同様、「価格補正前の石炭、電力など特別融資委員会で決めた特別資金、重要鉱山、肥料のように閣議で特別資金を認めたもの卅億円は計上した」[90]ものであった。また、第二・四半期の融資総額は、増資承認時のＧＨＱの指示や七月一六日のフィリップスの談話で示された二〇〇億円を上回るものとなっていた。

⑤復金融資方針での反発

以上のような資金計画の正式決定を受け、復金は、第二・四半期の融資方針を決定し、八月二一日に総務部長名で安本、大蔵省、日銀、復金の各部課長・代理店・支所長・出張所長に対して通知した[91]。しかし、それは、「曩に七月三十日附総々第二三―五一号を以て暫定的に一般方針を通牒したが（中略）一般方針については今後も前記通牒によること丶する」というものであった。ここでの前記通牒（一九四八年七月三〇日附総々第二三―五一号）は、先にみたように、重要産業の価格補正前の不足運転資金（イ）だけでなく、企業採算の基礎が確立されるまでの価格補正のズレによる経過的不足資金（ロ）も融通するとしたものであった。

その後、第二・四半期の融資方針が変更された様子はない。すなわち、復金は、一九四八年度第二・四半期中は、まだ赤字融資継続の意向を持ちつづけていたと考えられる。『日本の政策金融Ⅰ』は、赤字融資・公団融資の抑制や産業別資金配分の修正などの点で生じつつあった復金の融資方針の変化は「一九四八年度第二・四半期以降、より明確なものとなった」（五二頁）、また、一九四八年一〇月以降本格化する「復金改革に関する議論の中でも、赤字融資の停止は日本の政府各省、復金、ＧＨＱのほぼ一致した見解となっていた」（五二頁）としているが、赤字融資の停止については、第二・四半期には、まだそのような状況に至っていなかったのである。

⑥商工省による追加要求

既述のように、一九四八年度第二・四半期の復金資金計画の融資総額は、そもそも、ＧＨＱの指示額を上回るものとして決定されたが、さらに、復金融資の追加を要求するという行動もみられた。商工省では、八月一〇日の閣議で決定された「第二四半期の復金資金計画、一般産業百五十五億五千万円（農林、水産、交通業などを除く）のワクにもとづいて個々の産業について重要物資生産計画と見合う実行計画を樹て丶いた」が、「安本計画のワクに対し卅三億円を超過する二百廿八億円の資金計画を決定」し、その超過分については、「各産業今後の融資進行状況とにらみ合せて実際の不足資金を算定し、復金融資の追加を安本に要求することになった」というのがそれである。その中で、特に大きかったのは、繊維工業における綿紡五〇万錘をはじめスフ、梳毛《そもう》、輸出向絹織機、人絹などの復元資金需要であり、他の主な追加要求は、金属工業の鉄鋼一二〇万トン達成のため施設資金、機械工業の繊維機器・炭鉱機械増産のための拡充資金、窯業の主としてセメント工場の補修資金、化学工業の肥料関係のほか染料工業の生産拡充資金、電気の日発・配電の補修に要する資金であった。(92)

(3) 赤字融資に対する復金の「金融判断」

①審査部の見解

以上のように、暫定融資方針、融資方針では、物価改定前後における経過的措置として赤字融資を継続するという復金の意向が示されていたが、審査方針においては、赤字融資実施に関してより積極的な考え方がもたれていた。

復金の審査部長が、(93) 一九四八年七月二八日の支所連絡会において、「金庫の融資は日本経済の復興に緊要な事業にして且つ普通金融機関から供給を受けることの困難な事業を対象として来たのであるが、最近は此の枠の中で特に企業の合理性をキーポイントとする考へ方が強く出て来た」と最近の融資方針が変貌してきたとした上で、「企業の合理化を前提とした金融を考へる。例へば工場別独立採算の能否を検討する。其の結果過剰人員の存在を明かにして過剰人員及び不採算工場の整理を行う條件で融資を考へる。機械器具工業に於ては金庫のイニシヤチブの下に之等の措置を採った例が相当数に上って居る。然し現在は企業が赤字であっても右の如き措置を採らしむることに依り将来黒字となる見極めがつくものに対しては行き過ぎた金融引締めをなすべきではない」と述べているのがそれである。この審査部長による審査方針に関する説明要旨は、八月五日付で、総務部総務課から各部課長、支所長、出張所長へ参考として通牒されている。(94) すなわち、当時の復金にとって、過剰人員や不採算工場の整理などの合理化を前提とした赤字融資を行うということが、「金融判断」であったのである。

そのような考え方に基づいて、「機械器具工業に於ては金庫のイニシヤチブの下に之等の措置を採った例が相当数に上って居る」とされているが、その事例としては、一つのみであり、かつ、前四半期のものであるが、A電子工業

㈱の案件を挙げることができる。

②A電子工業㈱の事例

A電子工業㈱は、戦後、転換工場としてラジオ船用無線機、真空管、電球、レンズ、写真機等多方面の製作に従事していたが、工場が小規模分散的で整備も良好でなかった。一九四八年六月四日の幹事会（第二七回）で、このA電子工業㈱からの運転資金一二〇〇万円借入申込に対して、復金は、「工場の整備を条件として企業維持のため最低限の不足運転資金を考慮する意向」を主張したが、大蔵省と日銀が難色を示したため、審議の結果、復金において「当社の如き準中小事業の取扱範囲を検討すること、して取下の方向で留保」とされた(95)。

翌二八回（六月一一日）の幹事会で、復金は、再び、「当社とは従来の取引関係もあり、金庫査定額六、四〇〇千円の融資によって当社立直りの機会を与えるために、今後当社の企業合理化を条件として認めたい」と主張したのに対して、大蔵省、経済安定本部、日銀も、再度、「金融による育成の要なしとして取下」を主張したため、両者の意見は対立したままであった。ここで、個々の案件に関しては復金の審査が尊重されるべきであるという、前節（3）で引用した谷村（大蔵省銀行局復興金融課長）の発言がなされ、「取上の方向で留保」となった(96)。

その後、この案件は、六月一七日の復興金融委員会に付議され、種々議論されたが、「真空管工業の需給状態を考慮に入れ、輸出工業としての将来性があること、既融資があること、工場の集約整理が可能なこと、収支面においては本融資により好転し得ること、当事者の熱意のあること等が容れられて、結局復金に委せることとして承認」されている(97)。以上のように、この事例では、工場整備という合理化を前提として、既往融資の回収も考慮した、復金の「金融判断」が復興金融委員会で認められたが、それに反対していたのは、大蔵省、経済安定本部と日銀であった。

（4）一九四八年度第二・四半期の融資実施概況

表２－14は、一九四八年度第二・四半期の資金計画と融資状況に関する統計をまとめたものである。資金枠がＧＨＱの指示に反して設定されたにもかかわらず、資金計画の作成段階ですでに「二百五十億円のワクが少額であるという反対意見」[98]があったように、申込額の段階では、商工省の追加要求が最も大きかった繊維工業を筆頭として、すべての産業で資金枠を上回っていた。

しかし、承認額の段階では、鉱業、電気業、交通業を除いて大きく圧縮されており、一般産業計では資金枠の九三％にとどまっている。新規貸出額では、繊維工業と化学工業では前期からの繰越しで承認額よりも増加しているが、他は鉱業も含めて次期への繰越しで承認額よりも減少しているため、一般産業計では資金枠の八七％になっている。

しかも、公団向け融資が、認証手形制度の拡充により、約二七億円の貸出予定が逆に約三二億円の回収超過となったことで、合計の残高純増額は、復金資金計画で予定されていた二五四億円だけでなく、ＧＨＱ指示の二〇〇億円をも下回っている。

承認・計：G	新規貸出額：H	残高純増額：I
百万円	百万円	百万円
10,701	9,428	8,871
	8,731	8,151
822	937	925
508	432	300
	149	43
1,008	736	506
118	82	89
1,458	1,563	1,215
	707	435
4,474	4,548	4,464
1,748	1,680	1,553
1,230	1,164	1,162
22,068	20,571	19,087
	33,130	-3,224
	53,701	15,863
G/A	H/A	
%	%	%
100	88	
110	125	
67	57	
78	57	
74	51	
70	75	
103	104	
111	106	
60	57	
93	87	
	1,233	
	203	62

学部資料室所蔵）1949年3月，26-45，68-

25,400百万円に対する比率.

表2-14　1948年度第2四半期の資金枠と融資状況

	資金枠；A	申込額；B	承認・直接貸；C	承認・保証；D	取下・市中斡旋；E	取下・拒絶；F
	百万円	百万円	百万円	百万円	百万円	百万円
鉱業	10,670	10,761	10,696	5		21
（内石炭）	−					
繊維工業	750	1,215	715	108		42
金属工業	755	949	343	165	3	149
（内鉄鋼）	−					
機械器具工業	1,300	1,896	739	270	7	140
窯業	160	171	94	24		14
化学工業	2,090	2,422	1,119	339		52
（内肥料）	−					
電気業	4,360	4,659	4,459	15		
交通業	1,580	1,860	1,615	133	3	33
その他	2,045	2,383	1,152	79	6	113
一般産業計	23,710	26,316	20,932	1,137	19	564
公団	2,687					
合　計	26,397					
		B/A	C/B	D/B	E/B	F/B
		%	%	%	%	%
鉱業		101	99	0.05		0.2
（内石炭）						
繊維工業		162	59	8.9		3.5
金属工業		126	36	17.4	0.3	15.7
（内鉄鋼）						
機械器具工業		146	39	14.2	0.4	7.4
窯業		107	55	14.0		8.3
化学工業		116	46	14.0		2.2
（内肥料）						
電気業		107	96	0.3		
交通業		118	87	7.1	0.1	1.8
その他		117	48	3.3	0.3	4.8
一般産業計		111	80	4.3	0.1	2.1
公団						
合　計						

出所）『日本の政策金融Ⅰ』46頁，表1-6，日本銀行資金局復興金融課『復興金融統計資料』（東京大学経済
83，105-124頁より作成．

注）1．網掛け；100％超のもの．

2．下段の「残高純増額」-「合計」は，1948年度第1四半期復金資金計画における残高純増許容額

第二・四半期の貸出実績が資金計画より少なかったことについて、復金部長会では、「公団融資が二七億の貸出予定が逆に約三〇億の回収増となったこと及び計画がずれたことが主な原因である」[99]と報告されているが、確認できたケース（前掲表2‐12）は少ないものの、承認額の段階で、幹事会審議における日銀と大蔵省のチェックが効いていたこともその原因であったと考えられる。また、金属工業、機械器具工業、窯業、化学工業では、保証制度の利用度も高く、その分だけ復金からの追加的な資金供給の抑制が図られていた。

第五節　赤字融資の廃止と運転資金融資のGHQ事前審査――一九四八年度第三・四半期

(1)「賃金三原則」提示前の赤字融資廃止

前節で明らかにしたように、赤字融資は、一九四八年度第二・四半期中には、復金の資金計画と融資方針の両方において、完全な廃止とされていなかったが、一九四八年一一月五日に閣議決定された第三・四半期復金資金計画において、「明らかに財政に於て負担すべきもの又は価格政策によって措置すべきものは所謂赤字補塡資金として計上しないものとする」[100]とされ完全に廃止された。

その背景には、一九四八年一〇月七日に、アメリカの国家安全保障会議（NSC）で、「アメリカの対日政策に関する勧告」（NSC13/2）が採択され、対日占領政策の基本目的の「非軍事化」から「経済復興」への転換が確定したこと[101]とも関係していたと考えられる。NSC13/2は、経済復興には「私企業の強化が不可欠」としていたからである。[102]しかし、GHQから公式な形で赤字融資の禁止が提示されたのは、一九四八年一一月六日に、炭労、全石炭の争議についてGHQから示された賃金三原則によってであった[103]（第3章第五節参照）。従って、その前日に、赤字融資の完全廃止を盛り込んだ復金資金計画が閣議決定された要因としては、GHQ側からの圧力だけでなく、日本側における動きも考慮する必要があろう。

この時期に、日本側で、赤字融資廃止に向けて活発な動きをみせていたのは、日銀総裁一万田尚登であった。「今後赤字融資は絶対に行わない」との見解を、記者団会見（一〇月六・二〇・二七日）で繰り返し強調していた[104]だけでなく、第二次吉田茂内閣発足（一〇月一八日）直後の一〇月二五日に開催された経済閣僚懇談会に出席して、内外の経済情勢から当面の金融情勢について説明を行った中でも、「赤字金融は絶対に行うべきでなく特別会計の補給金として計上し財源には国債発行をもって充てる方法をとるべきである[105]」と主張している。この時期の一万田の行動の背景にあったのは、「赤字金融を絶対にやるべきでないと主張するのは、緊迫した国際情勢からいって一日も早く日本経済を自立させるための基礎を固めたいからだ、すなわち赤字金融をやめるねらいは、①労働問題を軌道に乗せ、賃金の安定を図る、②企業を合理化する、③財政を健全にする、④以上の措置によって経済の常道復帰を図り、一本為替の設定を通じて国際経済に参加する態勢を整えるという大きな意味をもっている[106]」という認識であった。

以上のように一万田が赤字融資廃止に向けて活発に行動していた時期に、大蔵省では、「この問題について（中略）日銀側と全く同じ意見が有力となり各方面に強く働きかけることにな[107]」り、「一万田総裁と同意見の銀行局の考え方を中心に研究した結果」、一〇月末に、

一　今後赤字融資は一切行わず、財政のシリを金融におしつけることはしない

一　従来の赤字は交付公債を以って補償し、企業はこれを復金に返済、復金は日銀手持復金債の償還にあてる

一　今後赤字融資をやらぬため生ずる企業の赤字については価格政策のズレなどによるものは漸進的に価格におりこみ、なお解決しない部分は価格調整費による、また不当に高い賃金など企業自体の責任によるとみられるものは企業整備を促進させる意味からも一切面倒をみない

ということでほぼ意見の一致をみたと報道では伝えられている。[108]

その直後の一一月五日に、赤字融資を廃止するとした第三・四半期の復金資金計画は閣議決定されていることを考えると、一万田の動きが日本側における赤字融資廃止の流れを作り出したことは間違いなさそうである。

なお、この復金資金計画では、①資金供給総額は、債券発行余力（三三六億円）および総合資金計画をも考慮して概ね三〇八億円程度とすること、②資金の融通は、各産業共原則として設備資金に限定することとし運転資金については日本銀行の融資斡旋制度並に手形制度の利用拡充等により極力市中金融機関よりの融資に期待すること、③公団資金は、前期同様認証手形の利用拡充により極力復興金融金庫からの借入金の節減を図ること、とされた。[109]そのうち、資金枠は、残高純増額ベースで各産業に割り当てられている。

(2) GHQによる運転資金融資の事前審査化

①契機としての東芝融資

以上のように、第三・四半期復金資金計画に先んじられたとはいえ、GHQは「賃金三原則」で赤字融資に対して厳しい態度を示した。さらに、この時期には、同資金計画で、「日本銀行の融資斡旋制度並に手形制度の利用拡充等により極力市中金融機関よりの融資に期待すること」とされた運転資金についても、GHQの態度は厳しいものとなり、融資が困難になっていった。その契機となったのが、整理資金に関する日銀融資斡旋の代表的な事例として著名な東京芝浦電気㈱に対する運転資金融資であった。

東芝については、「戦時中極度に膨張したため企業の合理化を強行し赤字を排し正常経営に戻すべきである」[110]というのが、一九四七年秋以来の復金の主張であったが、「対組合問題、外資問題等にからんで仲々軌道に乗らず経過」

して来た。一九四八年九月、東芝から、事業「独立採算制を十月一日より実施予定で現在組合側と交渉中で大体その諒解を得られる」という見透しと、「九月十月不足資金として六〇〇、〇〇〇千円の借入」の申出がなされたのに対して、復金は、「金庫としては東芝今後の残存工場をいかにするかを問題としていたが審査の結論は大体十九工場を予定し会社も二十工場に止めたい意向である。十九工場の乗軌《ママ》所要資金は六〇〇、〇〇〇千円の計数を得たので使途内容は異なるが会社の九月十月の金繰不足と一致することとなる。十月以降は独立採算制をとる故その状況を見て再検討し差当りは九月分のみ考慮したい。九月分として四一七、〇〇〇千円の不足であるが之は金庫において三〇〇、〇〇〇千円に査定」という、前節で明らかにした審査方針に沿った結論を出した。九月二二日に開催された復興金融委員会も、「組合と本制度について合意がないときは次回より融資しないという条件」を付して復金査定通りで承認した[111]。

　これに対し、GHQ経済科学局財政金融課が「赤字資金と解釈して抑制」してきたが、復金は「本件が物価改訂に伴う増加運転資金であり金庫融資の已むない旨を強調」した[112]。復金の反論を受けたGHQは、「復金単独融資ではなく市中銀行を含めたシンジケート団を組織して融資することを求め」、さらに、「融資分担は復金四億円、市中銀行二億円とし、東芝の工場処分代金二億三一〇〇万円を返済の一部にあてること（うち一億円を市中優先、残り一億三一〇〇万円の六五％を復金、三五％を市中に返済）、復金融資は市中融資成立を前提とすることという条件を付し」[113]てきた。

　その後、一九四八年一〇月二一日に、復興金融委員会で、東芝に対する四億円の融資が承認され、翌二二日に、日本銀行融資斡旋委員会が、市中銀行シンジケート団（幹事銀行は帝国銀行）による二億円の融資を決定した[114]。すなわち、GHQは、この案件については復金に対して譲歩したのであるが[115]、その後の運転資金融資に対しては厳しい態度をとるようになっていった。

②復金の対応

　このことは、一一月一日の復金部長会[116]における「今般委員会承認となった東芝融資を契機として復金の運転資金

（特に赤字的性質のもの）の融資に対するG．H．Qの態度が厳重になって来た」という経理部長の発言に示されている。このときの部長会では、同じ経理部長からの「今後復金の運転資金に対する保証について将来それを復金が履行（肩替）する場合G．H．Qから抑えられる虞れがあるので保証する際に、将来問題を生ずる虞れがあると考えられるものについては事前にG．H．Qの諒解を受けて置く方が安全」という提案を受けて、各部長から意見を徴した結果、「（1）原則としては事前にG．H．Qの諒解を受ける。（2）凡ての案件につき諒解を受けるか否かは関係部長の裁定とする。（3）実施は即時」という対応策を決定している。その決定を受けて、一一月一五日には、復金総務部長から各課長、支所長、出張所長に対して、「運転資金の保証については原則として所管部長よりG．H．Qの事前了解を得ること」を指示する通牒が出された[117]。

一一月二六日には、第三・四半期の融資方針が決定されており、それについて、『日本の政策金融Ⅰ』は、「第三・四半期についても、復金は『赤字補塡資金は融資の対象としない』ことを明確にするとともに、生産増加にともなう増加運転資金についても市中融資を原則とするという方針を採用した」（五二頁）とだけしている。しかし、この融資方針には、「なお運転資金に対する保証については之が履行の為の債券発行に際し関係方面の諒解を得る必要上之が採上げ方については慎重に取扱われたい」という一文も付されていた[118]。ここでの「関係方面」がGHQを指すのは上述から明らかであろう。

③GHQによる事前審査の状況

以上のように、運転資金融資についてはGHQから事前に了解を得ることになったが、それはほとんど得られなかったようである。

そのことを最初にうかがわせるのは、一二月二日の部長会[119]における、「最近司令部の復金運転資金融資に対する審査は極めて厳重にして増加運転資金、企業整備のための退職金も認めぬ方針であり真に已むを得ないものについても

1／3は市中裸（ママ）、2／3は復金保証で行く方針を堅持している」という融資第二部長からの報告である。
一二月九日の部長会[120]では、ＧＨＱの復金運転資金融資に対する態度に関する「採り上げぬのが原則で、採り上げるのは例外である。更に個々的に検討して考慮するとの強い意見を持っている」との認識から、「運転資金については極めて慎重に取扱い且つ金額の如何に拘らず事前協議とすることに結論を得、役員会に諮ること」とされた。この部長会での決定を受けて、「運転資金の融通については金額の如何に拘らず金庫本所え事前協議のこと」と各支所長、出張所長、代理店長に指示した通牒（一二月一四日付）[121]の中で、総務部長は、ＧＨＱの「諒解を受けることは極めて困難な状況である」としている。

（3）一九四八年度第三・四半期の融資実施概況

表2‐15は、一九四八年度第三・四半期の資金計画と融資状況に関する統計をまとめたものである。申込額の段階では、繊維工業と金属工業が大きく資金枠を超過しているものの、一般産業計では資金枠の八二％にとどまっている。それは、「石炭関係の一般設備、並びに炭鉱労務者住宅の建設とかいうような石炭関係の設備関係におきまして、その設備自体を始めますることについて許可が要るわけでございますが、その許可がいろいろの事情で遅延[122]」したことが主な原因であった。その「いろいろの事情」とは、次章第五節で述べるように、ストライキ中の炭鉱に対する復金融資停止問題であった。

さらに、承認額の段階で、鉱業と電気業以外が圧縮されたことにより、貸出実行ベースの新規貸出段階で、機械器具工業と電気業で前期よりの繰越しにより増額しているが、一般貸出計の承認額・新規貸出額・残高純増額はともに資金枠を大きく下回っている。これは、前項で明らかにしたように、ＧＨＱの事前審査による了解がほとんど認められなくなったことで運転資金融資が大きく減少したこと（表2‐16）と、第二・四半期同様に確認できたケース（前掲

表２－12）は少ないものの、幹事会での審議で日銀と大蔵省のチェックが効いていたことも原因であったと考えられる。また、復金資金計画で「前期同様認証手形の利用拡充により極力復興金融金庫からの借入金の節減を図ること」とされた公団向けの残高純増額も資金枠を下回っており、全体の残高純増額は、資金計画で想定された残高純増額ベースでの資金供給総額三〇八億円の約六割にすぎなかった。

第六節　経済安定九原則への対応と融資連絡会での協議――一九四八年度第四・四半期

(1) 日銀とGHQによる増資抑制

前回一九四八年七月一二日の増資は同年末までの所要資金を賄うものとして実施されたものであったため、第四・四半期以降の所要資金を賄うための増資に向けた動きが第三・四半期半ばからなされていた。

まず、一一月一一日付で、大蔵省銀行局により、第三回臨時国会後における通常国会の開始時期に関する異なる見

承認・計 ：G	新規貸出額 ：H	残高純増額 ：I
百万円	百万円	百万円
6,541	5,915	5,417
	5,407	5,025
1,189	1,169	1,135
878	543	376
	408	211
939	1,446	1,297
89	91	79
1,983	1,659	1,310
	669	477
5,078	5,706	5,647
1,045	1,012	796
1,719	1,522	1,258
19,459	19,063	17,314
	34,219	1,894
	53,282	19,208
G/A	H/A	I/A
%	%	%
62	56	51
119	117	114
114	71	49
72	111	100
49	50	44
75	63	50
91	102	101
69	67	52
35	31	26
68	67	61
	1,469	81
	173	62

学部資料室所蔵）1949年３月，26-45，68-

表2-15　1948年度第3四半期の資金枠と融資状況

	資金枠；A	申込額；B	承認・直接貸；C	承認・保証；D	取下・市中斡旋；E	取下・拒絶；F
	百万円	百万円	百万円	百万円	百万円	百万円
鉱業	10,600	6,752	6,385	156		39
（内石炭）	−					
繊維工業	1,000	1,580	1,036	153		125
金属工業	770	1,173	628	250		165
（内鉄鋼）	−					
機械器具工業	1,300	1,399	587	352	20	139
窯業	180	139	40	48		14
化学工業	2,635	2,810	1,541	442	30	331
（内肥料）	−					
電気業	5,580	5,102	5,078			
交通業	1,520	1,298	849	196		45
その他	4,900	3,025	1,224	495		330
一般産業計	28,485	23,280	17,367	2,092	50	1,187
公団	2,329					
合　計	30,814					
		B/A	C/B	D/B	E/B	F/B
		%	%	%	%	%
鉱業		64	95	2		1
（内石炭）						
繊維工業		158	66	10		8
金属工業		152	54	21		14
（内鉄鋼）						
機械器具工業		108	42	25	1.4	10
窯業		77	29	35		10
化学工業		107	55	16	1.1	12
（内肥料）						
電気業		91	100			
交通業		85	65	15		3
その他		62	40	16		11
一般産業計		82	75	9	0.2	5
公団						
合　計						

出所）『日本の政策金融 I』46頁，表1-6，日本銀行資金局復興金融課『復興金融統計資料』（東京大学経済 83，105-124頁より作成．

注） 網掛け；100％超のもの．

表 2-16　資金使途別の復金新規貸出額・残高純増額；一般産業計　（単位；百万円）

年度		1946	1947				1948			
四半期		4	1	2	3	4	1	2	3	4
新規貸出額	設備		2,568	4,625	8,292	7,908	9,471	16,427	17,817	19,610
	運転		5,058	4,759	3,352	5,264	11,314	4,144	1,245	664
	計	5,179	7,626	9,383	11,644	13,172	20,785	20,571	19,063	20,274
残高純増額	設備		2,539	4,138	8,081	7,180	9,092	16,170	16,925	18,684
	運転		4,663	3,948	1,352	3,376	8,336	2,916	389	7
	計	4,987	7,202	8,086	9,433	10,556	17,428	19,087	17,314	18,691

出所）日本銀行資金局復興金融課『復興金融統計資料』（東京大学経済学部資料室所蔵）1949 年 3 月，68-83，105-124 頁より作成．

透しに基づいた三つの案が策定された[123]。翌一二日の閣議で、そのうちのA案二五〇億円と決定の上、GHQに提出された。しかし、日銀が、「十二月末における余力は事実上一五〇億円程度を繰越し得るとの見込の下に三月末迄には一〇〇億円で足りるという意見を持ってい」ため、一一月二〇日に、「関係方面協議の結果一応期末余力を一四〇億円、第四・四半期所要資金を二九〇億円と推定し議会の関係を考慮、来年四月以降に繰越す額を五〇億円とすれば二〇〇億円の増資が必要」との結論に達した。その二〇〇億円案をもって、一一月二二日に、GHQフィリップスと合同会議が行われたが、フィリップスの見解は、同案の「前提である年末二週間の債券発行九〇億円は過大であり、これは五〇億円で足りる。故に期末余力は一八〇億円となり、又赤字融資の停止、公団金融の負担軽減を考慮すれば増資は一〇〇億円で充分である」というものであった。そのため、問題は主として年末二週間における融資額の推測にあることとなり、さらに日本側においても協議を行ったが、融資各部の資金要求は一三九億円に上るのでやはり九〇億円程度にしか圧縮できず残額は次期へのズレとして次期計画に加算することとして、一一月二四日、再度、二〇〇億円の案でフィリップスとの会談が行われた。しかし、フィリップスの見解は依然変わらず、結局一〇〇億円として、翌二五日の復興金融委員会に付議決定された[124]。

一一月二六日の閣議で復金資本金の一〇〇億円増資が決定された[125]後、復金一〇〇億円増資法案は、第三回臨時国会に提出されたが、同国会が一一月三〇日に閉会となり、審議未了のまま引続き招集された第四回通常国会に再提出され、一二月二二日に両院を通過、[126]一二月二八日に公布施行され復金の資本金は一三五〇億円から一四五〇億円となった。[127]

（２）経済安定九原則への対応

①経済安定九原則に伴う復金融資に対するＧＨＱの見解

ＧＨＱは、以上のように、一九四八年度第四・四半期の復金融資に対して資金面から抑制してきただけでなく、経済安定九原則の提示に伴い、直接、復金融資抑制に対する厳しい見解を示している。経済安定九原則の実施は、一九四八年一二月一九日に、連合国軍最高司令官マッカーサーから吉田茂首相宛に送られた書簡によって指示されたが、[128]翌一二月二〇日、年末の最終資金計画の承認を求めるためＧＨＱ経済科学局財政金融課フィリップスを訪れた際に、フィリップスから、それ以降の復金融資を縮小することを旨とした以下のような厳しい見解が提示されたのである。[129]

1. 九原則が明示された現在金庫及び日本側関係当局は全責任を以て同原則にマッチするよう努力すること
2. 金庫は今後融資活動を同原則に沿って縮少すべきこと
3. 融資実行の際は各役員、関係融資部長その他関係者も本趣旨に留意し、本趣旨に則するよう責任を以て努力すべきこと
4. 若しその努力が実績として第四・四半期に表われない場合は自分としては相当の圧力を加える考えである

②復金の対応——融資継続方針

このフィリップスの見解を受けて、一二月二七日の復金部長会[130]では、「第四・四半期融資方針について安本との打

合会とも関連し更に融資を削減、圧縮すべき面があるか否か」について各部長の意見が求められたが、具体的な意見は出なかった。明けて一九四九年一月六・七日の部長会において引続き討議された結果、経済安定九原則に伴う復金融資の削減圧縮に関して出された復金内の結論は、「経済復興のための金融は金庫従来の方針であり、九原則に伴い融資を圧縮する必要があるとしても急激な縮減による産業えの影響をも考慮し必要な融資は引続き実行する。但し金融的見地から業種、企業ともに厳選することとする」(131)というものであった。

③大蔵省の対応――融資暫定処理方針の決定

一九四九年一月一二日、経済安定九原則の提示を受けて復金融資に懸念をもった大蔵省銀行局が、「第四・四半期復金融資暫定処理方針」を復興金融委員会小幹事会と同幹事会に提案した。復金は、「内部的に十分検討したいと一週間の猶予を申入れた」が、「十三日の委員会において早急に決定したいとの大蔵省からの要請により十三日部長会、役員会に附議」することとされた(132)(133)。

一月一三日の復金部長会では、大蔵省の暫定処理方針案に対して、「可成り意見が出たが、問題が余りにも重大なことと且つ急を要するため役員会と合同会議で決定したい」との提案があり、引き続いて役員会が開催された。その役員会では、「本案は金融政策の大変更であるから閣議又は省議で決定すべきであって事務的に決めることの危険並びに金融のみが先走ることの不可」などの意見が出たが、「根本方針決定迄の暫定方針ということに限定し、事務的に処理すること」として、若干の修正を加えて、同日の復興金融委員会に付議することとされた(134)。復興金融委員会では、「本方針の決定が急を要すること並びに根本方針決定迄の暫定方針であることを諒承し異議なく承認」(135)された。

この暫定処理方針の内容は以下の通りであるが、復金総務部長は、それを各支所長、出張所長、代理店長、部課長に対して通知する通牒(136)の中で、経済安定九原則により、「復金今後の融資は極めて緊要な部門のみに限定されることが予想され又関係方面においては復金債券の発行を極力圧縮しようとする意向が強い現況よりして特に新規申込の受付は慎重に取扱はれたい」と指示している。

一、設備資金

（イ）新設拡張資金は原則として認めないが鉄鋼・電気・石炭・海運及重要な輸出産業並に此等に関連する産業の内当面緊急を要する最少限度のもののみ認める。

（ロ）右の外重要産業の継続的工事であって融資を止めることの困難なものは其の影響を勘案し、必要最少限度のものを認める。

（ハ）融資決定済中未実行分についても再検討するものとし極力融資額を圧縮する。

（ニ）中小企業金融代理貸付（復中代）については差当り従来通りとする。

二、其の他資金

（イ）運転資金については公団を除き直接融資を認めないが、重要産業の新規稼動設備に伴う固定的増加運転資金に限り已むを得ざる時は必要最少限度の保証を認める。

（ロ）企業合理化の為の整理資金については重要産業であって事態の緊急を要するものに限り已むを得ざるときは必要最少限度の保証を認める。

（ハ）復興金融金庫損失補償融資（復中補）については差当り従来通りとする。

④経済安定本部の対応

経済安定本部は、経済安定九原則および一九四八年度第四・四半期末通貨発行限度を勘案して、同四半期の復金債発行高を二〇〇億円として、一九四八年度第四・四半期復金資金計画の第一次案を作成し、一月一八日の復興金融委員会小幹事会、翌一九日の同幹事会で説明を行った。この第一次案は、新規貸出額ベースで算定されていたため、合計と一般産業計の資金枠は、それぞれ、二〇二億円、一五二億円とされていたが、前四半期に承認になったが未貸出のもの（約五六億円）も同案に含まれており、第四・四半期の新規分として一般産業に割り当てられる資金枠は一〇〇億円を下回ると見込まれていた。[137] この安本第一次案を受けて、復金の内部では、①総務部が「とりあえず二〇二億案を呑むことを前提とした場合の事務的措置についての草案」を作り、これに基づいて各部所要資金の積み上げを行い、それを二〇二億円に切ったときに各産業に与える影響について検討することとなり、[138] また、②融資各部長が、地方融資課長会議（一月二四日）において、各支所・出張所の融資課長に対して、「第四・四半期は承諾未貸出分と継続事業以外の新規のものは大体考慮の余地がなく、特に農林水産関係は現在受付中の案件についても極力取下げの方針を採るよう依頼」している。[139]

続いて、経済安定本部は、総計二二九億七五〇〇万円（一般産業一七九億七五〇〇万円、公団四〇億円、農林債引受一〇億円）、復金債発行二二八億円とする第二次案を作成し、一月二五日に産業官庁を含めた合同会議で説明を行ったが、結論を得るには至らなかった。[140] さらに、経済安定本部は、第二次案を若干修正（一般産業一八〇億九五〇〇万円、公団三九億円、農中債引受一〇億二四〇〇万円、計二三〇億一九〇〇万円）の上、一月二七日の復興金融委員会で説明し、本案実施の場合における産業への影響、特に関連産業中小企業への影響について質疑がなされた。

また、このときの復興金融委員会で、経済安定本部が、GHQの意向は「本期債券発行は二〇〇億円に止むべき」というものであると付言したのを受けて、復金内部では、まず、一月二八日の部長会で、協議の結果、「融資各部においては各業種より一割減の数字により融資方針を立案し資金調達面との調整を行うと共に中小事業関係直接貸の資金を考慮すること」[141] とされ、さらに、二月三日、役員と部長の合同会議によって、「融資方針としては二二一億とし、融資実行にあたっては緊要最小限に圧縮して二〇〇億程度にとどめることに努力すること」[142] となった。

結局、経済安定本部は、同じ二月三日に開催された復興金融委員会に、総計を二二二億八〇〇〇万円とした資金計画を提案した。その提案に対し、復金は上述の合同会議での結論通り、「今期の債券発行等資金調達の面より安本案の一割減を目安とせざるを得ない」と発言したが、大蔵省と安本から「債券市中消化を極力はかって安本案の具現に努力すべきであり二〇〇億を目安にする必要はない」との意見が述べられた後、「総額については不満ではあるが現下の事情では巳むを得ない」とされ、安本提案通り承認された[143]。翌二月四日には、第四・四半期資金需給計画とともに閣議決定されている[144]。なお、第四・四半期の復金資金計画には回収に関する言及はない。

この第四・四半期復金資金計画に基づいて、復金は、第四・四半期融資取扱方針を作成し、二月一〇日の復興金融委員会に付議決定された[145]。その一般方針[146]は、以下の通りであり、暫定処理方針の通知や地方融資課長会議の際にも確認できた新規の申込受付に関する厳しい認識が、これにも引き継がれている。

一、前期承認未貸出分で今期融資実行すべきものは五、五六〇百万円に上る為、此の外既に受付中のもの等を考慮するときは新規に受付の上融資を実行し得る余地は少く、又来期以降の金庫の資金状況も極めて圧縮される見込であるから、一般に新規申込の受付は極力厳選すること。

二、従来金庫における申込受付は融資の可能性が確実との誤解を与へたことが多いが、今後はかゝることのない様充分指導すること。

三、既承諾未貸出分についても、他に資金調達の途あるもの等は努めてその方向により指導すること。

四、金庫資金の状況に鑑み市中金融機関より繋ぎ資金を融資せしめる場合は慎重に取扱う。

（3）融資連絡会での協議

①既存融資決定方式の廃止

一九四八年度第四・四半期復金資金計画を承認した二月三日の復興金融委員会[147]では、それまでの復金融資方式を規定してきた、復興金融金庫融資取扱規則（一九四七年一月二五日復興金融委員会通牒）、復興金融金庫暫定融資取扱規則（一九四七年一一月二六日復興金融委員会通牒）、地方融資懇談会規則（一九四七年一月二五日復興金融委員会通牒）、復興金融委員会幹事会規則（一九四七年一一月二六日復興金融委員会通牒）を翌二月四日からすべて廃止することも決定され、これに伴い、復興金融委員会による大口案件の審議、幹事会、地方融資懇談会は廃止となり、その後の融資決定方式については、復金の内部規程として別途定めて、復興金融委員会に連絡することとなった。内部規程で定めるとされたのは、特に融資連絡会について、「制度化しないことには安本、大蔵共に意見の一致をみており、フィリップス氏も制度化には強く反対[148]」していたからであった。

②内部規程の決定

その内部規程については、同じ二月三日に部長会で検討が行われ、復興金融委員会、融資連絡懇談会、地方融資懇談会に関して以下のような結論が出されている[149]。

まず、復興金融委員会については、「特別異例な案件について委員会の意見を求める」とされた。次に、融資連絡懇談会については、①開催期日並びにメンバー、②付議案件並びに方法、③性格の三点に関して検討されている。

①のうち、開催期日については、「官庁等えの連絡もあり週一回位とする方が便利」という意見もあり、週一回程度となった。メンバーについては、当該産業官庁（中小企業庁を含む）、大蔵省、安定本部、日本銀行（ただし正委員一名とし課長クラスを委嘱する）となったが、各部長からは、「安本との打合せは資金計画についてだけで良い」、「資金調達融資斡旋の問題もあるから日銀を加えるべきだ」、「産業官庁との打合せは産業行政との調整であり、日銀との打合

せは資金調整面についてである。目的が違うが一度にやる方が便利だ。但しこの場合の発言は夫々自分の目的外のことについて発言させるべきではない」という意見が出されていた。幹事会での審議状況（前掲表2－12参照）を踏まえると、特に、日銀の発言範囲に懸念がもたれていたといってよい。②については、一件一〇〇〇万円（累計残高ではない）以上のものについて報告案件と協議案件に分け、協議案件については協議事項で決めるとされた。③については、内部規定としての理事長の諮問機関とし、議長は役員とするとされている。

最後に、地方融資懇談会については、「理事長の諮問機関とするが支所が興銀と兼務であるため一応現状の方向で考え、議長は日銀支店長に委嘱したい」、「フィリップス氏は地方懇談会については本所と事情が異るから制度化も已むを得ないという意向をもっている」、「附議案件は二百万円を超えるもの」という意見が出され、役員会に諮ることとされている。以上の部長会での検討結果は、「復興金融金庫融資取扱規程」、「地方融資懇談会規程」、「融資連絡に関する件」という三つの内部規程としてまとめられ、二月一〇日の復興金融委員会に報告の上、実施された[150]。

③新しい融資決定方式

これらの内部規程に基づく融資方式と従来のものとの相違点については、『日本の政策金融Ⅰ』（四三―四四頁）において、次のようにまとめられている。第一に、復金による申込受付後、債務保証なしで一般金融機関による融資が可能かどうかを日銀が直ちに判定して復金に通知し、可能という通知を受けた場合は申込を撤回させるという方式が、東京だけでなく地方についても適用されるようになった。第二に、地方融資懇談会を日銀支店長ではなく復金の諮問機関とした。ただし、設置場所は従来通り日銀支店所在地とされ、議長は日銀支店長に委嘱された。第三に、復金は一件当り二〇〇万円を超える案件、その他必要と認めるものについて地方融資懇談会に付議し、懇談会が復金の融資対象として適当であるかどうかを審議したが、付議する時点は復金の審査終了後となった。すなわち、付議案件の最低額が引き上げられるとともに、地方についても懇談会によるスクリーニングが事前から事後に変更された。ただし、事情によっては復金は審査前に付議することができた。第四に、融資の決定に当たっては原則として理事会に付議することになった。第五に、復金と関係官庁・日銀との連絡のために融資連絡会が復金内に設けられた[151]。復金は一件一〇〇〇万円以上の申込のうち、①毎四半期融資方針に照らし疑義あるもの、ないし②当該業種あるいは当該企業に対する所管官庁の行政方針の適用を明確にする必要のあるもの、③その他復金が必要と認めるものについて融資連絡会の意見を求めた。すなわち、従来の幹事会と比較して、融資連絡会の関与は融資方針・行政方針の明確化に限定され、関与する案件の最低額も引き上げられた。

先にみた部長会での検討結果が反映されたものとなっているが、この新しい融資決定方式について、『日本の政策金融Ⅰ』は、「従来の方式に比べて復金の自主性は著しく強化された。しかし、（中略）新しい融資決定方式が実施された後、二ヶ月足らずで、いわゆるドッジ・ラインの一環として復金の新規融資が原則として停止されたため、新方式はその機能を十分に発揮することはなかった」（四四頁）と評価している。

④融資連絡会での協議

新しい融資決定方式のうち、幹事会に代わって設置された融資連絡会については、四回の開催を確認できる（表2-17）。その中で、融資連絡会の内部規程が検討された二月三日の部長会で懸念されていた日銀の発言を、資料で確認できる案件は三つある。

一件[152]は融資斡旋に関わる発言であったが、残る二件は融資方針に関わる発言であり、融資対象としての妥当性の点から取上げに消極的な姿勢を示している。後者のうち一つ[153]は、日銀の発言を受けて融資連絡会では結論に至らなかったため復興金融委員会へ回付され、もう一つ[154]は承認となったものの日銀の発言を考慮して「三月末に資金の余裕があれば融資する」という条件が付けられている。日銀は、関われる範囲は狭められたとはいえ、融資制度の改革後も、個別案件の選別への積極的な関与を止めていなかったのである。

表2-17　融資連絡会

	開催年月日	議案
第1回	1949/2/16	・第4四半期電力融資に関する件 ・三井鉱山㈱他9社に対する設備資金1,006,300千円融資に関する件
第2回	1949/2/23	・天然寒天業の運転資金に対する債務保証取扱方針付議の件 ・㈱日立製作所外14社に対する設備資金225,087千円付議の件
第3回	1949/3/2	・保土谷化学工業㈱他19社に対する合計906,403千円融資に関する件
第4回	1949/3/9	・復中代第4四半期融資方針に関する件 ・日本発送電㈱他10社に対する設備資金1,697,225千円融資に関する件

出所）『復金週報』（東京大学経済学部資料室所蔵）第47・48・49・50号より作成.

(4) 一九四八年度第四・四半期の融資実施概況

表2-18は、一九四八年度第四・四半期の資金計画と融資状況に関する統計をまとめたものである。

申込額の段階では、鉱業、電気業、その他を除いて資金枠を上回っており、一般産業計では資金枠を二二％も超過している。この数値の意味することの解釈は難しいが、経済安定九原則の提示により復金融資の停止を懸念した企業から駆け込み的に申込が殺到したが、復金による新規の申込受付の厳選化によって、何とかこの水準まで抑えられていたのではないかと考えられる。

しかし、前期からの繰越しも見込まれていたから、承認額の段階では、鉱業と電気業はわずかな圧縮であったが、それら以外では申込額より大きく圧縮されており、一般産業計では資金枠の八三％にまで抑制されている。新規貸出額の段階では、その前期よりの繰越しも加わっているが、その他がその分圧縮されおり、一般貸出計では資金枠をわずかに超えていただけであった。資金計画に回収に関する言及がなかったが、合計の残高純増額は資金枠の範囲に収まっており、GHQが認めていた復金債の発行高二〇〇億円とほぼ同額であった。

おわりに

本章が対象とした時期には、貸出資金の源泉としての復金債の発行可能高を上げるため、四度の増資が行われ、復金の資本金は五五〇億円から一四五〇億円へと増加した。しかし、四度すべてにおける資本金の増加額は、GHQによって大幅に削減されたものであった。日本側の増資案は、大蔵省、経済安定本部、日銀、復金によって検討・作成され、それらの中では、日銀の主張によって増資額が抑えられた案もあったが、GHQはそれらをさらに圧縮した額の増資しか認めなかった。しかも、一九四八年七月一二日の増資以外は、1四半期分だけの所要資金を賄うものであったから、東京地方融資懇談会期とは異なり、一九四八年度第二・四半期以外は、資金計画を無視した融資を行うための復金債発行余力もなかった。すなわち、一九四七年度第四・四半期以降の復金融資は、GHQにより、増資額の削減という手段を通じて、外枠から抑制されるようになっていたのである。

そのようにGHQによる資金調達面からの抑制により資金枠自体が窮屈なものとなっていた状況の中で、一般産業からの申込額は、GHQによる争議中の炭鉱に対する融資停止指示という特殊事情があった一九四八年度第三・四半期を除いて、資金枠を超過していた。東京地方融資懇談会廃止に伴い、申込受付の段階で、復金により、ある程度の選別が行われるようになっていたと考えられるが、復金融資に対する借入需要は、それだけでは捌き切れないほど大

承認・計 ：G	新規貸出額 ：H	残高純増額 ：I
百万円	百万円	百万円
4,700	6,457	6,078
	5,947	5,679
863	1,590	1,557
3,615	1,545	1,479
	1,451	1,339
701	1,204	1,073
94	66	50
781	1,871	1,445
	870	779
4,394	5,610	5,473
841	1,068	906
662	863	630
16,651	20,274	18,691
	25,923	2,115
	46,197	20,806
G/A	H/A	
%	%	%
74	102	
80	147	
233	100	
146	251	
188	132	
55	133	
80	102	
91	116	
25	33	
83	101	
	1,127	
	207	

学部資料室所蔵）1949年3月，26-45，68-

表 2-18　1948年度第4四半期の資金枠と融資状況

	資金枠：A	申込額：B	承認・直接貸：C	承認・保証：D	取下・市中斡旋：E	取下・拒絶：F
	百万円	百万円	百万円	百万円	百万円	百万円
鉱業	6,350	5,438	4,656	44		6
（内石炭）	−					
繊維工業	1,080	1,460	444	419		122
金属工業	1,550	5,964	3,445	170		204
（内鉄鋼）	−					
機械器具工業	480	1,378	299	402		241
窯業	50	170	34	60		38
化学工業	1,410	2,618	444	338		277
（内肥料）	−					
電気業	5,500	4,858	4,389	5		460
交通業	920	1,248	670	171	1	225
その他	2,640	1,292	405	257		490
一般産業計	19,980	24,426	14,786	1,865	1	2,062
公団	2,300					
合　計	22,280					
		B/A	C/B	D/B	E/B	F/B
		%	%	%	%	%
鉱業		86	86	1		0.1
（内石炭）						
繊維工業		135	30	29		8
金属工業		385	58	3		3
（内鉄鋼）						
機械器具工業		287	22	29		17
窯業		340	20	35		22
化学工業		186	17	13		11
（内肥料）						
電気業		88	90	0.1		9
交通業		136	54	14	0.1	18
その他		49	31	20		38
一般産業計		122	61	8	0.005	8
公団						
合　計						

出所）『日本の政策金融 I』46頁，表1-6，日本銀行資金局復興金融課『復興金融統計資料』（東京大学経済83，105-124頁より作成．

注）網掛け；100％超のもの．

きかったということでろう。

しかし、一般産業向けの承認額や新規貸出額は、わずかに上回る期もあったものの、ほぼ資金計画で設定された資金枠の範囲内にまで抑えられていたし、公団向けも含めた残高純増額は、資金計画で許容された資金調達額、増資額、GHQによって認められた復金債発行額に対して、ほぼ同額の期もあったが、多くの期で下回っていた。ただし、産業別にみれば、融資承認や貸出実行の段階においても、鉱業と電気業は資金枠を上回ったままであった一方で、他の一般産業向けの融資が圧縮される場合が多かった。すなわち、資金計画の段階よりも鉱業や電気業向けの融資を優先しつつ他の一般産業向け融資を抑制することで、資金枠の厳守が維持されていたのである。

そのように資金枠を厳守する上で重要であった、融資承認の段階における鉱業と電気業以外の一般産業向け融資の資金計画における以上の抑制には、復金が自主的に融資圧縮方針を採用していたこと（一九四七年度第四・四半期、一九四八年度第一・四半期）や、GHQの事前審査により運転資金融資が認められなくなったこと（一九四八年度第三・四半期以降）も重要な役割を果たしていたと考えられるが、より重要な役割を果たしていたのは復興金融委員会幹事会での日銀、大蔵省、経済安定本部による復金融資抑制的な態度であったのではないかと考えられる。

復興金融委員会幹事会（以下、幹事会）では、東京地方融資懇談会の廃止（一九四七年一一月二一日）に伴い、復金本所が申込を受けた一件当り三〇〇万円以上の案件について融資可否の審議が行われるようになった。それと同時期に、本所以外の復金支所・出張所が申込を受けた一件当り五〇〇万円以上五〇〇〇万円未満の案件の取扱い方についても、日銀主導で変更が行われ、日銀が主催する地方融資懇談会での審議後、幹事会で融資可否の審議が行われるようになった。それにより、幹事会は、東京地方融資懇談会期から問題となっていた、資金計画の厳守とそのための市中融資の活用に関する東京とそれ以外の地方との間における承認方針の不統一の調整の担い手としても明確に位置づけられることになった。

その幹事会での審議状況は、復金が、議事規則を作り、出席者を制限し、出席者の発言は所属を代表させてでも、無責任な発言を控えさせるべきだと不満を感じるほどに、復金以外の幹事が、個々の案件の金額や条件にまで、あるいは、責任のとれない範囲まで発言を行うような活発なものであった。復金以外の幹事の中で、特に、復金融資に対して抑制的な態度を示していたのが日銀であった。

一九四九年二月の機構改革により、復金の自主性は、制度上は強化されたが、幹事会に代わって復金理事長の諮問機関として設置された融資連絡会においても、日銀は、期待されていた資金調整面での打合せの範囲を越えた発言を続けていた。しかも、その意見は融資連絡会での協議の結論に反映されていたから、関与できる範囲は狭められたとはいえ、依然として、復金融資の個別案件選別レベルへの日銀の影響力は無視し得ないものであったのである。以上のように、大蔵省は復金融資に関して増資では拡張的であった一方で個別案件審議では抑制的であったのに対し、日銀は復金融資に関して増資でも個別案件審議でも抑制的であった。

一九四七年度第三・四半期から一九四八年度第四・四半期にかけて、復金の融資残高は、一九四七年九月末の二八八億四五〇〇万円から一九四九年三月末には一三二九億六五〇〇万円へと約四・六倍も増加した[155]。しかし、それは、資金調達のレベルにおいてGHQによって増資額が削減されていたことと、個別案件審議のレベルにおいて日銀と大蔵省によって融資承認額が抑制されていたことを通じて、二重の抑制が効いた増加であったのである。

本章の考察の中では、復金が赤字融資に対して否定的ではなかったことを示す事実も、いくつか見出すことができた。

一九四七年度第三・四半期の復金融資方針は、赤字融資を原則として採り上げないとされていた。しかし、復金は、肥料会社への赤字融資案件において、「裏付けのない」＝返済の裏付けのない＝回収の見込みがない赤字融資は採り上げ得ない「立場にある」としつつも、赤字融資を行わなかった場合に生ずる企業維持への重大な影響を懸念して、事実上容認の態度を示していた。

一九四七年度第四・四半期に、復金によって自主的に作成された融資方針では、電力制限によるものについて必要最小限度と限定付きではあるが、赤字融資が融資対象として復活していた。

一九四八年度第二・四半期には、閣議で決定された「価格補正に伴う当面の産業金融対策」によって、物価改定後の赤字融資は行わないとされ、また、GHQのフィリップスも「赤字融資から手を引かなければならない」という見解を表明していたにもかかわらず、復金は、自主的に作成した暫定融資方針や資金計画決定後に改めて決定した融資方針において、物価改正に伴う経過的措置として赤字融資を容認していた。さらに、復金審査部の審査方針は、より積極的に赤字融資を肯定しており、過剰人員や不採算工場の整理などの合理化を前提として赤字融資を行うということも、当時の復金にとっては「金融判断」の一つとされていた。そのような判断に基づいて、復金が既往融資のある企業に合理化を条件とした赤字融資を行うべきだとした案件に対して、幹事会で反対したのは大蔵省と経済安定本部と日銀であった。そのような幹事会での審議に対して、復金は、「金庫の既融資会社については、金庫の自主的判断を充分尊重してもらわぬと債権保全を期し難い[156]」という不満をもっていたのである。

一九四八年度第三・四半期になっても、赤字融資に対する復金の姿勢が変わっていないことが示されたのが、実質的には赤字融資であった東芝向けの運転資金融資であった。この案件では、条件付きとはなったが、GHQの反対を押し切って融資が行われた。

以上の事実は、復金は自身の「金融判断」に基づいて赤字融資が必要な場合もあると考えていたことを示している。すなわち、復金が赤字融資を行っていたのは、政府の政策に従わざるを得なかったからだけでもなく、先行研究が想定していたように融資決定において自主性が制限されていたからだけでもなかったのである。

（1）復興金融金庫『復金融資の回顧』一九五〇年四月、一八二―一八三頁。

（2）前掲『復金融資の回顧』一八三頁。

（3）「復興金融委員会幹事会開催に関する件」総々発第九九号、一九四七年八月二一日、『総々発綴（復金）昭和二十二年度』（東京大学経済学部資料室所蔵）。

（4）宇沢弘文・武田晴人編『日本の政策金融Ⅰ』東京大学出版会、二〇〇九年、四三頁。

（5）復金総務部地方課「復興金融幹事会の件」総地第四六号、一九四七年一二月九日、『東京融資懇談会審議綴1・2』（東京大学経済学部資料室所蔵）、「復興金融委員会幹事会（一・二八）」『復金週報』第四四号、一九四九年一月三一日、三頁。復金総務部は一九四七年一一月二六・二七日開催の幹事会を第一回として以後の回数をカウントしているので本書もそれにならう。『復金週報』は、「最近復金をめぐって活発な論議が繰返されているが金庫に対する非難は、或は日本経済現実の姿の把握が十分でないため、或は金庫の実情の理解に欠けるためによるものが多い、しかし金庫の外部のみならず金庫の内部においても、自分の職場の多忙に追はれて金庫全般の動きについて十分の理解を欠くきらいがあり、又地方においては中央の意向が反映されぬ惧れがある。此等の点を補い金庫の全体としての日々の動きを伝えるため」（「創刊の辞」『復金週報』第一号、一九四八年四月五日、一頁）、復金総務部総務課により、第一号（一九四八年四月五日）―第五二号（一九四九年四月四日）が発行された。所蔵を確認できたのは、①復興金融金庫総務部総務課『谷氏寄贈　復金週報』（第一―五二号、東京大学経済学部資料室所蔵）、②復興金融金庫総務部総務課『昭和二十三年度　復金週報』（第二―五二号、東京大学経済学部資料室所蔵）、③『財政史資料　開銀文書　復興金融金庫Ⅸ　復金週報（昭・23―24）』（第一―五二号、国立公文書館所蔵）、の三つである。収録号（欠号なし）、線引きの箇所・形、書き込みの箇所・内容、訂正の箇所・仕方、✓印の箇所・大きさ・形、他の綴じ込み書類の箇所・内容、が一致することから、③は①を複写したものと推定される。

（6）前掲『日本の政策金融Ⅰ』三五―三六頁。

（7）『復興金融委員会通牒綴』（1）とだけ注記されているが、おそらく、「復興金融金庫融資手続の一部変更に関する件」復委第□〇八号（□は判読不可字）、一九四七年一一月二五日、『復興金融委員会通牒綴（1）』（東京大学経済学部資料室所蔵）整理番号四二三―四二七、「復興金融委員会幹事会規則制定に関する件」通牒番号不明、一九四七年一一月二五日、『復興金融委員会通牒綴（1）』整理番号四二八―四二九であると推測される。他に、「復興金融金庫融資取扱暫定規則及び復興金融委員会規則移牒の件」総々発第一二一‐一三九号、一九四七年一一月二六日、前掲『総々発綴（復金）昭和二十二年度』もある。

（8）ただし、前掲『日本の政策金融Ⅰ』（三三五頁）は、一九四七年一一月に幹事会が「設置」されたとしているが、前述のように、幹事会はそれ以前から存在・機能しており、このときの制度改革では、その融資制度上での役割が変わっただけである。

(9) ここでの中央協議取扱方法変更については、「地方融資懇談会の承認に関し日本銀行支店より中央協議の件」総々発第二二‐一四一号、一九四七年一二月四日、前掲『総々発綴(復金)昭和二十二年度』による。

(10) イ、資金計画に於て初めから枠の割当のない業種、ロ、貸出優先順位乙又は丙に属する業種で重要産業の関連事業又は輸出産業としての緊急性にも疑義あるもの、ハ、重要産業であってもその使途の緊要性につき問題のあるもの(例へば甲一産業であっても資金の使途が生産増強に直接の関連が薄いもの等)、ニ、災害復旧その他特別の事情があるもの。

(11) この内規は、復金総務部長から融資部長・審査部長・中小事業部長・公団金融部長に対して、一九四七年一一月二一日付総々発第二二‐一三二号「東京地方融資懇談会廃止に伴う金庫内処置に関する件」(前掲『総々発綴(復金)昭和二十二年度』所収)により通知されている。

(12) 甲乙に加えて、「申込案件中審査未了にして緊急を要するもの及び予め融資の方向を決定したきもの」を丙号議案として処理することにしたという通牒が一九四七年一二月二二日に復金総務部総務課から融資部長・中小事業部長・審査部長・公団金融部長宛てに出されている。「丙号議案作成の件」総々発第二二‐一四八号、一九四七年一二月二二日、前掲『総々発綴(復金)昭和二十二年度』。この資料では、「註、来年度議案より実施」とされているが、来年、すなわち、一九四七年度第四・四半期の議案から実施という意味であると推測される。

(13) 序章の注(33)を参照。

(14) 谷村裕『大蔵属、月給七拾五圓――私の履歴書』日本経済新聞社、一九九〇年、四七―四八頁。また、谷村は、「復興金融委員会の幹事会を主宰するのが課長の役目」(同書四七頁)であったともしている。

(15) 東京地方融資懇談会と復興金融委員会幹事会での議案をまとめた資料として、復金総務部『東京地方融資懇談会議案綴』(七簿冊、東京大学経済学部資料室所蔵)がある。ただし、この資料からは、それらの議案に基づいて東京地方融資懇談会や幹事会でどのような審議がなされたのかは知ることができない。また、復金内で幹事会議事録が作成されていたようであるが、その存在を確認できていない。

(16) 前掲『日本の政策金融I』四七―四八頁。肥料工業が大半を占めていたと推測される化学工業の第三・四半期復金資金計画におけるウェイトは、公団、石炭、電気に次ぐ七・六%であった。同書四六頁の表1‐6。また、後掲表2‐4も参照。

(17) 肥料工業向けの運転資金は、一九四七年度第三・四半期復金融資方針の業種別事項の中で、「実質的に電力事情悪化を主原因とする赤字融資が相当含まれて居り取扱方について目下関係官庁と協議中」とされていた。「昭和二十二年度復興金融金庫第三、四半期融資方針 復金総務部」、復興金融金庫『復興資金年度別融資方針に関する資料』(東京大学経済学部資料室所蔵)三四―四四頁、「復興金融金庫第三・四半期融資方針並融資事前協議の件」総々発第一三〇号、一九四七年一一月二〇

日、前掲『総々発綴（復金）昭和二十二年度』。

(18) 復金総務部地方課「復興金融幹事会の件」総地第四六号、一九四七年一二月九日、前掲『東京融資懇談会審議綴1・2』。

(19) 「肥料にワク外融資　第一回分に八千八百万円　制電赤字融資具体化」『日本経済新聞』一九四七年一二月五日、朝刊、一頁。

(20) 第5章で用いる会計検査院資料（会計検査事務総局検査第一局長池田直「昭和電工株式会社に対する融資に関する件」（普代八三四号）、一九四八年一一月二日、『戦後財政史資料　愛知文書　復興金融金庫（14）昭電融資（昭・21―24）』（国立公文書館所蔵）、整理番号一一）では、東洋合成三〇〇万円が削られており、七九〇〇万円となっている。ただし、その経緯は不明。

(21) 新規貸出額が申込額を大幅に超過している理由は不明であるが、可能性としては、申込額の未計上、前四半期までに承認されていた案件の融資実行のズレ込み、が考えられる。

(22) 第1章第四節（2）を参照。

(23) 「第四・四半期融資取扱暫定措置に関する件」総々発第二三一－一五一号、一九四七年一二月二九日、前掲『総々発綴（復金）昭和二十二年度』、「昭和二十二年度第四四半期融資取扱暫定措置に関する件（昭二二、一二、二九）」前掲『復興資金年度別融資方針に関する資料』五一頁。

(24) 衆議院財政および金融委員会（一九四七年八月二三日）における小坂善太郎大蔵政務次官の発言。「復興金融金庫法の一部を改正する法律案　第一回国会　衆議院　財政及び金融委員会議録第十三号」一九四七年八月二三日、『日本金融史資料　昭和続編』第一三巻、一九三頁。

(25) 復金総務部「増資所要額調」一九四七年一一月二八日、同「増資所要額調」一九四七年一二月六日、『増資関係綴』（東京大学経済学部資料室所蔵）整理番号一二一―一二三。

(26) 銀復、タイトル不明（綴込みのため）、一九四八年一月一〇日、前掲『増資関係綴』整理番号一二四―一二五。

(27) 銀復「復興金融金庫収支予想表」一九四八年一月一四日、前掲『増資関係綴』整理番号一三三、銀復「昭和二十三年三月迄の復興金融金庫増資所要額算出表」一九四八年一月一四日、前掲『増資関係綴』整理番号一三四。

(28) 「更に三百億円を増資せん　第二国会提出　資金需要に応急措置」『日本経済新聞』一九四八年一月一九日、朝刊、一頁。

(29) 「資金需要三百十億円に達す　復金融資に難関」『日本経済新聞』一九四八年一月二一日、朝刊、一頁、「復金増資決る　八百五十億へ」『朝日新聞』一九四八年一月二一日、東京、朝刊、一頁。

(30) この折衝に関する記述は、引用も含めて、「復金法改正に関する説明要領案」、『戦後財政史資料　愛知文書　復興金融金庫（5）復金運営Ⅳ』（国立公文書館所蔵）、整理番号一一による。この資料は、作成主体・作成日付は記されていないが、内容から、一九四八年一月二七日に国会へ提出され一九四八年二月九日に公布施行された復金法改正法案の国会審議での説明・答弁のために、大蔵省銀行局復興金融課により作成・用意されたものと判断できる。手書き。

(31)「復金百五十億増資」『朝日新聞』一九四八年一月二八日、東京、朝刊、一頁、「復金増資案提出」『読売新聞』一九四八年一月二八日、朝刊、一頁。

(32)「復興金融金庫法の一部を改正する法律案　第二回国会」、前掲『日本金融史資料　昭和続編』第二三巻、三〇七頁。

(33)「復金法改正に関する説明要領案」、前掲『戦後財政史資料　愛知文書　復興金融金庫（5）復金運営Ⅳ』整理番号一一。

(34)朝日新聞社経済部編『朝日経済年史』昭和二三年版、一九四八年、五―六頁。

(35)「第四、四半期融資方針に関する件」総々発第二二－一六一号、一九四八年二月五日、前掲『総々発綴（復金）昭和二十二年度』、「昭和二十二年度第四四半期融資方針に関する件（昭二三、二、五）」前掲『復興資金年度別融資方針に関する資料』五二―五五頁。

(36)「第四、四半期資金計画査定資料送付の件」総々発第二二－一六七号、一九四八年二月一六日、前掲『総々発綴（復金）昭和二十二年度』。

(37)前掲『復興資金年度別融資方針に関する資料』五三―五五頁。

(38)復金総務部「復興金融金庫増資計画案（自四月至六月）」一九四八年三月五日、前掲『増資関係綴』整理番号三五―三七。

(39)以下、この打合せ会については、別に断りのない限り、「復金増資案打合会（三月二日）」、前掲『増資関係綴』整理番号四一―四七による。この資料のタイトルは、綴じ込みにより読取不可のため、簿冊の目次に記載されているものである。そのタイトルで、「三月二日」とされていることと、表2－8で用いた資料で「二三、三、一二」とされていることから、この打合せ会の開催日について、一九四八年三月前半であったと判断した。

(40)谷村裕。序章の注(33)を参照。

(41)別の資料では、「不確定要素等を考慮し二五、〇〇〇の増資を要す」とされている。復金総務部「復興金融金庫増資計画最終案（自四月至六月）」一九四八年三月一二日、前掲『増資関係綴』整理番号四八―五一。

(42)「これに対し日銀は態度を保留し、本日中に回答すること、なった」と記述されているが、その回答について確認できる資料は入手できていない。

(43)この会談に関する記述は、別に断りのない限り、引用も含めて、「復金増資に関する司令部との会談要旨（自二三、三、一九午后三時至〃四時四十分）」、前掲『戦後財政史資料　愛知文書　復興金融金庫（5）復金運営Ⅳ』整理番号九六による。

出席者は、GHQ側はESS：フィリップス、グッドヒュー、日本側は、大蔵省：谷村課長、安本：原課長、日銀：高松調査役、復金：長谷川、密田、秋山、小野田、守山と記されている。

(44) 少し時期は下るが、『復金週報』では、フィリップスは、Finance Division Money and Banking Branch（財政金融課通貨銀行係）の中にある金融政策班（Credit Policy Unit）を司るとされている。「第三次南氷洋捕鯨関係設備資金融通の経緯」『復金週報』第三七号、一九四八年一二月一三日、四頁。第3章注(114)も参照。

(45) 一九四八年四月一日に退職した経理部長長谷川正三郎（前職は日銀営業局決済課長）と推察される（復興金融金庫「衆議院不当財産取引調査委員会要求資料」、『戦後財政史資料　愛知文書　復興金融金庫（13）不当財産取引委員会（昭・23）』（国立公文書館所蔵）、整理番号二）。付表Eも参照。

(46) 『復金週報』では、リードは、Finance Division Public Finance Branch（財政金融課財政係）の「長」とされている。「第三次南氷洋捕鯨関係設備資金融通の経緯」『復金週報』第三七号、一九四八年一二月一三日、四頁。

(47) この松平事務官は、前述の復金増資打合会にも出席していた松平と同一人物であり、日銀から大蔵省銀行局復興金融課に課長補佐として出向していた松平忠晃であると推測される。前掲『大蔵属、月給七拾五圓――私の履歴書』四七頁、人事興信所編『人事興信録』第一六版、一九五一年、ま四三頁。

(48) 松平事務官「昭和二十三年度第一四半期復金増資に関連する諸問題に対するパブリックファイナンスリード氏の意見（三月二十三日午前九時四十分―十時十分）」日付不明、前掲『増資関係綴』整理番号五四。同じ資料として、「昭和二十三年度第一四半期復金増資に関連する諸問題に対するパブリックファイナンスリード氏の意見　松平事務官（三月二十三日午前九時四十分―十時十分）」、前掲『戦後財政史資料　愛知文書　復興金融金庫（5）復金運営Ⅳ』整理番号九八がある。

(49) 「復金二百億増資決定　近く改正法案提出」『読売新聞』一九四八年三月二四日、朝刊、一頁。

(50) 「金庫増資の件」『復金週報』第一号、一九四八年四月五日、一頁。

(51) 「部長会（四月五日）」『復金週報』第二号、一九四八年四月一二日、三頁。

(52) 「復興金融金庫法の一部を改正する法律案　第二国会」、前掲『日本金融史資料　昭和続編』第二三巻、三五四頁。

(53) 「昭和二十三年度復興金融金庫事業計画及経費予算承認に関する件」復委第二四二号、一九四八年三月三〇日、前掲『復興金融委員会通牒綴（1）』整理番号四六四―四六五、「昭和二十三年度事業計画（昭和二三、三）」、前掲『復興資金年度別融資方針に関する資料』五六―五七頁。

(54) 前掲『日本の政策金融Ⅰ』五〇―五一頁。

(55) 「昭和二十三年度第一、四半期融資方針並融資事前協議に関する件」総々発第二三-五号、一九四八年四月一二日、『総々発緩（復金）昭和二十三年度』（東京大学経済学部資料室所蔵）。

(56) 一九四八年度から「いま、で産業資金計画だけを閣議で取上げていたのを総合資金計画として検討」するようになった。「通貨二百億を増発　第一・四半期資金計画決る」『朝日新聞』一九四八年四月一四日、東京、朝刊、一頁。他に、「財政に百八十億円　第一四半期資金需給計画決る」『日本経済新聞』一九四八年四月一四日、朝刊、一頁、「供給不足二百億円　一四半期資金計画　通貨増発で賄う」『読売新聞』一九四八年四月一四日、朝刊、一頁も参照。

(57) 「第一・四半期資金計画説明会（四月十九・二十・二十三日）」『復金週報』第四号、一九四八年四月二六日、一一―三頁。

(58) 「公団向融資は減少　第一四半期復金資金計画決る」『日本経済新聞』一九四八年五月七日、朝刊、一頁、「二百廿一億余第一・四半期復金資金計画」『朝日新聞』一九四八年五月七日、東京、朝刊、一頁、「融資総額二百廿一億　一・四半期復金資金計画」『読売新聞』一九四八年五月七日、朝刊、一頁。

(59) 「公団向融資は減少　第一四半期復金資金計画決る」『日本経済新聞』一九四八年五月七日、朝刊、一頁。

(60) 「融資総額二百廿一億　一・四半期復金資金計画」『読売新聞』一九四八年五月七日、朝刊、一頁。他に、「公団向融資は減少　第一四半期復金資金計画決る」『日本経済新聞』一九四八年五月七日、朝刊、一頁も参照。

(61) 「第一・四半期融資方針に関する件」総々発第二三―三一号、一九四八年六月二日、前掲『総々発緩（復金）昭和二十三年度』。

(62) このときの部長会における幹事会運営に関する議論については、「部長会（六月十四日）」『復金週報』第一二号、一九四八年六月二一日、二―三頁による。

(63) 作成者不明「幹事会運営に関する金庫の方針（案）」作成日不明、『復金週報』の第一一号と第一二号の間に綴じられている。

(64) 「復興金融委員会幹事会（六月十一日）」『復金週報』第一一号、一九四八年六月一四日、三―四頁。

(65) 作成者不明「幹事会運営に関する金庫の方針（案）」作成日不明、『復金週報』の第一一号と第一二号の間に綴じられている。

(66) 10年史編纂委員会編『日本開発銀行10年史』一九六三年、四四七―四四八頁。白鳥圭志『戦後日本金融システムの形成』（八朔社、二〇一七年）では、油糧配給公団史料に基づき、「昭和二十三年三月以降認証手形による市中資金活用の途を開き」（一三一頁）とされている。

(67) 「公団向融資は減少　第一四半期復金資金計画決る」『日本経済新聞』一九四八年五月七日、朝刊、一頁。

(68) 銀行局復興金融課「昭和二三年度（自昭和二三年四月至昭和二四年三月）復興金融金庫収支見込について」一九四八年

四月一五日、前掲『増資関係綴』整理番号八〇―九一。

(69)「第五次増資所要額算定打合会（五月十八日　五月二十日）」『復金週報』第八号、一九四八年五月二四日、一頁、「第5次増資所要額算定打合せ会記録（安本の説明要旨）{23.5.18, 〃.〃.20}」、前掲『増資関係綴』整理番号九二―一〇九。

(70)「部長会（五月廿四日）」『復金週報』第九号、一九四八年五月三一日、四頁。

(71) この閣議決定について、新聞記事などの資料による確認はできていない。ただし、「この際六〇、〇〇〇百万円の増資を提案する。これは五月二六日の閣議において決定されたところである」とする資料（「復金の増資について」『戦後財政史資料　愛知文書　復興金融金庫（6）復金運営V（昭・23）』（国立公文書館所蔵）整理番号三）はある。この資料の作成主体と作成日付は共に不明であるが、六〇〇億円の増資を提案していることから、一九四八年五月下旬に作成されたものと推察される。

(72)「部長会（五月卅一日）」『復金週報』第一〇号、一九四八年六月七日、四頁。

(73)「復金四百五十億円増資案国会に提出」『復金週報』第一一号、一九四八年六月一四日、一頁、「千三百五十億へ　復金増資法提出」『朝日新聞』一九四八年六月一二日、東京、朝刊、一頁、「復金増資法案を提出」『読売新聞』一九四八年六月一二日、朝刊、一頁。

(74)「復興金融金庫法の一部を改正する法律案　第二回国会」、前掲『日本金融史資料　昭和続編』第二三巻、三八九頁。

(75)「復興金融金庫法の一部を改正する法律案　第二回国会　衆議院　財政及び金融委員会議録第五十一号」一九四八年六月三〇日、前掲『日本金融史資料　昭和続編』第二三巻、三五六―三五七頁。

(76)「部長会（六月十四日）」『復金週報』第一二号、一九四八年六月二一日、三頁。

(77)「部長会（六月十四日）」『復金週報』第一二号、一九四八年六月二一日、三頁。

(78)「産業資金七百億　第二・四半期　資金計画内定」『読売新聞』一九四八年七月三日、朝刊、一頁、「産業資金に六百八十億円　第二四半期の資金需給計画」『日本経済新聞』一九四八年七月四日、朝刊、一頁。

(79)「第二・四半期資金計画の件」『復金週報』第一五号、一九四八年七月一二日、二頁。

(80) 前掲『日本の政策金融I』五二頁、「価格補正に伴う当面の産業金融対策（昭和二三、七、一二閣議決定）」前掲『復興資金年度別融資方針に関する資料』七五―七六頁。

(81)「融資は運転資金に制限　総司令部フィリップス氏談」『日本経済新聞』一九四八年七月一七日、朝刊、一頁。

(82)「第二四半期復金資金計画　今週中に決定　総額二百六十億見当」『日本経済新聞』一九四八年八月二日、朝刊、一頁。

(83)「第二四半期暫定融資方針に関する件」総々発第二三-五一号、一九四八年七月三〇日、前掲『総々発綴（復金）昭和二

十三年度』、「昭和二十三年度第二・四半期暫定融資方針に関する件（昭和二三、七、三〇）」前掲『復興資金年度別融資方針に関する資料』六五—七三頁。

(84) 石炭鉱業向けについては第4章、電力業向けについては第3章を参照。重要鉱山については、金属鉱山での争議に際して、「一、物価改訂遅延の場合は五月以降の分について金融を考慮する／一、賃金引上げ実施（五月）までの過渡的措置として約七千五百万円（一人当り千円で三、四月の不足分として争議が解決すれば直ちに支給する）を復金から融資する」とした一九四八年四月二三日の閣議決定（「金属鉱山争議に解決案　政府から提案」『朝日新聞』一九四八年四月二四日、東京、朝刊、一頁）に基づいて、一九四八年度五・六・七月分賃銀差額概算払資金として、二億三八一〇万七〇〇〇円の融資が行われている（大蔵省銀行局復興金融課「復金赤字融資資料」一九四八年一〇月二六日、『戦後財政史資料　愛知文書　復興金融金庫（15）赤字融資（昭・22—23）』（国立公文書館所蔵）、整理番号七）。肥料については、一九四八年六月一五日の閣議決定「化学肥料運転資金融資に関する件」により、五億三五〇〇万円を限度として復金より融資することとされ（岡崎哲二「重化学工業の再建」、通商産業省・通商産業政策史編纂委員会編『通商産業政策史——第I期　戦後復興期（2）』第三巻第四章第二節、通商産業調査会、一九九二年、五〇九頁、「四—六月肥料赤字運転資金の融通に付て　銀復一三、六、一二」、前掲『戦後財政史資料　愛知文書　復興金融金庫（6）復金運営V（昭・23）』整理番号一八）、同月一九・二一日の化学肥料小委員会（商工、農林、大蔵、安本、日銀、復金で構成）においても、「融資額は昭和二十三年六月十五日閣議決定を経た五三五百万円以内とする」（「化学肥料融資小委員会（六月十九・二十一日）」『復金週報』第一三号、一九四八年六月二八日、一頁）とされたものの、同月三〇日の復興金融委員会幹事会において、「融資の緊急性は認めるが、融資額の決定は各社別に算出するのが妥当であるとの反対意見」が表明されたため、繋ぎ資金融資として二億九二〇〇万円のみが承認され（「復興金融委員会幹事会の件」総地発第九七号、一九四八年七月三日、前掲『東京融資懇談会審議綴1・2』）、一九四八年一月—四月赤字融資としての最終的な融資額も三億六〇〇〇万円にとどまっている（大蔵省銀行局復興金融課「復金赤字融資資料」一九四八年一〇月二六日、前掲『戦後財政史資料　愛知文書　復興金融金庫（15）赤字融資（昭・22—23）』整理番号七）。

(85) 復金がこのような赤字融資の例外規定を設けたこととの直接的な関係は不明であるが、この暫定融資方針の決定直前に、経済同友会と経済団体連合会から、政府、日銀に対して、赤字融資実施の要望が出されている。経済同友会は、一九四八年七月一六日に「産業金融疎通の緊急対策に関する意見」（『経済同友会十年史』一九五六年、一五八—一六二頁）を、経済団体連合会は、同月二九日に「物価補正の促進並びに善後対策に関する意見」（『経済団体連合会十年史　下』一九六三年、七二七—七二八頁）を建議した。他に、「特殊融資方策を樹てよ　経済同友会建議」『日本経済新聞』一九四八年七月二一日、朝刊、一頁、「赤字融資を認めよ　経団連建議」『日本経済新聞』一九四八年七月三〇日、朝刊、一頁も参照。

(86)「通貨増発三百九十億　第二四半期資金計画閣議決定」『日本経済新聞』一九四八年八月一一日、朝刊、一頁、「通貨三九〇億を増発　第二・四半期資金計画」『読売新聞』一九四八年八月一〇日、朝刊、一頁。

(87) 1,050億円－730億円＝320億円の誤りであると考えられるがそのままとした。

(88)「産業資金に六百八十億円　第二四半期の資金需給計画」『日本経済新聞』一九四八年七月四日、朝刊、一頁。

(89)「昭和二十三年度第二、四半期復興金融金庫資金計画に関する件（昭和二三、八、一〇大蔵省発表）」前掲『復興資金年度別融資方針に関する資料』七四—七五頁、「第二・四半期融資方針に関する件」総々発第二三‐六二号、一九四八年八月二一日、前掲『総々発綴（復金）昭和二十三年度』。

(90)「復金　復興へ重点融資　一般産業へは二百卅七億円」『日本経済新聞』一九四八年八月一一日、朝刊、一頁。

(91)「第二・四半期融資方針に関する件」総々発第二三‐六二号、一九四八年八月二一日、前掲『総々発綴（復金）昭和二十三年度』。

(92)「一般産業資金計画　卌三億円追加　第二四半期　二百廿八億円に」『日本経済新聞』一九四八年九月七日、朝刊、一頁。ここでの金額は、商工省所管産業分のみの数値と考えられる。

(93) 竹内半壽（付表E）。一九三二年東京商大を卒業後、直ちに興銀に入り、一九四六年五月普通融資部長に就任、一九四七年復金審査部長に出向、一九四九年一〇月興銀に復帰し北海道支店長を経て、一九五一年証券部長に就任、一九五四年取締役に就任、資金部長を兼ね、一九五七年業務部長を委嘱、一九五八年五月常務に就任（人事興信所編『人事興信録』第一六版下、一九五一年、た七七頁、人事興信所編『人事興信録』第二三版下、一九六六年、た二四六頁）。

(94)「七月二十八日支所連絡会における審査部長の『審査』に関する説明要旨」総々発第二三‐五四号、一九四八年八月五日、前掲『総々発綴（復金）昭和二十三年度』。

(95)「復興金融委員会幹事会（六月四日）」『復金週報』第一〇号、一九四八年六月七日、三頁。

(96)「復興金融委員会幹事会（六月十一日）」『復金週報』第一一号、一九四八年六月一四日、四頁。

(97)「復興金融委員会（六月十七日）」『復金週報』第一二号、一九四八年六月二一日、一頁。

(98)「第二四半期復金資金計画　今週中に決定　総額二百六十億見当」『日本経済新聞』一九四八年八月二日、朝刊、一頁。

(99)「部長会（九・二七）」『復金週報』第二七号、一九四八年一〇月四日、三頁。

(100)「昭和二十三年度第三四半期復興金融金庫資金計画に関する件（昭二三、一一、五経済安定本部）」前掲『復興資金年度別融資方針に関する資料』一〇三—一〇四頁、「第三・四半期融資方針に関する件」総々発第二三‐一〇七号、一九四八年一一月二六日、前掲『総々発綴（復金）昭和二十三年度』。

(101) 三和良一『概説 日本経済史 近現代〔第3版〕』東京大学出版会、二〇一二年、一七四―一七六頁。
(102) 浅井良夫『戦後改革と民主主義――経済復興から高度成長へ』吉川弘文館、二〇〇一年、一六四頁。
(103) 前掲『戦後改革と民主主義』一七一頁。
(104) 「赤字融資絶対行わぬ 日銀総裁談」『日本経済新聞』一九四八年一〇月七日、朝刊、一頁、「復金赤字融資やめよ 金融引締め不変 一万田日銀総裁語る」『朝日新聞』一九四八年一〇月二一日、東京、朝刊、一頁、「給与は賄える範囲で 赤字融資絶対行わず 日銀総裁強調」『日本経済新聞』一九四八年一〇月二八日、朝刊、一頁。
(105) 「政府支払を促進 懇談会後一万田総裁語る」『日本経済新聞』一九四八年一〇月二六日、朝刊、一頁。
(106) 「給与は賄える範囲で 赤字融資絶対行わず 日銀総裁強調」『日本経済新聞』一九四八年一〇月二八日、朝刊、一頁。
(107) 「赤字融資のとりやめ 大蔵省で有力化」『朝日新聞』一九四八年一〇月二三日、東京、朝刊、一頁。
(108) 「赤字融資行わず 大蔵省の見解」『朝日新聞』一九四八年一〇月二八日、東京、朝刊、一頁。
(109) 前掲「昭和二十三年度第三四半期復興金融金庫資金計画に関する件（昭二三、一二、五経済安定本部）」『復興資金年度別融資方針に関する資料』、前掲「第三・四半期融資方針に関する件」『総々発綴（復金）昭和二十三年度』。
(110) 「支所長会議」『復金週報』第三四号（下）、一九四八年一一月二二日、一頁。
(111) 「復興金融委員会（九・二二）」『復金週報』第二六号、一九四八年九月二七日、二一―二三頁。
(112) 「支所長会議」『復金週報』第三四号（下）、一九四八年一一月二二日、一頁。
(113) 引用は、岡崎哲二「戦後経済復興期の金融システムと日本銀行融資斡旋」東京大学経済学会編『経済学論集』第六一巻第四号、一九九六年一月。
(114) 東京芝浦電気㈱編『東芝百年史』一九七七年、六一―六二頁。他に、「東芝の融資決る 復金三一四億円 市中シ団二億」『日本経済新聞』一九四八年一〇月二五日、朝刊、一頁も参照。
(115) 「東芝融資に関する件（二三、十一、二）」、『戦後財政史資料 愛知文書 復興金融金庫（30）復金委員会・幹事会Ⅻ（昭・23）』（国立公文書館所蔵）、整理番号六も参照。この資料の本文中に「本金庫」とあることから、作成主体は復金と推察される。
(116) 「部長会（一一・一）」『復金週報』第三二号、一九四八年一一月八日、三頁。
(117) 「運転資金に対する債務保証に関する件」総々発第二三－一〇一号、一九四八年一一月一五日、前掲『総々発綴（復金）昭和二十三年度』。
(118) 「第三・四半期融資方針に関する件」総々発第二三－一〇七号、一九四八年一一月二六日、前掲『総々発綴（復金）昭和二十三年度』、「昭和二十三年度第三、四半期融資方針」、前掲『復興資金年度別融資方針に関する資料』九五―一〇三頁。
(119) 「部長会（一二・二）」『復金週報』第三六号、一九四八年一二月六日、三頁。
(120) 「部長会（一二・九）」『復金週報』第三七号、一九四八年一二月一三日、四頁。
(121) 「運転資金融通に関する件」総々発第二三一‐一二五号、一九四八年一二月一四日、前掲『総々発綴（復金）昭和二十三年度』。
(122) 第四国会参議院大蔵委員会（一九四八年一二月九日）における大蔵省銀行局長愛知揆一の発言。「復興金融金庫法の一部を改正する法律案　第四回国会　参議院　大蔵委員会会議録第四号」一九四八年一二月九日、前掲『日本金融史資料　昭和続編』第二三巻、四三九頁。
(123) 銀行局「復興金融金庫の増資について」一九四八年一一月一一日、前掲『増資関係綴』整理番号一四九―一五三。三案は次の通り。A案：第四・四半期所要資金を全額増資する場合…二五〇億円、B案：臨時国会後通常国会が一九四九年二月初に開始される場合…五〇億円、C案：臨時国会後通常国会が一九四九年三月初に開始される場合…一五〇億円。
(124) 以上、一一月一二日の閣議決定から同月二五日の復興金融委員会での決定までについては、引用も含めて、「増資の件」『復金週報』第三五号、一九四八年一一月二九日、一頁。他に、「復金二五〇億増資」『読売新聞』一九四八年一一月一四日、朝刊、一頁も参照。
(125) 「復金の百億増資決定」『読売新聞』一九四八年一一月二七日、朝刊、一頁、「復金増資百億」『日本経済新聞』一九四八年一一月二七日、朝刊、一頁。
(126) 「復金百億円増資法案に関する件」『復金週報』臨時号、一九四八年一二月三一日、一頁。
(127) 「復興金融金庫法の一部を改正する法律案　第四回国会」、前掲『日本金融史資料　昭和続編』第二三巻、四五一頁。
(128) 前掲『概説　日本経済史　近現代［第3版］』一七六―一七九頁。周知のように、経済安定九原則は、①総合予算の均衡、②徴税の強化、③融資の制限、④賃金安定計画の確立、⑤価格統制の強化、⑥貿易・外国為替管理の日本政府移管、⑦輸出拡大のための割当配給制度の改善、⑧生産の増強、⑨食料供出の効率化の九項目から成り、急速な経済安定（インフレ抑制）を目指す一挙安定政策であった。
(129) 「年末資金計画承認に関して示されたフィリップス氏の見解（一二・二〇）」『復金週報』第三九号、一九四八年一二月二七日、一頁。訪れた人物は不明であるが、このことが『復金週報』に掲載されていることと、その後、復金の内部だけで議論されて結論が出されていることから、復金所属の人物であったと考えられる。
(130) 「部長会（一二・二七）」『復金週報』第四〇号、一九四八年一二月三一日、三―四頁。

(131)「経済九原則に伴う復金融資の問題に関する件(極秘)」『復金週報』第四一号、一九四九年一月八日、一頁。
(132)「第四・四半期復金融資暫定処理方針決定の件」『復金週報』第四二号、一九四九年一月一七日、一頁。
(133) 大蔵省銀行局は、「司令部から復金融資に関して何等かの指示を受ける前に(司令部はよりドラスチックな案をもっていると予想される)政府の案を提出しなければならないとの意向の下」、「第四・四半期復金融資暫定処理方針」とは別に、「経済九原則下における復金融資の諸問題」を作成し、一月一二日の小幹事会と幹事会に提案し、同日の復興金融委員会に付議され、「次回の委員会で再検討することになったが、大体原案の線で決定となる模様」とされているが、その帰結と内容に関しては不明である。「『経済九原則下における復金融資の諸問題』についての大蔵省見解」『復金週報』第四二号、一九四九年一月一七日、一頁、「復興金融委員会(一・一二)」『復金週報』第四二号、一九四九年一月一七日、二頁。
(134)「部長会(一・一三)」『復金週報』第四二号、一九四九年一月一七日、四頁。
(135)「第四・四半期復金融資暫定処理方針決定の件」『復金週報』第四二号、一九四九年一月一七日、一頁。
(136)「昭和二三年第四・四半期復金融資暫定処理方針の件」総々発二三一一四一号、一九四九年一月一四日、前掲『総々発綴(復金)昭和二十三年度』。
(137)「第四・四半期資金計画に関する件」『復金週報』第四三号、一九四九年一月二四日、一頁。
(138)「部長会(一・二〇)」『復金週報』第四三号、一九四九年一月二四日、三頁。
(139)「地方融資課長会議(一・二四)」『復金週報』第四四号、一九四九年一月三一日、二頁。
(140)「第四・四半期資金計画の件」『復金週報』第四四号、一九四九年一月三一日、一頁、「部長会(一・二七)」『復金週報』第四四号、一九四九年一月三一日、二頁。
(141)「第四・四半期資金計画の件」『復金週報』第四四号、一九四九年一月三一日、一頁。
(142)「部長会(二・三)」『復金週報』第四五号、一九四九年二月七日、二頁。
(143)「復興金融委員会(二・三)」『復金週報』第四五号、一九四九年二月七日、二頁。他に、この復金資金計画については、「昭和二十三年度第四、四半期復興金融金庫資金計画に関する件」一九四九年二月三日、『復興金融委員会通牒綴(2)』(東京大学経済学部資料室所蔵)、「昭和二十三年度第四四半期復興金融金庫資金計画に関する件 二四、二 経済安定本部」、前掲『復興資金年度別融資方針に関する資料』一二三一一二四頁。
(144)「産業資金九五〇億 第四四半期資金需給計画決る」『日本経済新聞』一九四九年二月五日、朝刊、一頁、「新規融資二百廿二億 復金の第四・四半期計画」『朝日新聞』一九四九年二月五日、東京、朝刊、一頁、「通貨収縮 百廿六億円 四・四半期資金需給計画」『読売新聞』一九四九年二月五日、朝刊、一頁。

(145)「第四・四半期融資取扱方針決定」『復金週報』第四六号、一九四九年二月一四日、一頁。
(146)「第四、四半期融資取扱方針に関する件」総々発第二三‐一五九号、一九四九年二月一〇日、前掲『総々発綴（復金）昭和二十三年度』、「昭和二十三年度第四、四半期融資取扱方針」、前掲『復興資金年度別融資方針に関する資料』一一四―一二三頁。
(147) 前掲『日本の政策金融Ⅰ』四三頁、「復興金融委員会（二・三）」『復金週報』第四五号、一九四九年二月七日、二頁。
(148)「部長会（二・三）」『復金週報』第四五号、一九四九年二月七日、二頁。
(149)「部長会（二・三）」『復金週報』第四五号、一九四九年二月七日、二頁。
(150)「復興金融委員会（二・一〇）」『復金週報』第四六号、一九四九年二月一四日、三頁、「幹事会等廃止に伴う措置の件」『復金週報』第四六号、一九四九年二月一四日、四頁。前掲『日本の政策金融Ⅰ』（四三頁）によると、復金理事長による決済は二月二三日であった。
(151) 出席者は次の通り、経済安定本部財政金融局産業資金課長、大蔵省銀行局復興金融課長、商工省総務局財務課長、中小企業庁振興局金融課長、農林省総務局農林金融課長、運輸省海運総局海運監督第二課長、日本銀行資金局復興金融課長、日本銀行融資斡旋部次長、市中金融機関職員（融資斡旋委員会の推薦する者）、復興金融金庫役職員。
(152) 第四回融資連絡会（三月九日）に付議されたO鉱業㈱の案件。「第四回融資連絡会（三・九）」『復金週報』第五〇号、一九四九年三月一四日、二―三頁。
(153) 第二回融資連絡会（二月二三日）に付議されたP鉱業㈱の案件。「第二回融資連絡会（二・二三）」『復金週報』第四八号、一九四九年二月二八日、二頁。
(154) 第三回融資連絡会（三月二日）に付議されたQ研究所の案件。「第三回融資連絡会（三・二）」『復金週報』第四九号、一九四九年三月七日、三頁。
(155) 大蔵省財政史室編『昭和財政史――終戦から講和まで』第一九巻（統計）、東洋経済新報社、一九七八年、五七一―五七二頁。
(156)「部長会（六月十四日）」『復金週報』第一二号、一九四八年六月二一日、三頁。

第3章　石炭鉱業向け復金融資実施過程

はじめに

本章は、復金融資と赤字融資の最大の借り手であった石炭鉱業向けの融資実施過程を分析する。序章で挙げた課題のうち、本章で考察されるのは、個別案件の融資決定方法に関わる課題と赤字融資に関わる課題の二つである。

前者については、『通商産業政策史』が言及している「炭鉱特別融資委員会」（正式名称は、炭鉱特別運転資金融資審査委員会）が考察の焦点となる。しかし、炭鉱特別運転資金融資審査委員会については、『通商産業政策史』においても、序章でも引用したように、「石炭、電力の案件については、内閣に炭鉱特別融資委員会と電力特別融資委員会が復興金融委員会の議に付される前に審議を行っており、実際上は大きな権限をもっていた(1)」と記述されているのみであり、その設置経緯、活動内容、活動期間など基本的なことすら知られていない。従って、資料上の制約から全面的には明らかにしえないが、炭鉱特別運転資金融資審査委員会の設置経緯、活動内容等を可能な限り明らかにすることも本章の課題となる。

後者については、前者の考察と重なることになるが、序章で整理したように、低物価政策あるいは労働政策のしわ寄せを受けている石炭鉱業企業に政府が救済手段を講じていただけなのか、非効率な企業の存続を助長するだけのものであったのか、を確認することが課題となる。第二次世界大戦後の日本石炭産業に関する近年の研究成果である島西智輝『日本石炭産業の戦後史』[2]においても、「石炭企業の側から積極的に復金融資を求めていたか否かは留保せねばならないが、（中略）先行研究（岡崎哲二による研究―引用者）が主張するように復金融資は石炭企業の経営再建や合理化を遅らせた要因の一つであった」（七四―七五頁）とされており、それ以前の先行研究による理解の範囲を越えていない。

なお、戦後統制期の石炭鉱業を取り上げている研究[3]においても、その資金調達において復金融資が重要な役割を果たしていたとされているだけで、その融資がどのように実施されていたのかには関心が払われていない。

本章は以下の節によって構成される。第一節では、一九四六年度第四・四半期から一九四七年度第二・四半期を対象として、傾斜生産方式により一九四七年度出炭目標が三〇〇〇万トンに設定された経緯、それにより過大な目標を課された石炭鉱業側からの資金供給に関する要望、そして、石炭鉱業向け復金融資の実績を確認した上で、この時期の石炭鉱業向け復金融資の実施状況を考察し、石炭庁が要求した融資のすべてが実施されていたわけではなかったことを明らかにする。第二節では、炭鉱特別運転資金融資審査委員会の設置を定めた炭鉱特別運転資金融資要綱が決定された経緯、同要綱に基づいて実施されることになった赤字融資の要件が当時の炭鉱企業にとってクリアすることが難しいものであったこと、それゆえに増産重視の経過的措置が実施されたことを明らかにする。第三節では、同要綱に基づいた赤字融資を炭鉱企業が受けることができるか否かのポイントとなっていた要件がクリアされるまでの交渉過程を跡付けることを通じて、石炭鉱業向けの赤字融資が一九四七年末の時点で実施不可能となる可能性があったことを明らかにする。第四節では、炭鉱特別運転資金融資審査委員会によって取り扱われた赤字融資を明らかにする。第五節では、一九四八年一〇―一一月に、労資、政府、復金、ＧＨＱの間で行われた、賃金の引上げ、物価水準の維持、三六〇〇万トン出炭目標の達成という同時に達成することが困難な利害を巡って行われた交渉の過程を跡付ける。

第六節では、断片的な記述資料に基づいてではあるが、第四節以降で対象とする時期の石炭鉱業向け融資が復金内でどのように取り扱われていたのかを明らかにする。

以上の第六節を除いた分析を通して、本章が問おうとしているのは、傾斜生産方式による日本経済の戦後復興の要とされていた石炭増産のために、復金融資は、何の制約もなく、ただ追随的に実施され、非効率な企業を存続させようとしていただけだったのかということである。

第一節　三〇〇〇万トン出炭計画と復金融資——一九四六年度第四・四半期―一九四七年度第二・四半期

本節では、復金が設立された一九四六年度第四・四半期から一九四七年度第二・四半期において、復金融資が石炭増産に追随的であったのか否かという点について検討する。そのために、一九四七年度の出炭目標が三〇〇〇万トンに決定された経緯、三〇〇〇万トン出炭を課せられた石炭鉱業側からの資金面に関する要望、一九四七年度上期における出炭計画の達成状況、石炭鉱業向けの復金融資の実施状況を確認した上で、石炭鉱業向け復金融資を担当した人物の回顧と、石炭鉱業向け設備資金融資に関してＧＨＱと日本側金融当局の間で行われた交渉を手掛かりとして、上記の点について考える。

(1)　一九四七年度出炭目標三〇〇〇万トンの決定

敗戦直後の混乱状況の中でどん底まで低下した生産活動は、一九四六年に入ると回復の方向に向かった。しかし、この回復は、手持ちの原材料を食い潰しながら進められたものであったため、ストックの枯渇とともに、工業生産は一九四六年九月をピークに停滞しはじめた(4)。

一九四六年七月頃から有沢広巳を中心に日本経済再建計画の検討が開始され、その中で、石炭の超重点生産の構想が登場する[5]。それと同時期に、GHQの指令によって戦時補償打切りが決まり、政府は経済復興策としてGHQに対して重油の緊急輸入を要請し、この重油の鉄鋼業への重点投入によって鋼材増産を図ろうとした。一〇月頃にこの二つの構想が結合して鉄と石炭の循環という傾斜生産方式が編み出された。一一月初めに吉田茂首相直属の私的諮問機関として設置された石炭小委員会（委員長有沢広巳）でその具体化が図られ、一九四七年度石炭生産三〇〇〇万トン計画が固まっていった。石炭小員会は、三〇〇〇万トンの出炭が実現すれば、工業用に約一六〇〇万トンの配炭が可能となり、工業生産は一九四六年度より七〇%程度上昇して縮小再生産から脱却できると推定していた[6]。この大幅増産計画に対して、関係省庁や業界の反発があり、特に、石炭庁は二七〇〇万トンを強く主張していたが[7]、出炭計画の技術的妥当性の検証、GHQによる重油輸入許可・石炭増産対策への強い要請、衆貴両院の石炭増産決議などがあり、一二月二四日に政府は石炭・鉄鋼・肥料に対する傾斜生産方式の実施について閣議決定した。石炭に関しては、①一九四七年度の生産目標は三〇〇〇万トン、②石炭増産対策の集中と強化、③配炭統制の強化と闇炭の取り締まり、④石炭増産に必要な資金・資材等の重点投入とされており、これにより、一九四七年度の出炭目標が三〇〇〇万トンに確定した。

(2) 日本石炭鉱業会の要望

一九四七年度の出炭目標が三〇〇〇万トンに決定されたのを受けて、それを「無謀に近い数字」であるとみていた炭鉱側の業界団体である日本石炭鉱業会は[8]、一九四七年一月、「昭和二二年度三〇〇〇万t出炭基本対策」を決定し、①諸設備の整備なかんずく採炭および運搬関係施設の整備、②勤労意欲の向上、③労務者の確保と熟練度の向上、④職場規律の確立、⑤能率の向上（年度平均月産七・〇八トン以上の確保）、⑥炭価の適正化と所要資金の確保をもって六大基本対策とした。そのうち所要資金の確保については、「石炭生産の確保を図るため復興資金難に対処して優先融資の途を開く。特に制限会社に対する融資に関し進駐軍の諒解を求めその資金難を除去する」とされた。

この基本対策とともに、日本石炭鉱業会は、「二二年度三〇〇〇万t出炭に関する条件案」も作成し、資材、勤労、炭価および資金の裏付けを要望した。そのうち資金に関する要望は、

2．所要資金の絶対確保を図る。

（1）復興資金二五億円中の一五億円を左の通り融資すること。

四月　八億円

七月　七億円

（2）運転資金増五億円を四月中に融資すること。

3．石炭関係会社中の制限会社に関し連合軍総司令部の諒解を得て資金難を解決する。

というものであった[9]。

（3）一九四七年度上期の出炭状況

しかし、三〇〇〇万トン出炭計画のスタートに当たる一九四七年度第一・四半期の出炭高[10]（表3-1）は、各月とも計画目標に達しなかったため、四半期単位では計画量に対し九四・一％と四〇万トン弱の不足を生じ、その結果三〇〇〇万トンの達成は、「早くも楽観を許さぬ状況」となった。その理由として、『石炭労働年鑑』は、①傾斜生産方式が、時期的なズレの関係もあって、所期の効果を挙げ得なかったこと、②新炭価が決定（一九四六年一一月）された

表 3-1　全国合計月別出炭高；1947 年度

		計画 A（トン）	実績 B（トン）	計画達成率 B/A（%）	過不足 B-A（トン）
1947年	1 月	2,177,700	2,032,937	93.4	-144,763
	2 月	2,139,700	2,056,211	96.1	-83,489
	3 月	2,487,100	2,289,648	92.1	-197,452
	4 月	2,200,000	2,090,005	95.0	-109,995
	5 月	2,310,000	2,110,661	91.4	-199,339
	6 月	2,210,000	2,125,191	96.2	-84,809
	7 月	2,210,000	2,231,038	101.0	21,038
	8 月	2,020,000	2,104,009	104.2	84,009
	9 月	2,310,000	2,307,014	99.9	-2,986
	10 月	2,600,000	2,434,684	93.6	-165,316
	11 月	2,750,000	2,494,014	90.7	-255,986
	12 月	2,890,000	2,958,973	102.4	68,973
1948年	1 月	2,808,500	2,856,631	101.7	48,131
	2 月	2,741,000	2,753,769	100.5	12,769
	3 月	2,987,500	2,869,457	96.0	-118,043
1947年度	第 1 四半期	6,720,000	6,325,857	94.1	-394,143
	第 2 四半期	6,540,000	6,642,061	101.6	102,061
	第 3 四半期	8,240,000	7,887,671	95.7	-352,329
	第 4 四半期	8,537,000	8,479,857	99.3	-57,143
1947年度	上期	13,260,000	12,967,918	97.8	-292,082
	下期	16,777,000	16,367,528	97.6	-409,472
1947年度	計	30,037,000	29,335,446	97.7	-701,554

出所）日本石炭鉱業連盟・日本石炭鉱業会共編『石炭労働年鑑』昭和 22 年版，1947 年，第 5 表，日本石炭鉱業連盟編『石炭労働年鑑』昭和 23 年版，1948 年，第 10 表．

にもかかわらず、その後生産費が急騰したため一九四六年度末すでにトン当り二八一円五八銭の赤字となり、しかも、その是正が行われなかったこと、③三〇〇〇万トン完遂のための設備が、必ずしも十分でなかったことなどの根本的な理由に加えて、④四月の総選挙、食糧の不安、新賃金と旧賃金との差額の一時支給等に基づく勤労意欲の低下、⑤一部炭鉱における坑内の火災あるいは出水等を挙げている。

続く第二・四半期は、①傾斜生産方式がようやく奏功してきたこと、②救国増産運動で労務者の勤労意欲が昂まってきたこと、③炭価が大幅に改訂（一九四七年七月）され、しかも、前決め制となったことなどにより、九月こそ計画量に達しなかったものの七・八月はかなり上回ったため、結局第二・四半期を通じての出炭実績は一・六%（一〇万トン余）計画目標を突破した。従って、一九四七年度上期における出炭は、一三二六万トンの目標に対し、実績はその九七・八%[11]に当たる一二九六万トンとなり、不足分三〇万トン弱が下期に持ち越された。これを前年同期と比較すれば、二割八分、（二八三万トン余）の増産であった。しかし、この増産は、一人当りの出炭能率の向上によるものではなく、労務者数の増加によるものであった。

(4) 石炭復興会議の要請

以上のように、出炭計画の達成が特に危ぶまれた第一・四半期に、労資協力の下で増炭に努力することを目的として結成されていた石炭復興会議[12]から資金供給に関して以下のような要請が出されている。

まず、五月一六日に行われた第四回全国委員会において、「当面する石炭増産面の最大の隘路は炭価と融資の問題であって之が解決をみざる限り、二二年度三〇〇〇万t出炭の確保は至難であるから、左記対策を至急確立して生産増強に資せられたい」とする決議を可決し、各方面に折衝することとされた。[13]そのうち、融資に関する要請は、「1. 設備資金は必要なる最少限度額を期初に決定し、決定せるものは計画通り融資し、業務の運用に支障を与えざること。特に制限会社に対する取扱いの簡易化を図ること。2. 運転資金は、所要額を随時融資可能の状態とすること」であった。

続く、第五回全国委員会（六月七日）では、片山新内閣（六月一日発足）に対して、「三〇〇〇万トン生産確保の見地」から「合理的なる施策」の実行を要望する声明を可決している。[14]要望された施策の一つが、「炭鉱向資金の確保と融資の迅速化」であった。

(5) 復金融資の実施状況

①計画を上回る融資

表3-2は、一九四六年度第四・四半期から一九四七年度第二・四半期における石炭鉱業向け復金融資をまとめた

表 3-2　石炭鉱業向け復金融資；1946 年度第 4 四半期～ 1947 年度第 2 四半期

	運転資金（千円）	設備資金（千円）	炭住資金（千円）
1946年度第4四半期	100,000 赤字融資；1947 年 1 月分 200,000 赤字融資；1947 年 2，3 月分 254,300 増加運転資金；1946 年度下期分	945,634 1946 年度下期分	197,000 1946 年度下期分
		融資合計；A	1,696,934
		資金計画中の石炭鉱業向け配分額；B	1,200,000
		A/B（%）	141.4
1947年度第 1 ～第 2 四半期	3,059,000 赤字融資；炭価改訂前（4－7 月）分 378,000 物価改訂による増加運転資金；1947 年度第 1 四半期分 710,000 物価改訂による増加運転資金；1947 年度第 2 四半期分 465,000 特別運転資金；第 3 四半期分 77,000 賃金関係；1946 年 1－3 月賃上融資不足分 200,000 賃金関係；1947 年 4－9 月スライド分	1,573,000 1947 年度上期分 225,000 炭車整備	4,050,000 1947 年度上期分
		融資合計；A	10,737,000
		資金計画中の石炭鉱業向け配分額；B	8,810,000
		A/B（%）	121.9

出所）　復興金融金庫『復金融資の回顧』1950 年 4 月，44-50 頁，『日本の政策金融Ⅰ』46 頁，表 1-6 より作成．

ものである。ただし、それぞれの融資は分類した各四半期に承認ないし貸出し実行がなされたとは限らず、第1章の表1－2・1－4・1－6とは一致していない点に注意が必要である。

しかし、その点に留意したとしても、一九四七年度第一・四半期の新規貸出額（表1－4）が資金枠をわずかに下回っているだけであるから、この時期の石炭鉱業に対する融資は資金枠を上回るものであったと考えるのが妥当であろう。そのことに、先述の石炭復興会議からの要望がどれだけ影響していたのかは定かではないが、後述するように労資の対立により復金融資が実施できない時期があったことを踏まえるならば、増炭に対して労資が協力していたという点がプラスに働いていた可能性はある。

それでは、この時期の復金融資は石炭増産に対して追随的であったのであろうか。この点に関して入手し得た情報は多くないが、次の二つを挙げることができる。

②増炭追随説

一つ目は、『石炭国家統制史』(15) の次のような記述である。「復金の業務開始（昭和二二年一月一五日《ママ》）後も、この要請は続けられた。生産者価格でひき合わなければ、後に政府は補償金をだすが、それまで待てない。そのギャップをうめて増産を強行するために、新設の復金は、おしみなく融資を続けた。二三年はじめ頃までは『がむしゃらな時代で、融資部が石炭の増産にただひたむきについていった時代です。金融機関としての融資の計画もなく、批判をこえて、現実の要請に合せて金を出すことに追われていた時代です。出すのがおくれると、司令部に呼ばれて怒られました。インフレはすすみ、一般物価はどんどんあがる。それと炭価とのギャップを融資していたのですが、これに追いついて金を出すのに手一杯の時代です。』」。このうち二重カギ内は復金の石炭金融部長でもあった湊守篤[16]による回顧である。この部分だけによれば、この時期（一九四六年度第四・四半期—一九四七年度第二・四半期）の復金融資は石炭増産にただ追随していただけという評価になろう。

しかし、そのすぐ後にも、「当時、司令部を中心にした特別調査団というのがあってこれがまるで督戦隊でして、現地にいって出炭を督励し、そのデーターをもって回ってきて、融資を督促されるのです」と湊の回顧は続いている。ここに出てくる特別調査団が派遣されたのは、第一回が一九四七年一一月下旬から一二月下旬、第二回が一九四八年一月上旬から二月上旬、そして、第三回が一九四八年六月上旬から約一ヶ月であった[17]。このことと、石炭金融部が一九四七年一一月六日に新設された[18]ことを合わせて考えると、『石炭国家統制史』の記述は、主に、後述のように炭鉱特別運転資金融資要綱に基づいて赤字融資が実施されるようになった時期（一九四七年一〇月三一日—一九四八年七月一二日）のことについて、湊が語ったことを、その前の時期にもあてはめたものである可能性がある。従って、『石炭国家統制史』の記述だけで、この時期（一九四六年度第四・四半期—一九四七年度第二・四半期）の復金融資を増炭に追随的であったと評価することには慎重であるべきである。

③設備資金融資を巡る交渉

二つ目は、設備資金に関してのみであるが、一九四七年一〇月に、ＧＨＱと日本側金融関係当局の間でなされた交渉である。

一〇月三日、GHQ経済科学局の鉱業課長リディ[19]と工業課機械部長ロス[20]が、経済安定本部動力局、同財政金融局、石炭庁、大蔵省、日本銀行、復興金融金庫の各代表者を召集し、次のような意向を表明した[21]。

1. 二十二年上半期炭鉱設備資金の残額は十月十八日迄に融資を完了すること。
2. 下半期設備資金の貸出を即時開始すること。
3. 二三年一月十五日迄に下半期炭鉱設備資金の総額の八〇％を凡ての会社に融資すること。なお残りの金融に付ては二月十六日迄に融資すべきものを融資し然らざるものは打切ること。
4. 十月九日迄に関係官庁は下半期設備資金の貸出予定表を作成し提出すること。

このようなGHQからの申渡しを受けて、経済安定本部財政金融局、大蔵省、日本銀行、復興金融金庫が、「金融的見地から意見の交換」を行い、各項目について以下のような意見の一致をみた。

1については、まず、GHQ側の要求について、「(昭和―引用者)二十二年上半期炭坑設備資金の石炭庁要求額は一、八五六百万円（内、司令部許可制限会社分二二〇百万円）でこれに対し経済安定本部が第二、四半期中に融資を計画したものは一、三〇〇百万円、復興金融金庫が実際に融資したのは約一、二〇〇百万円である」ので、「約六五六百万円の融資を十月十八日迄に完了せよと云ふ意味」であるとの解釈がなされている。その上で、石炭庁の要求額と復金の実際融資額との間に差額が生じた理由について、①資金配分計画の作成において、経済安定本部は、石炭庁の要求額を「個々の融資の絶対的正当性を根拠としてゐるとは到底考へられない」もの、「他の一般産業部門の要求と同列にあるもの」として捉えて、「当該産業の重要性、資材の配当及全般の資金配給計画との関連を考慮して」いること、

②それでも、資金配分計画において、日本の産業復興上に石炭業の占める緊要性から石炭業に圧倒的に大きなウェイトが置かれているが、このことは「石炭業者に対して無批判的に資金の供給をすると云ふことを意味して居るのではない」こと、③実際の融資に当たっても、「復興金融金庫が調査した資料に基き大蔵省以下を以て構成する委員会が融資の決定をなしその決定に基いて資金が炭坑に交付」されているが、その際には、資材入手の状況、計画の進捗度、その妥当性等が考慮されていることから、石炭庁の要求額―経済安定本部の計画―復金の実際融資額の間に「喰違いも充分にあり得る」としている。そのため、「石炭庁要求額と復興金融金庫の実際融資額との差額を早急に融資せよとの意向についてはこれを承諾することは早計である。融資すべきものは融資し然らざるものは打切るのが正当である」と拒否することと決定している。

2についても、「復興金融金庫は各会社の状況を調査して上半期の設備の完了したものに対し下半期の設備資金の供給を開始するが、その他の会社に対しては上期の設備の完了を待って下期分の融資を開始するのが正当である」として、一律に即時に下半期分の貸出を開始することを拒んでいる。

3については、まず、一九四八年度下半期の設備資金総額について、「司令部の斡旋に依って日本政府の意見が取纏められ、四、〇二二百万円が必要であるとの日本政府の計算に基いて司令部よりメモランダムが発せられ、前記の数字が確認せられた、この意味に於て下期の設備資金については上期のそれよりも周到な配意が為され且つ前記の金額は上期のそれよりも一層の権威が与へられてゐることは明白」であると確認している。従って、GHQが一九四八年一月一五日までに融資することを要求している設備資金は、四〇億二二〇〇万円×〇・八＝三二億一七〇〇万円ということになる。それに対して、①第三・四半期中に起業費として融資を必要とする金額は、「その後日本政府から発表せられた炭坑に対する資材の配当を見るに、そのうち会社が石炭代金のうちを以て購入すべき部分を差引」くと一三億円程度と考えられること、②炭価が改訂されるならば、石炭代金の中から賄う部分が変わるので、融資額も変更となること、③資材の配当が、第三・四半期中に追加されるか、第四・四半期に増加されるならば、融資額も追加されるであろうことから、「下半期の設備資金の八〇％を二月十六日（ママ—引用者）迄に融資せよとのロス氏の意向に対しこの際確答をすることは不適当」であるとの結論が下されている。

4については、「目下の処前記の一、三〇〇百万円を前記のみに基いて遅滞なく融資する用意があると云ふに止めるより外はない。爾後の融資については状況に応じこれを考慮することと致し度い」としている。

その後で、結語として、GHQに対して、「国民の待望する三千万屯の出炭を実現するために資金に関係ある日本政府当局は凡ゆる援助を惜んでゐない」が、「漫然たる融資をなすことに依って流通秩序を破壊することも亦絶対に避けねばならぬこと」であり、「我々は石炭業に対する融資に当り、これに対する優先的考慮と併行して一方に又慎重なる考慮を払はねばならぬことを確認して居るのであるが司令部に於ても又この方針を諒承」するよう要望がなされている。

以上の日本側金融関係当局の意見からは、①一九四七年度第二・四半期までの石炭鉱業に対する復金の設備資金融資は、石炭庁の要求通りに無批判に行われていたわけではなく、資材入手の状況、計画の進捗度、その妥当性等を考慮して行われていたこと、②GHQからの指示を拒否してでも、増炭追随的な融資に対する慎重的な態度を維持しようとしていたことを知ることができる。

しかし、GHQが、次節でみるようにこの時期には、炭鉱国管問題との関係で三〇〇〇万トン以上の出炭を要求するようになっていたこと、また、この交渉の担当者であったリディ自体も「石炭増産に突進せよ」との考えをもっていたことから[22]、日本側金融関係当局は譲歩を余儀なくされた。一九四七年一〇月一四日、GHQ経済科学局においてロス出席の下に、経済安定本部財政金融局、同動力局、大蔵省銀行局、石炭庁、復興金融金庫との間に次の三項目に関する了解事項が成立している[23]。

一、二十二年度上期設備資金の枠の下期への繰越金約六億円の処理について
（一）十月十八日迄に三億円を融資する。
（二）十月三十一日迄に残約三億円につき融資すべきものは融資することとし打切るものは打切る。
（三）従って十月末日を以て上期設備資金の融資を終了すること。
二、二十二年度第三四半期設備資金について
（一）第三四半期の設備資金の枠を最少限度十六億円とし、その外更に四億円の「リザーブ」を考慮する。ただし実際の融資に際し若し真に必要ありと認められたる場合は必ずしも右の四億円の範囲にも限定はされない。
（二）融資は即時開始することとし、不取敢約四億三千万円程度を無条件で直ちに融資する。
（三）十六億円の各事業会社別融資計画を速に立案する。但し本計画は一応の確定性ある見込金額であり、実際には事業会社よりの融資申込に基き、個々に融資金額を決定する。
（四）十二月上旬中に十六億円に対応する実際の融資が終了することを目途として善処する。
（五）十一月末日までに「リザーブ」四億円の必要性につき凡その検討を行ふ。
三、二十二年度第四四半期設備資金について
第四四半期の物資需給計画等が未定の為資金計画は目下のところ策定が不可能であるから第三四半期の各事業会社別融資計画の策定が完了次第続いて研究を始める。

一は、ＧＨＱの要求１に関するものであり、一九四七年度上半期に関して、ＧＨＱと日本側の意見が半分ずつ採り

入れられている。(二)に、資材入手の状況、計画の進捗度、その妥当性等を考慮して「融資すべきものは融資し然らざるものは打切るのが正当である」という日本側の意見が採り入れられているが、(一)は、わずか四日間で実行する必要があったから、日本側はその考えに沿った形で融資を行うことは実質的に不可能であったと考えられる。

二と三は、GHQの要求2—4に関するものである。GHQの要求段階では一九四八年度下半期と一括されていたが、この了解事項の段階では第三・四半期と第四・四半期に分けて取り扱われている。そのうち第四・四半期に関しては先送りとなっている。第三・四半期に関しては、GHQによってオーソライズされた下半期約四〇億円の半分二〇億円を総枠として、八〇%の一六億円を最小限度の枠、残りの四億円を「リザーブ」とした上で、①前者のうち約四億三〇〇〇万円については「無条件で直ちに融資する」こととされており、この部分に関しては日本側の意見は反映されていない。しかし、②最小限度枠の残りについては、「各事業会社別融資計画を速に立案」し、「実際には事業会社よりの融資申込に基き、個々に融資金額を決定する」とされており、日本側の意見が反映されている。この第三・四半期に関する了解事項は、一一月二〇日に決定された復金融資方針に、業種別事項の中の石炭に関するものとして、ほぼそのまま採り入れられた(24)。

④小　括

融資実施状況と『石炭国家統制史』の記述からは、一九四六年度第四・四半期から一九四七年度第二・四半期における復金の石炭鉱業向け融資は、三〇〇〇万トン出炭計画達成のために増産に追随的であったという評価になろう。しかし、『石炭国家統制史』が依拠している湊の回顧は、この時期も対象としたものであるか不明確であり、資金使途を区別したものでもない。また、設備資金融資に関しては、一九四七年度第二・四半期までは、資材入手の状況、計画の進捗度、その妥当性等を考慮して行われており、石炭庁の要求通りに無批判に行われていたわけではなかったことが、GHQと日本側金融関係当局との交渉から判明した。すなわち、この時期の石炭鉱業向け復金融資に関する現時点での評価は、赤字融資を含んだ運転資金の融資に関する更なる資料探索と考察が必要であるが、設備資金融資にみられたように、三〇〇〇万トン出炭計画達成のために無批判に追随的になされていたわけではなかったのではないかということになる。

結果的には、設備資金融資についてもＧＨＱの指示を受け入れる譲歩を余儀なくされたが、一九四七年一〇月上旬までは、経済安定本部、大蔵省、日本銀行、復金は、それを拒否してでも、増炭追随的な融資に対する慎重的な態度を維持しようとしていた。次節では、そのような姿勢が、一九四七年一〇月前後に、石炭鉱業向けの赤字融資に対しても向けられていたということについて明らかにする。

第二節　石炭鉱業向け赤字融資厳格化の試み

（1）炭鉱の国家管理とＧＨＱの増炭圧力

①炭鉱国管の立案・決定

前述のように出炭計画を達成できなかった一九四七年度上半期は、炭鉱国家管理の立案・決定過程[25]と重なっていた。炭鉱国家管理が正式の立案過程に入ったのは、炭鉱の国有・国営に積極的な社会党が一九四七年四月の総選挙で第一党となり、六月一日に社会党・民主党・国民協同党の三党連立による片山内閣が成立した翌日の閣議で、三〇〇〇万トン出炭完遂と炭鉱国管実施を目指した石炭対策法案を国会に上程する旨の決定が行われてからであった。

それ以降の具体的な経過は次の通りである。①商工省案と経済安定本部案の作成（六月初旬）、②両者の意見調整に基づく政府原案「炭鉱国家管理要綱案」の策定（六月二八日）、③同要綱案の取下げと、三党間の妥協案の作成（八月一〇日）および同妥協案をもとにした政府案「臨時炭鉱国家管理要綱案」の策定（八月一六日）、④同要綱案を巡る意

見対立と、政府案「臨時石炭鉱業管理法」の閣議決定（九月一八日）、⑤政府案の国会提出（九月二五日）、国会審議の紛糾、そして、修正法案の可決成立（一二月八日、一二月二〇日公布、一九四八年四月一日施行）。

②ＧＨＱの石炭増産圧力

その過程の中で「臨時石炭鉱業管理法案」が閣議決定された九月一八日、連合国軍最高司令官マッカーサーは片山首相宛てに書簡を発し、次のように、日本政府に対して石炭増産を強く要求した。(26) 国会が同法案の価値について審議することは何ら異存はないが、もし、この緊急措置を国会が採択したならば、政府は先に決定した生産目標を改訂して、この法律によって新たに付加される能力に相応する水準にまでこれを引き上げねばならない。そのことのみが、従来私企業に属していた責任の所在を政府に変更することを肯定するものである。従って、引き上げられた出炭目標達成のため、政府は必要かつ可能なるあらゆる手段を講じなければならない。政府は最大限の熱意と決意をもって、次のごとき手段によって、あらゆる角度から本問題を取り上げなければならない。

一　最も優秀なる土木その他の技術能力を結集して、作業の指導に当らしめること
一　交替制を採用して、石炭業を一般的に二四時間作業体制にすること
一　労働者の生産性を最大限に発揮せしむる為必要なる住宅と食糧を供給すること
一　地質学上妥当なる時は新鉱脈及び新鉱を開発すること
一　合法的な工業目的以外に採掘された石炭が振り向けられることを厳重に防止すること
一　本事業の達成を故意に妨害するものは厳重に之を訴追すること

この二日前の九月一六日には、ＧＨＱ経済科学局長マーカットが、和田博雄経済安定本部長官、水谷長三郎商工大

臣に対して、炭鉱国管に対して公式には反対せぬとした上で、「若し減産になれば『マ』元帥から片山首相にステップを執って貰はねばならぬ　其の際は従来の如く已むを得ない理由で増産にならなかったと云ふ如きあり来りの陳弁では済まない」と述べている。(27)

(2) 石炭非常増産対策要綱の決定と炭価の維持

①石炭非常増産対策要綱の閣議決定

以上のようなＧＨＱからの増炭圧力への応えとして、一〇月三日に片山内閣は、「新たなる決意を以て石炭の増産に関する諸施策を刷新すると共に炭鉱労務者及経営者の従来に勝る努力により、石炭の急速な増産を図らん」とする石炭非常増産対策要綱を閣議決定した。(28) 同要綱は、「第一　基本方針」と「第二　要領」の二つのパートから成り、そのうち、基本方針は以下の通りである。

一、石炭増産に関する最重点主義は今後に於ても引続き一層確実迅速に推進する。特に既定の施策の実績を検討し、不徹底且つ不充分な点は各所管庁に於て責任を以て急速に改善実行する。

二、我が国経済の実勢に鑑み現在の物価並びに賃金水準はあく迄これを堅持するものとし炭価の引上は当面之を行はない。従って経営の収支均衡、労働賃銀の増収は、専ら炭鉱経営の徹底的改善及び生産能率の向上による生産の増大によることとする。

三、出炭能力を最高度に発揮せしめる為坑内設備及労働力の充実、労働規律の確立並びに廿四時間制の完全実施を強力に推進する。

四、高能率を発揮する労働者特に坑内労働者を優遇する為給与其の他の処遇について特別の措置を講ずる。

また、要領の中では、増産のための具体的な措置として、①二四時間制の推進、②職場紀準の確立と給与制度の改善、③労働組合の健全化、④紛争議の早期平和的解決、⑤炭鉱生産設備の緊急補修整備、⑥技術その他専門技能の最高度結集、⑦新炭鉱、新炭層の開発、⑧前記増産対策に関連し措置すべき事項（横流れ、缺斤の防止、財閥解体の実態明確化）、⑨所期の成果を挙げ得ない場合は必要な法的措置を講ずる、故意の妨害者に対しては断固たる方針をもって臨むの九つが挙げられている。

『石炭国家統制史』は、これらの措置のうち、「二四時間作業制の推進が石炭非常増産対策の眼目」であり、同要綱は「新たに増産達成の糸口として二四時間作業の非常措置を狙った」（六五六頁）ものであったとしている。その二四時間制として、同要綱の要領①で挙げられていたのは、（イ）現場八時間（面交代）三交代五日週間制、（ロ）坑口九時間三交代七日週間制、（ハ）坑口一〇時間二交代七日週間制の三作業方式であった。

②政府の炭価維持方針

この石炭非常増産対策要綱が決定される前までの炭鉱経営は赤字続きであった。一九四七年七月の炭価改訂から生産者価格は前決め制となり、政府側はコストをペイする炭価を決めるのであるから、後日の損失補償は認めないという方針であったが、インフレの進行のためその後も赤字は解消されなかった(29)。日本石炭鉱業会の調査では、生産費はトン当り七月一一六五円、八月一三七〇円、九月一三〇〇円となっており、改訂価格トン当り平均九五六円八銭では三〇〇―四〇〇円の採算割れとなり、月二〇〇万トン出炭で計算すると第二・四半期中に三〇億円近くの赤字という状況であった(30)。

それに対して、政府は、まず各石炭地区に一〇班からなる監察員を派遣して、従来から毎月炭価決定の資料として集めていた全国一三八炭鉱の原価報告書が果たして妥当かどうか、七月改訂炭価は再改訂の要があるか否かを実地に検討した。これらの調査の結果、政府としては、炭価は妥当であり、炭鉱の赤字は生産能率が悪いためであるという結論を出した[31]。政府が石炭増産に対する炭鉱経営者の協力を求めるために開催した懇談会（一〇月一二日）の席上においても、和田安本長官は、炭価に関する政府の基本的態度について、「現在わが国のインフレーションは重大な段階に立ちいたっている、このようなとき炭価を引上げるということは、物価体系にも、一八〇〇円水準にも影響してインフレを悪性化させるだけだから絶対に出来ない」と述べ[32]、水谷商相は、「炭価と実際生産費との差を融資や補給金の形で賄う考えもないと言明[33]」した。

（3）石炭鉱業向け赤字融資の厳格化――合理化を前提とした増炭に対する融資

①炭砿運転資金緊急融資に関する懇談会

一九四七年一〇月一八日、炭砿運転資金緊急融資に関する懇談会が、大蔵大臣、石炭庁長官、安本副長官その他関係官、日銀正副総裁、復金副理事長、その他関係者、石炭鉱業各地区代表者、石炭鉱業会代表者の出席の下に開催された。その席上、石炭業者側から、「政府の新価格体系堅持の方針に協力し、増産による屯当り生産コスト引下労働問題の解決等に努力するが、当面賃銀支払すら出来ぬ状況にある」ことを理由として、七億五〇〇〇万円（＝トン当り三〇〇円不足×月産二五〇〇千トン）の緊急融資の希望が出された。それに対する政府側の解答は、次の通りであり、炭価の維持と、能率改善の見通しなく赤字融資を行うことはない、という方針が示された[34]。

（1）新物価体系堅持、赤字金融をせざる方針

（2）炭礦業者は能率の改善に努力すべきである。業者の経営に関する熱意は満足すべき状態ではないと思はれる。現状に於て漫然金融することは無意味である。

現在の能率程度で高賃銀を支払ふのは矛盾である賃銀を引下げることは実際問題として困難であるから現在実際賃銀ベースでペイし得る程度に増産すべきである。

（3）資金逼迫を一時的に解決するとしても将来能率改善の見透を附けてからにすべきであり又融資するとしても山毎に経営内容を過去、現在、将来に亘り慎重に検討し、将来の増産の為の積極的意味の金融を考へなければならぬ。

②炭鉱特別運転資金融資要綱の閣議決定

おそらく、この方針に基づいたものと考えられるが、片山内閣は一九四七年一〇月三一日の閣議で炭鉱特別運転資金融資要綱を決定した[35]。その序文では、「現在の物価並びに賃金水準はあくまでも之を堅持することを要する我国経済の状勢の下に於いて石炭生産の増加を図るためには、炭価の引上げは当面之を行はないで、専ら炭砿経営の徹底的改善、生産効率の飛躍的向上によらねばならない」とした上で、今後の炭鉱に対する融資を、「炭砿経営の合理化及び之による生産増加に必要な資金を確保することに重点を置き各個別に合理化の具体策、生産増加計画等を審査」して実施するとされている。本文は、次の五項目である。

一、融資申込をなし得る炭砿は資金の著しく逼迫せるもので、左の条件の孰れかを充足するものに限る。

（イ）本年度第二四半期の生産能率が前年同期に比し一割以上向上せること。

（ロ）石炭非常増産対策に掲げる三作業方式の孰れか又はこれに準ずる作業方式を実行し生産効率の向上につき明確なる団体協約の成立せること。

（ハ）上期において三千万屯ベース生産割当を完遂せること。

二、融資の申込に当っては、経営の合理化及融資の返済に関する具体案を石炭庁に提出せしめる。
三、融資申込の可否の審査をなすため委員会を置く。
四、本要綱により運転資金の貸付を受けた炭砿に対しては、その資金の適正を期する為、石炭庁、商工局、大蔵省、財務局、及び復興金融金庫において書面又は実地につき特に厳重な経理監査を行う。
五、炭砿に対する緊急運転資金の融資は本要綱に従ひ厳格に行うものとし、融資を受けることを得ないで、経営不能に陥る炭砿を生ずることも止むを得ないものとする。

一と二が融資の要件であり、五にあるように、これを満たせずに融資を受けることができずに倒産する炭鉱が出てきてもやむを得ないとしていることには、石炭鉱業の合理化を前提として増産を強行しようとする政府の姿勢が示されている。(36)

ただし、前述の炭砿運転資金緊急融資に関する懇談会のために大蔵省銀行局復興金融課が草案として用意したと考えられる「炭砿運転資金の取扱いに関する方針（案）(37)」において、「融資を受け得られない炭礦については、経営不能に陥り出炭減少を見るも亦已むを得ないこと」（傍点は引用者）とされていたことと比べると、「出炭減少」が削除されている点に若干の後退が見られる。そのことには、前述のようなＧＨＱによる増炭圧力が影響していたと考えられる。

しかも、少し時期は後となるが、一九四七年一一月一九日付のＧＨＱ経済科学局マーカットから水谷商工大臣に宛てた非公式覚書では、炭鉱特別運転資金融資要綱に関して、「低位の炭砿に対しては運転資金を与へないことになり、かゝる炭砿は操業を停止せざるを得なくなるであらう。この様な案は今日程緊迫していない状態に於ては有効な結果を生むであらう。然し乍ら現在に於ては、すべての炭砿が生産記録の如何に拘らず、最高度の操業を維持して行くこ

表3-3　炭鉱特別運転資金融資審査委員会の構成

会長	内閣総理大臣
副会長	経済安定本部総務長官 大蔵大臣 商工大臣
委員	石炭庁長官 物価庁次官 日本銀行総裁 復興金融金庫理事長 消費者代表(石川一郎)

幹事	経済安定本部	動力局長 財政金融局長 労働局長
	大蔵省	銀行局長 理財局長
	商工省	総務局長
	石炭庁	生産局長
	物価庁	第三部長
	日本銀行	資金調整局長
	復興金融金庫	総務部長 融資部長 審査部長 監査部長

出所）　商工省「炭礦特別運転資金融資要綱」1947年10月31日付，『炭砿特別運転資金融資審査委員会関係（昭22-23）』（石川一郎文書，東京大学経済学図書館所蔵），K46.1，R-100，『石炭国家統制史』885-886頁より作成.

とが絶対に必要である(38)」とされている。「融資を受けることを得ないで、経営不能に陥る炭砿を生ずることも止むを得ない」という日本側の態度は、石炭増産を重視するGHQ側から完全なる賛意を与えられたものではなかったといえよう。

三で、審査のために設置するとされた炭鉱特別運転資金融資審査委員会の構成(39)は表3-3のようであった。

この委員会の構成について一つ付言しておくと、経済安定本部が九月二一日に作成した案(40)では、業者代表（一名）と労働者代表（一名）も委員に挙げられており、浅井良夫の定義による社会化、すなわち、「労働者をはじめとする国民各階層の企業経営（ミクロのレベル）および経済政策運営（マクロのレベル）への参加(41)」のうち後者が視野に入れられていた形跡をうかがえるが、石炭鉱業向けの政策金融においては、実現しなかったようである(42)。

一一月七日には、炭鉱特別運転資金融資要綱に基づく審査のうち、①融資申込条件適否の審査、②適格炭砿に対する融資額の算定、③その他事案の軽微なるものについては、幹事会限りで処理することとされた(43)。また、一一月二〇日に決定された一九四七年度第三・四半期復金融資方針の業種別事項の中で、石炭鉱業向けの運転資金について、「赤字資金は原則として認めず、但し閣議決定に基く炭砿特別融資審査委員会の決定によるものは別に融資実行のこと」とされている(44)。

なお、炭鉱特別運転資金融資審査委員会の委員となった日銀総裁一万田は、一一月四日の日銀本支店事務協議会の開会に際する談話[45]の中で、石炭鉱業向けの赤字融資について、「通貨政策を左右する資金の需要者は基礎産業であってそれは依然として赤字を続けている」が、「最早今日においては徒らに資金を注ぎこんでも生産増強にはならないばかりでなく、「高い賃金をとって多くの人が遊んでいる、こんな状態では資金を供給すればする程むしろ生産を阻害する」ので、「仮りに若干石炭生産が阻まれる状態がおこっても石炭業に根本的にメスをいれて貰いたい、こういうことから融通を締めて」おり、「重要な産業であっても最早今日においてはそういう赤字金融はしないという態度をとっている」と述べている。

③能率・数量要件の厳しさ

委員会の主要メンバーの態度が厳しいものであっただけでなく、炭鉱特別運転資金融資要綱に基づく融資の要件自体も、当時の石炭鉱業にとっては厳しいものであった。

表3－4は、一九四六年度第二・四半期と一九四七年度第二・四半期の地区別の労務者一人当り月産高をまとめたものである。一九四七年度第二・四半期の生産能率が一九四六年度第二・四半期よりも一割以上増加しているのは西部（本州西部、山口）だけであったから、ほとんどの炭鉱は要件（イ）をクリアしていなかったと考えられる。

要件（ロ）については、そのうちの三作業方式の実現状況に関する統計は入手し得ていない。しかし、『石炭労働年鑑』は、この時期の作業方式について、石炭非常増産対策要綱が三交替制を勧奨し、少なくとも二方採炭および三方掘進の実施を推進することを謳っているので、交替制度の採用が喫緊の要務となったのであるが、「その実現のためには、各種の要件――例えば三交替制を採用するためには、人員の増加が必要とされ、ひいては社宅の増設が前提となるなど――が充足されねばならないので、いま直ちに全炭鉱にその採用を望むことは難しいとされている[46]」としている。その一方で、『炭労十年史』は、「当時、大炭鉱ではほとんど三交代制がすでに採用されて」おり、「三交

表 3-4　出炭能率と対前年同期比増加率

	労務者１人当月産高（トン）					対前年同期増加率（％）				
	北海道	東部	西部	九州	合計	北海道	東部	西部	九州	合計
1946 年 7 月	6.9	5.6	5.8	4.2	5.0					
1946 年 8 月	6.4	5.4	5.4	5.2	5.5					
1946 年 9 月	6.3	5.8	6.1	4.7	5.3					
1947 年 7 月	5.7	5.7	6.4	5.0	5.3	82	102	110	119	107
1947 年 8 月	5.1	5.1	6.4	4.7	4.9	79	94	118	90	90
1947 年 9 月	5.3	5.3	6.8	5.2	5.4	84	92	111	111	101
1946 年度第 2 四半期	6.5	5.6	5.8	4.7	5.3					
1947 年度第 2 四半期	5.3	5.4	6.5	5.0	5.2	82	96	113	106	99

出所）『石炭労働年鑑』昭和 22 年版，第 86 表，同昭和 23 年版，第 10 表，第 88 表より作成.
注） 1. 四半期分は単純平均.
2. 網掛け；前年同期に比し 1 割以上増加しているもの.

表 3-5　1947 年度上期の出炭計画達成率；地区別と財閥系

	北海道	本州東部			本州西部			九州	全国合計；C	財閥系	
		東北	東部	計	西部	山口	計			；D	D/C（％）
計画　；A　（千トン）	3,750	1,000	400	1,400	40	1,070	1,110	7,000	13,260	7,718	58.2
実績　；B　（千トン）	3,481	966	378	1,344	41	1,076	1,117	7,025	12,968	7,595	58.6
達成率；B/A（％）	92.8	96.6	94.5	96.0	103.3	100.6	100.7	100.4	97.8	98.4	
過不足；B-A（千トン）	−269	−34	−22	−56	1	6	7	25	−292	−122	

出所）『石炭労働年鑑』昭和 23 年版，第 10 表，第 31 表.
注） 財閥系；三井鉱山，北海道炭礦汽船，三菱鉱業，雄別炭礦鉄道，井華鉱業，古河鉱業，日本炭礦，日鉄鉱業，常磐炭礦，大正鉱業，嘉穂鉱業.

代による出炭は、北海道では総出炭の九一％、九州では七二％、東部四九％、西部では二二・四％という状況にあった」が、『要綱』による三作業方式は、当時の実労働時間平均五時間前後を六時間前後にと約一時間引上げることを意味していた[47]」としている。どちらの記述が正しいのかを確認できていないが、いずれにせよ、要件（ロ）を満たすには、労働側の同意・協力が必要であった。

表3−5は、一九四七年度上期における地区別と財閥系の出炭成績をまとめたものである。地区別では、本州西部と九州は計画を達成していたがいずれもギリギリであり、北海道と本州東部は未達成であった。しかも、計画と実績でともに出炭全体の約六割を占めていた財閥系が計画を下回っている。要件（ハ）についても多くの炭鉱がクリアしていなかったと考えられる。

以上の三つの要件のうち、（イ）と（ハ）

は、変えようのない過去の実績に基づくものであり、その後の取り組みでクリアすることは不可能であった。従って、これ以降の石炭鉱業向けの赤字融資は、要件（ロ）がクリアされるか否か、すなわち、作業方式の変更と生産能率向上に関して労資の間で団体協約が成立するか否かが、鍵を握っていたのである。この点については、次節で検討する。

④石炭金融部の新設

この時期、復金の内部では、一九四七年一一月六日に、「政府の石炭増産対策に対処して石炭鉱業（亜炭を含む）に対する審査、融資、監査を一元的に行い円滑適切な金融を行うため、石炭金融部が新設された[48]。石炭金融部は、課をもたず、石炭鉱業融資について、①融資の申込受付並びに融資の立案および手続きに関する事項、②融資の申込につき審査並びに担保物件の鑑定に関する事項、③支所出張所代理店よりの融資申請に対する承認に関する事項、④取引先の監査並びに業況考査に関する事項、⑤債権の取立整理に関する事項、⑥調査に関する事項を一括して所管し、その新設に伴って、審査部、融資部、中小事業部、監査部の所管事項から石炭鉱業に関するものが削除された。

この石炭金融部の新設について、『日本の政策金融Ⅰ』は、石炭融資の審査が審査部から分離され石炭金融部の営業部門に統合されたことと、石炭融資の量的ウェイトが大きかったことから、「復金の審査機能を低下させた可能性がある」（同書三一頁）と評価している。しかし、①設置時期からして、明らかに、炭鉱特別運転資金融資要綱の閣議決定（一〇月三一日）に対応したものであるから、石炭鉱業向け赤字融資の厳格化の一環であったと考えられること、②審査ノウハウの面でも、前述の湊守篤をはじめ、興銀出身者が部長、次長、課長待遇を務めていた（付表E）ことから、審査部と同様に興銀の審査ノウハウが導入されていた可能性があることの二点から、石炭金融部の新設が復金の審査機能に与えた影響については、より慎重な検証が必要であろう。このことを考える上で、より重要な論点は、石炭金融部と炭鉱特別運転資金融資審査委員会との関係であると考えられるが、管見の限り、それを知り得る資料はない。ただし、石炭金融部設置以後、復金内で石炭鉱業向け融資がどのように取り扱われていたのかに関しては、第六節で簡単にではあるが検討する。

（4）増産重視の経過的措置

炭鉱特別運転資金融資要綱に基づいて設置された炭鉱特別運転資金融資審査委員会は、一一月七日に開催された第一回において、第一号議案「炭砿特別運転資金融資の経過的措置に関する件」を決定した(49)。それは、「炭砿に対する緊急運転資金の融資は十月三十一日閣議決定『炭砿特別運転資金融資要綱』により炭砿経営の徹底的改善、生産効率の飛躍的向上に資する様経営の合理化及び之による生産増加に必要な資金を各炭砿毎に審査して融資を行ふ事になつてゐる」が、それに「即する体制を炭砿が確立するには若干の時間的余裕を必要とする」ため、増産体制に移行せしめるよう経過的融資を行うとしたものである。その実施要領は次の通りであった。

一、融資の申込は、要綱一の申込条件を具備してゐる炭砿経営者をして復興金融金庫本店又は支店に対し借入申込書と共に石炭庁に提出せしむべき資料及誓約書を併せて提出せしめる。

二、融資額は取敢ず次の方法により算出したものを基準とする。

　1．融資の対象となる数量　経営者が約束せる第三四半期に於ける増産量

　2．増加出炭屯当基準額　過去の出炭能率及び経営状況等を勘案して決定した等級別基準額

　3．融資の基準額　増産量と増加出炭屯当り基準額との積数額

三、誓約事項の実行状況を十一月及び十二月の実績につき監査し誓約事項の実現されてゐない炭砿に対しては爾後の貸出を停止するか貸付資金の引上を行ふ。

四、特別運転資金は資材代金の支払に優先的に充当せしめる様要求しその使途を報告せしめる。

五、炭代を見返りに融資をするものとす。

トン当り基準額の算定に出炭能率や経営状況等を加味するとされているが、融資額は増産量に比例することとなっていたから、増産重視の経過的措置であった。この経過的措置により六億五〇〇万円の融資が行われた[50]。この経過措置は、日本石炭鉱業会からの、「主として勤労意欲の昂揚に俟つ増産による人件費の節減と物品費の節約等による生産費の切り下げが相当の効果をもたらす迄の間事業を継続する為に必要避くことの出来ない物品代等の経費と人件費の支払に充当する資金七億円を炭価の問題や赤字融資とは一応切り離して、業者の責任に於て普通の融資を御願いする[51]」という請願に応えるものでもあったが、その背景に、前述のように、ＧＨＱから三〇〇〇万トン以上の出炭を強く要求されていたことがあったのは間違いないであろう。

第三節　増産重視の団体協約

前節（３）の②③で明らかにしたように、炭鉱特別運転資金融資要綱（一九四七年一〇月三一日閣議決定）以降の石炭鉱業向け赤字融資については、無条件で実施されたわけではなく、要件（ロ）、すなわち、作業方式の変更と生産能率向上に関する団体協約の成立という条件が満たされるかどうかが大きな焦点となっていた。

この時期の労働側の全国組織は、一九四七年一月二五日に、日本鉱山労働組合および全日本炭砿労働組合の全国的な二大炭鉱労働組合に、中立系組合が加わって、炭砿労働組合全国協議会（以下、炭協）が結成されたが、同年一〇月一二日の第五回炭協全国大会において二つに分裂し、一〇月一七日に脱退派により日本炭鉱労働組合同盟（以下、炭労）が結成され、炭協は第七回大会（一二月一五―一九日）で全日本石炭産業労働組合（以下、全石炭）に改称していた。[52] 結果的には、経営側の日本石炭鉱業連盟（以下、連盟）と炭労・全石炭との間に、それぞれ一九四七年一二月七日と同年一二月二九日に、増産準備金と生産奨励金に関する仮協定が締結されたことで、要件（ロ）はクリアされた。しかし、以下のように、これらの仮協定の締結は自明のことではなかった。

（1）炭労との団体交渉

炭労と連盟の仮協定が締結されるまでには、一〇月一三日の脱退派からの賃金交渉の申入れと一一月四日の炭労からの前借金交渉の申入れ[53]の後、第一回（一一月一二日）から第八回（一二月七日）の団体交渉が行われている。

前借金は、「結成大会で三池労組からの提案にもとずいて、賃金協定成立までの生活確保のため[54]」に要求されたものであったが、第一―三回（一一月二五日）の団体交渉における連盟側の回答は、現在の経理状況では前借金の支払能力はなく政府の援助を仰ぐほかはないがその実現に努力するというものであった。[55] そのような連盟側の態度を受けて、一一月二七日に開催された第二回炭労全国大会では、①前借金（坑夫一二〇〇円、職員一五〇〇円支給）を要求する、②一日正午までに要求が容れられない場合は二日から一〇〇％入坑の生産闘争を起こし、③六日正午を回答期限とし、不満な場合は七日二四時を期して一斉にストに入ることを決定し、前借金要求を連盟に提出した。[56]

これに対して、第四回団体交渉（一一月三〇日）で連盟は、生活補給金的な前借金では政府の金融支援を受けることができないので、それに代えて、生産実績が一定数量に達した場合に一二月以降一ヶ月七〇〇円の生産奨励金を支給することを提案した。炭労側は生産奨励金自体の支給はやむを得ないとしたが、それが増産となっていた一〇月と一一月（前掲表3－1参照）に遡及されないことが問題となった。[57] 翌一日にも連盟から追加的な回答がなかったため、炭労は、同日午後一時から幹事会を開き各鉱山に「予定の如く行動を開始せよ」の指令第五号を発し、[58] 七日二四時からの全国一斉ストの準備を始めた。

一〇・一一月分遡及問題の解決策として、連盟が第五回団体交渉（一二月二日）[59]で提案したのが、増産準備金一〇〇〇円／人を一二月に支給することであった。しかも、連盟は、その支給条件として、「各社各山において自主的な増産態勢を双方話合いでつくる方向に向うことを中央で相互に約束」すること、またその内容は、「政府の石炭非常増産対策要綱の線に沿うもの」であることを要求した。また、増産準備金と生産奨励金は前借金を「金融の方途として名目を変えたものと解釈してよいか」という炭労側の質問に対し、連盟側は「増産準備金及び生産奨励金という支給方法が唯一の解決策であり金融の方途としてもこれによらざるを得なかった」と説明している。

第六回の団体交渉（一二月五日）から、議論の焦点は増産準備金と生産奨励金の支給条件へと移った。そのうち、生産奨励金の支給条件について、連盟は、第六回団体交渉で、石炭復興会議第一回で決定された生産目標を一〇〇として、一〇〇の場合五〇〇円、一一二の場合七〇〇円、一一五の場合九〇〇円という条件を提示した[60]。

政府も、炭労のスト予告を重視して、一二月六日の閣議で、石炭鉱業連盟に日銀から赤字融資をすることに決定し、労資双方に受諾方を勧告した[61]。このことに関して、日銀総裁一万田は、事前に、「新物価体系についてはコスト高で赤字を続けている石炭自体について特に再検討が必要だと思うしたがって日銀としては赤字融資は原則として行わない方針だが、石炭の場合は特別の事情と増産を信頼して年内に二、三億円の給与資金を融資する方針である[62]」と容認の意向を示していた。

さらに、同六日の第七回団体交渉で、連盟は一〇〇の場合七〇〇円、一一五の場合一二〇〇円と生産奨励金の支給金額を引き上げたが、合意に至らず交渉は決裂し、炭労側は直ちに七日二四時から全国一斉にストに入るとの宣言を発した[63]。翌七日の一一時半から、ストを回避するために連盟より炭労に申し入れて行われた会見で、連盟は、増産準備金一〇〇〇円、生産奨励金一〇〇の場合八〇〇円、一〇三の場合九〇〇円、一〇六の場合一〇〇〇円、一〇九の場合一一〇〇円、一一二の場合一二〇〇円、一一五の場合一三〇〇円の最後案を提示したが、それに対する炭労側の回答は、「中央委員会を開催して検討し、態度を決定するが、増産準備金に難関があると思う。可とすれば、後刻回答を行うが、不可の場合は通告せず予定通りストに入る」というものであり、その直後に開かれた炭労中央委員会でも増産準備金一〇〇〇円に不満が示され、(64)全国一斉スト突入の可能性が高まった。

そのような状況下の午後二時、労働大臣（米窪満亮）が、連盟と炭労の代表を個別に労働省に招き、石炭増産の重要性から、午後六時までに妥結に至らない場合には労働関係調整法に基づいて、中央労働委員会の職権調停すなわち強制調停を請求する意思を明らかにするとともに、連盟案の増産準備金にさらに五〇円付加する労相案を提示した。(65)この労相案を連盟と炭労の双方が受け入れ、午後四時四〇分より開催された第八回の団体交渉で以下のような仮協定が締結された。(66)

一、基本原則

乙（連盟―引用者）は石炭鉱業再建の基盤は炭砿勤労者の生活確保にあることを認め、甲（炭労―引用者）は炭砿勤労者の生活確保は現下の状勢に於ては生産向上による炭砿経理内容の改善に因りはじめて期待されるものであることを認め相協力して国民待望の出炭量を確保し、日本経済の再建に寄与しつゝ、同時に国民経済の許容する炭砿勤労者の生活確保を図ることを目途とする。

二、増産準備金

十二月以降の増産態勢確立の為準備金として職員及鉱員に対し左の金額を渡す。但し昭和二十二年十月三日閣議決定の石炭非常増産対策要綱「要領」中の諸施策の具体的実施に関し各加盟炭砿労資間に於て夫々団体協約を早急に締結することを茲に確約する。

職員　在籍一人当　一、二五〇円

鉱員　在籍一人当　一、〇五〇円

（但し十月一日在籍者にして支給当日在籍のものとす）

三、生産奨励金

十二月以降毎月各炭砿の出炭成績に応じ職員及鉱員に対し左の生産奨励金を渡す。

	鉱員一人当	職員一人当
出炭目標に達したるとき	五二七円	夫々鉱員の二割五分増
出炭目標を三％以上突破したるとき	六二七円	
同　六％　同	七二七円	
同　九％　同	八二七円	
同　一二％　同	九二七円	
同　一五％　同	一、〇二七円	

右出炭目標は甲乙双方の協議決定したるところに拠り、各炭砿に於て之を変更することを得ない。但し特別の事情あるときは甲乙及び石炭庁三者間に於て協議の上之を変更することが出来る。

四、増産準備金及び生産奨励金の各人に対する配分方法は各炭砿経営協議会に於て協議決定する。

五、物資の特配

出炭目標を一二％以上突破したる炭砿に対しては特配物資を有償配給する。右物資の品目数量等は別途之を定める。

六、本協定に関し疑義を生じたときは甲乙双方に於て協議決定する。

この仮協定で重要な点は、増産準備金の支給要件として、石炭非常増産対策要綱「要領」中の諸施策、すなわち、増産のための具体的措置の実施に関して、「各加盟炭砿労資間に於て夫々団体協約を早急に締結すること」を確約していることである。

また、この仮協定は、①基本原則において〝炭砿経営の徹底的改善＋生産効率の飛躍的向上→石炭生産の向上〟が想定されていた炭鉱特別運転資金融資要綱とは異なり、〝生産向上→炭砿経理内容の改善〟が想定されており、しかも、「生産効率の飛躍的向上」が抜け落ちていること、②増産態勢確立のための準備金を支給するとしたものであること、③増産の度合いに比例して奨励金を支給するとしたものであること、④一二％以上の増産に対して物資の特配を行うとしたものであることから明らかなように、経営の合理化よりも増産を重視したものであった。なお、同日午後七時、炭労会長（武藤武雄）が「ラジオを通じて各山元にスト中止の指令を発」し、ストは直前で回避されている(67)。

（2）炭協（全石炭）との団体交渉

炭協からの賃金交渉の申入れは一九四七年一〇月一四日になされていたが、交渉方法を巡る対立、すなわち、炭協は地方での個別交渉も容認していた一方で連盟は中央一本方式を主張していたため、交渉開始が遅れ、ようやく一二月三日に第一回の団体交渉が行われた(68)。

第一回から第三回（一二月九日）までの団体交渉においても、議論の焦点は交渉方法であった。第一回の団体交渉で、炭協が「中央において賃金交渉をやっているからという理由で地方的要求をおさえることは出来ない。地方的要求は炭協本部が指令したものではなく、これにはそれぞれ逼迫した山元の事情もあり、かつ金額も内容も異るものを中央で一本に決定することは不可能」と主張したのに対し、連盟は、「双方の全国的団体が、全国的交渉を行う以上、中央、地方での同時交渉は行われるべきではないとの根本的見解を持している。賃金も前借金（又は暫定措置）も互に深い関連を有するものであるから、別個の交渉は出来ない。現実からして前借金問題を各山において解決することは至難であり、かゝることを早急に解決し真に労働者の利益を図るためには中央でなくては妥結が困難」であると譲らなかった(69)。

第三回の団体交渉で、交渉は中央で行うこと、現在行われている地方交渉は一六日までに炭協が責任をもって中止させる旨の覚書が交わされたことで(70)、第四回（一二月一〇日）と第五回（一二月一一日）には、「賃金に関連ある給与」の解釈に関する意見交換や要求内容の説明・質疑が行われた(71)。第六回（一二月一四日）の団体交渉で、炭協側が「炭労がすでに暫定給についての協定を結んでしまっている現状にかんがみ、至急この問題から入ろうとした」ところ、連盟からこの件に関する炭協の交渉権限について疑義が出されたが、翌一五日の第七回炭協全国大会（一二月一五―一九日）第一日目に正式に交渉権限の確認がなされたので、同日の第七回団体交渉ではじめて連盟側から炭労と協定した通りの増産準備金と生産奨励金の提案が行われた(72)。

しかし、同一五日に炭協山口県支部より議長名で西部石炭鉱業連盟に対し飢餓突破資金の新規要求が提出されたことを受けて、翌一六日、連盟は、第三回団体交渉での覚書の趣旨に反する背信行為であるとして、炭協に対して団体交渉中止を通告した(73)。連盟側の強硬な態度に対して、炭協は、一八日、開催中の第七回全国大会で、①石炭非常増産対策要綱に基づく三作業方式を原則とし、これに準ずる生産増強の実効ある具体的実施に関し、各加盟炭砿労資間においてそれぞれ自主的に団体協約を早急に締結すること、②砿員職員の比率は、各山元で協議決定することを諒解事項とすること、③生産準備金の支払は年内に各山元で支払うことを条件として連盟案を受け入れることとし、同日付で連盟に対して団体交渉再開を申し入れ(74)、さらに、「各地方支部では抜き打ちストに入れるよう準備して貰いたいと要望(75)」した。

これに対して、翌一九日、連盟は、山口県支部の要求撤回を重ねて要求しつつ、右の三条件については、①は政府の承認し得るものでなけばならないこと、②は一〇〇対一二五で山元では変更できぬこと、③は地方要求をやめ且つ右の二条件を炭協が容れて交渉が継続されるならばそれも可能である、と回答した[76]。この回答は、同日の全石炭第一回全国大会会場へもたらされ、これによって全石炭の態度は硬化し、中央闘争を打ち切って地方闘争に移ることが満場一致で確認されるに至り、連盟に対し二〇日付でその旨の通告書が出され[77]、また、「もし地方連盟が交渉に応じなければ実力（職場サボなどあらゆる戦術を含む）をもって最低賃金制その他の要求を闘い取る」ことも満場一致で決定された[78]。二二日に連盟は全石炭に対し中央交渉続行希望の申入れを行ったが、翌二三日、全石炭は中央交渉打切りを再び通告した[79]。

これにより連盟と全石炭との中央交渉は一時打ち切られ、抜き打ちストや職場サボなどによる減産の可能性が高まった。そのような状況下の一二月二六日、商工大臣（水谷長三郎）が連盟と全石炭の双方に対して、中央交渉により早急に解決するよう慫慂したのを受けて、同日、連盟が中央交渉再開を申し入れ、二八日に全石炭がそれに応ずる旨の回答を行った[80]。翌二九日に再開された第八回団体交渉で次のような仮協定が締結された[81]。

一、基本原則

乙（連盟―引用者）は石炭鉱業再建の基盤は炭砿労働者の生活確保にあることを認め、甲（全石炭―引用者）は乙と協力して生産の向上を図り国家の要請する出炭量を確保し、日本経済の再建に寄与しつつ、企業を再建することにより国民経済の許容する炭砿労働者の生活確保を図ることを目途とする。

二、増産準備金

十二月以降の増産態勢確立の為準備金として職員及鉱員に対し左の金額を渡す。但し昭和二十二年十月三日閣議決定の石炭非常増産対策要綱に基づく三作業方式又は之に準ずる作業方式を中心として之に伴う生産増強上実効ある方策の具体的実施に関し各加盟炭砿労資間に於て夫々団体協約を早急に締結することを茲に確約する。

職員　在籍一人当　一、二五〇円
鉱員　同　　　　　一、〇五〇円
（但し十月一日在籍者にして支給当日在籍のものとす）

三、生産奨励金

十二月以降毎月各炭砿の出炭成績に応じ職員及鉱員に対し左の生産奨励金を渡す。

	鉱員在籍一人当	職員在籍一人当
出炭目標に達したるとき	五二七円	夫々鉱員の二割五分増
出炭目標を三％以上突破したるとき	六二七円	
同　六％　同	七二七円	
同　九％　同	八二七円	
同　一二％　同	九二七円	
同　一五％　同	一、〇二七円	

右出炭目標を甲乙双方の協議決定したるところに拠り、各炭砿に於て之を変更することを得ない。但し特別の事情あるときは甲乙及石炭庁三者間に於て協議の上変更することが出来る。

四、増産準備金及生産奨励金の各人に対する配分方法は各炭砿経営協議会に於て協議決定する。

五、物資の特配

出炭目標を一二％以上突破したる炭砿に対しては特配物資を有償配給する。
右物資の品目、数量等は別途之を定める。
六、本協定に関し疑義を生じたときは甲乙双方に於て協議決定する。

この仮協定でも、増産準備金の支給要件として、石炭非常増産対策要綱に基づく三作業方式又は之に準ずる作業方式を中心とした生産増強上実効ある方策の具体的実施に関して、「各加盟炭砿労資間に於て夫々団体協約を早急に締結すること」を確約していることが、後論との関係で重要である。また、炭労と連盟の仮協定と同じく、経営の合理化よりも増産が重視されている。この仮協定締結の後、全石炭は直ちに地域別に提出中の要求を取り消すよう指令を発するとともに今後生産に努力することを申し合わせている(82)。

第四節　炭鉱特別運転資金融資要綱に基づく赤字融資

(1) 増産準備金

一九四七年一二月九日に開催された第二回の炭鉱特別運転資金融資審査委員会（以下、炭鉱特別融資委員会と略す）は、炭労と連盟の間に締結された仮協定に基づいて、①融資総額＝約二億三五〇〇万円（内訳）在籍職員一人当り一二五〇円（約二万人）在籍鉱員一人当り一〇五〇円（約二〇万人）、②融資機関＝復興金融金庫、③融資時期＝一九四七年一二月一三日までに職員および鉱員に支給できるよう可及的速かに融資を行うという要領で、増産準備金を融資すると決定した(83)。

また、一九四八年一月七日に開催された炭鉱特別運転資金融資審査委員会幹事会（以下、炭鉱特別融資幹事会と略す）

は、一九四七年一二月二九日に全石炭と連盟の間に仮協定が成立したことと、協約未締結の中立組合の大部分も一九四七年一二月二四―二九日の間にそれと同一協定を締結したことから、第二回炭鉱特別融資委員会の諒解に基づき、①融資所要額＝鉱員分一億七七四六万三六五〇円（一六万九〇一三人）、職員分一五九三万一一五〇円（一万二七四五人）、計一億九三三九万四九〇〇円、②融資機関＝復興金融金庫、③融資時期＝可及的速やかに行うことという要領で、増産準備金を融資すると決定した(84)。

これらの増産準備金融資で指摘しておくべき点は三つある。一つ目は、炭鉱特別融資委員会が、労資の中央団体間での仮協定の成立を根拠として、融資の決定を行っていることである。このことは、炭鉱特別融資委員会が、石炭鉱業向け赤字融資の制約となっていた炭鉱特別運転資金融資要綱の要件（ロ）が、「各加盟炭砿労資間に於て夫々団体協約を早急に締結することを茲に確約する」としたそれらの仮協定によってクリアされたとみなしたことを意味している。これ以降、後述のように、同委員会によって次々と石炭鉱業向けの赤字融資が決定されていったこともそのことを裏付けている(85)。

二つ目は、これらの増産準備金融資を認めてしまったことで、炭鉱特別運転資金融資要綱における合理化を前提とした増産のための融資という方針のうち、増産が重視され合理化が後退してしまったと考えられることである。それは、融資決定の根拠となった仮協定が、前述のように、増産を重視したものであったからだけでなく、同要綱の二で、石炭庁に提出させるとされた「経営の合理化及融資の返済に関する具体案」に関する資料に基づいた検討がなされている形跡を確認できないからでもある(86)。

三つ目は、融資機関が復金となっていることである。炭鉱特別運転資金融資要綱には融資機関に関する規定はなく、また、一九四七年一二月六日の閣議決定では、融資機関は日銀とされ、総裁の一万田も容認していた。日銀から復金に変更された詳しい経緯は不明であるが、後述のように、これ以降も炭鉱特別運転資金融資要綱に基づく石炭鉱業向け赤字融資の実施機関は復金であった。

（2）生産奨励金

一九四七年一二月の出炭高は約二九六万トン（前掲表3-1参照）となり、石炭復興会議で決定された出炭目標二五〇万トンを約一八％も上回ったことを受けて、一九四八年一月一五日の閣議は、「石炭生産奨励金交付に関する臨時措置案」を決定した。これは、①配炭公団に生産奨励金特別勘定を設置し、②その財源として復金が配炭公団に融資を行い、③配炭公団が生産奨励金特別勘定から買取価格に生産奨励金を加算して交付するというものであった。[87]

この配炭公団を通じた生産奨励金交付案は、一月二一日の炭鉱特別融資委員会に付議され、[88]また、「司令部より生産奨励金交付に伴ふ臨時措置案に対する反対意見と共に差当って十二月分として前号の五億四千九百万円（税込八億四千五百万円）の融資を許可する旨の通知があったので、商工省としては事態の逼迫を理由に、関係方面の諒解を俟たず取敢へず商工大臣の責任において融資の実行を要求し」[89]、一月二九日の炭鉱特別融資委員会で五億五〇〇〇万円を復金から融資すると決定された。[90]さらに、GHQの指示により、「今後生産奨励金はすべて融資によって行ふこと」[91]となった。

その後、一月分として五億四〇〇〇万円の融資が行われ、[92]二月分五億二九〇〇万円と三月分四億八〇〇〇万円は、それぞれ三月一八日と四月七日の炭鉱特別融資委員会で、ともに復金から融資すると決定された。[93]

（3）一九四七年度第四・四半期第一次炭鉱特別運転資金

一九四八年一月二九日に開催された炭鉱特別融資委員会は、増産の阻害要因であると考えられていた未払金を整理するための資金として、一三億五〇〇〇万円を限度として復金から融資することを決定した。[94]

日本石炭鉱業会の調査によれば、炭鉱企業の未払金は一九四七年一二月末で約六〇億円に上り、そのうち約二四億円は、税金の未払金で、残りの約三六億円は、炭鉱機械業者、坑木業者などの下請業者に対する未払金であるため、それら業者の中に資金の行詰りから操業困難に陥っている企業が続出し、これが増炭に大きく影響しているという状況であった(95)。

この未払金整理資金融資の具体的な要領(96)は、①三月末までに緊急の運転資金で不足する額を大体二六億円とみて、このうち鋼材、炭鉱機械など内容によって重点的融資方針をとる、②融資は原則としてヒモ付融資の方法をとり資金が直接下請業者の手に渡るように特別の措置を講ずる、③融資先は経理内容の確実な主要企業、特に三井鉱山、三菱鉱業、北海道炭礦汽船、古河鉱業、井華鉱業の五大会社に重点を置き、中小炭鉱のうちヤミ炭を横流ししている企業に対しては一切の融資を認めない、④融資は復金資金計画のワク内で行う方針であり第四・四半期分としてはできれば一〇億円程度にとどめ残余は一九四八年度の第一・四半期の資金計画に持ち越すというものであった。結局、「日銀総裁の意見もあり今回融資分は十二億円に減額(97)」され、実際に一二億円の融資が行われている(98)。

(4)一九四七年度第四・四半期第二次炭鉱特別運転資金

一九四八年三月八日の炭鉱特別融資幹事会は、税金引当分六億五〇〇〇万円、物品代その他八億一八〇〇万円、計一四億六八〇〇万円を未払金整理資金として復金から三月中に融資させると決定した。

この融資について同幹事会は、「今日炭砿は相当増産を成しても依然として赤字経営を継続し物品代、税金等の支払を已むなく遅延する状況にあり、加ふるに炭砿に対する未回収代金回収態度の硬化、徴税の強化等により炭砿資金の逼迫は看過し得ない状況にある」という炭鉱企業の経理状況に関する認識から、「本年度出炭に於て出来得る限り政府要望の線に向はしめ、且つ来年度における石炭増産を推進する様炭砿国家管理の線に沿ふ経営体勢の立直りを促進するため、要綱に明示せる経営の合理化と生産効率の向上とを図りつつ」行うとしている。[99] 経営合理化と生産効率向上にも触れられているが、明らかにその力点は増産に置かれていた。

三月一八日の炭鉱特別融資委員会において、物品代末払金八億一八〇〇万円は復金から融資すると決定された一方で、税金未払金六億五〇〇〇万円は、復金は原則として税金の融資は行わない建前をとっているため別途協議するとされたが、[100] 三月二五日に石炭損失補償金一〇億円が支出されたことを受けて融資された。[101]

（5）炭砿勤労者の勤労所得税に関する特別措置

一九四八年二月二〇日の閣議で、「石炭非常増産対策要綱に基く二四時間制実施に関する三作業方式の誠実な実行を為す坑内夫及坑内係員の勤労所得税額と右勤労所得税を三割五分以上の累進率を停止したるものとして計算したる税額との差額を炭砿経営者に於て負担したる場合右負担の為運転資金の不足を生じたる者に対しては復興金融金庫をして融資せしめる」とした「炭砿労働者の勤労所得税に対する特別措置の件」が決定されたのを受けて、三月八日の炭鉱特別融資幹事会は、「石炭鉱業連盟より提出の炭砿別明細資料により炭砿毎の所要融資額確定の都度復興金融金庫より融資を行ふ」と決定した。[102] しかし、三月一八日の炭鉱特別融資委員会では、「勤労所得税払もどしについての閣議決定は、最高責任をだれが負うかすなわち経営者、復金のいずれが負うか、補給金によるかなどの点があきらかでないことと税の払いもどし技術がむずかしいからさらに研究する」[103] とされており、その後、融資されたことを確認できる資料はない。

（6）一九四八年度三六〇〇万屯出炭準備運転資金

一九四八年三月二九日の炭鉱特別融資幹事会において、石炭庁は、現在の炭価では運転資金逼迫の「根本的な解決を期することは極めて困難であり、他面炭価改訂は諸般の事情により速急実施を期待し得ない状況」にあり、しかも、一九四八年度「生産計画は三六〇〇万屯を要請されて居り、之が実現の為に政府は凡ゆる手段を講ずる必要があり、特に現在甚しく荒廃せる機械類の速急修理を強行することは絶対に必要である」として、①一九四八年度第一・四半期増加運転資金四九〇〇万円、②新炭価決定までの繋ぎ運転資金（四月分）五億二三五五万円、③機械修繕費六億二六四〇万円、計一一億九八九五万円の融資を要請した[104]。これに対し、同幹事会は、①は五六〇〇万円、②は要求通り融資すると決定したが、③については「その必要性並に金額につき検討の上決定する」とした[105]。

四月五日に行われた炭鉱特別融資幹事会では、①は元の石炭庁要求通り四九〇〇万円、②は前回同様五億二三五五万円と決定し、③については、「各幹事より石炭庁案の検討の結果を持寄り審議の結果二十三年度増加運転資金の一部として一〇〇、〇〇〇千円を四月に融資すること」と決定された[106]。炭鉱特別融資委員会は、四月七日に、②を五億二二五五万円とした以外は四月五日の同幹事会決定通り復金から融資すると決定した[107]。

その後、GHQ経済科学局財政金融課の意見を得るため、四月九日に、大蔵省銀行局復興金融課がフィリップスと会談した結果、①は四九〇〇万円、③は一億円として承認された一方で、②については、「四月分特別運転資金（屯当り赤字一八五円×二八三万屯）五二三百万円については融資の問題として取りあげる事は炭価改訂の方針に変更を認められるまでは困難である」と承認を得られなかった[108]。

石炭鉱業における賃金交渉は、一九四七年一〇月以来、炭労および経営者連盟を中心として継続中であったが、非常増産対策に基づく緊急増産の実施により、賃金問題は暫定的に生産奨励金によって延期されていた形であったところ、新炭価改訂を前に、労働組合側の不安から事態が急激に進展し、一九四八年四月初めの罷業態勢に移行するに及び、遂に四月五日、労資間の協約が成立して争議解決をみていた[109]。②新炭価決定までの繋ぎ運転資金（四月分）は、「炭労との賃銀妥結による新賃金四、〇〇〇円と現行賃銀三、〇〇〇円の差額一、〇〇〇円の前貸処理のため必要な資金」であり、そのことに対して、フィリップスは、「先般の電産問題の時と同じく、これを先づ金融として考へることについては反対であっ」たのである[110]。

ただし、この時点でのＧＨＱ側のスタンスは、「争議妥結による賃銀支給の所要資金を融資によることを不適当とし将来企業経営の改善合理化によって返済し得るか或は価格改訂によって補償し得る範囲に止めたい意向のようである。唯、現実の労働情勢に即応して争議妥結に伴ふ新賃金については止むを得ないと認めている」と、大蔵省銀行局復興金融課により認識されるようなものであり[111]、後述の五・六月分も合わせて、一九四八年四―六月分賃金差額として四八億七二〇〇万円が融資されている[112]。

（7）炭価改訂を見込んだ赤字融資抑制の試みと石炭鉱業の抵抗

一九四八年四月七日の炭鉱特別融資委員会で一九四八年度三六〇〇万屯出炭準備運転資金として石炭鉱業向け赤字融資が承認された後に経済安定本部によって作成された一九四八年度第一・四半期復金資金計画には、石炭鉱業に対する赤字融資は、「五月の価格改訂を見込み、赤字は四月分のみ[113]」が計上された。ＧＨＱ経済科学局財政金融課フィリップスも、四月二八日の記者会見で、日本は赤字融資政策を再検討し産業の運営を一層健全な基礎に置く時期が来た、その著しい例が石炭鉱業であると述べた[114]。

このように、日本政府とＧＨＱがともに石炭鉱業向けの赤字融資を抑制する態度を示したことに対して、石炭鉱業側は抵抗した。四月二八日、日本石炭協会は緊急理事会を開いて当面の金融問題について協議した結果、赤字融資に対する政府の態度が変わらない限り業者としては賃金不払の措置に出ざるを得ないとの結論に達し、「政府の炭鉱赤字融資に対する方針が変えられない場合、賃金の支払は不可能な状態に陥るであろう、これによって炭鉱の治安は乱れ、生産の減退を見ることはあきらかであり石炭鉱業の重大性に鑑み政府がこの際特別な措置を講ずることを要望する」という趣旨の声明を三〇日に発表することに決定した[115]。

その後、五月五日に、炭鉱特別融資委員会が開催されており、①紛争処理機関の設置と②ストライキ中の賃金不払いを条件として、賃金改訂に伴う不足運転資金としての一五億五五二八万九〇〇〇円と五月分赤字融資として五億三五〇〇万円を復金から融資することが決定されている[116]。その日の委員会に関する資料には、日本石炭協会作成の「石炭鉱業経営の実情」という文書が含まれており、その冒頭で同協会は、「我国の石炭鉱業の経営は今や重大な事態に直面してをり、石炭の飛躍的増産に大きな暗影を投じておる。このことは、経済再建の基盤と称せられる石炭の本年度生産目標三、六〇〇万屯をそのスタートにおいて蹉跌せしめるものに外ならない」と述べていた[117]。なお、翌六日の復興金融委員会では、「議案間に合わぬため口頭説明」のみで承認されている[118]。

(8) 炭価改訂までの繋ぎ資金

五月二四日の炭鉱特別融資幹事会は、現行の炭価では赤字額の増大が生じている結果、資材代金その他の未払金が一九四八年三月末で約六八億円に増加しているという認識に基づいて、「現下の逼迫せる炭砿経理の窮状を打開し、経営体制の確立と炭砿用資材の円滑なる入手とを図り、本年度三、六〇〇万屯出炭目標の確保を期するため」に、炭価改訂までの若干の繋ぎ資金として四億円を復金から五月末に融資すると決定した[119]。同じ日に開催された炭鉱特別融資委員会でも、同幹事会の決定通りに、決定された[120]。なお、五月三一日の炭鉱特別融資幹事会で、五月分不足運転資金として一五億四七七二万三〇〇〇円の融資が決定されている[121]。その後、どのように取り扱われたのかは不明であるが、次項の案件に吸収されたのではないかと推察される。

(9) 一九四八年六月分赤字融資への「金融側」の反対

これまでの炭鉱特別融資委員会と同幹事会に関しては、委員ないし幹事の間で意見が対立していたことを確認できる資料は見出せていない。しかし、一九四八年六月一八日から翌一九日にかけて行われた同幹事会[122]では、石炭庁・商工省と「金融側」幹事がそれぞれの意見を強く主張して譲らないという事態が起きた。

一八日の同幹事会で、まず、石炭庁が、「近く決定をみる炭価の改訂を機会に石炭鉱業が三六百万屯出炭の態勢を整えるためには当面の資金難をある程度緩和し、累増している未払金の一部を整理させる必要があり、これがため六月分の赤字融資及び賃銀差額融資約二一億円の外に、一五億円余の特別運転資金（未払金整理資金）を融資する必要がある」と提案した。これに対し、「金融側」は、「過般の第三次炭砿特別調査団の報告によれば、復金より炭砿に融資して来た運転資金は炭砿側及び石炭庁の主張するように、企業の経営を強く脅威する程不足であったとは認められない、又未払金の増加もそれ程大きいものではなく、貯蔵品の残高も決して減っていないと云うことであるので、今緊急に石炭庁の主張するような融資をしなければ、直ちに炭砿が行詰るとは考えられない。更に新炭価が実現すれば、或る程度の価格差益が出て来るので、これにより既往の未払金の一部は整理出来るのではないか、仮に若干の融資の必要が認められるとしても、三月以降の未払金其の他の実績が出ていないので今我々に与えられた資料丈で必要額を査定することは出来ない。又復金の資金面にも制約があって、資金計画の外で巨額の融資をすることは到底許されない。従って今少し最近の資料を出して貰ってなおよく検討することとし、今直ちに融資を決定することは差控えたい」と主張した[123]。この「金融側」の反対に対して、石炭庁と商工省は、「炭砿未払金が関連産業に及ぼしている影響は甚大であり、今直ちに炭砿を経由して、此等関連産業に相当の資金を流さなければ、今次の価格改訂のズレから生ずる金融難により、関連産業は容易ならざる窮地に追い込まれ、此面から石炭の増産が決定的に阻まれるであろう」と強く主張して譲らなかった。

翌一九日に持ち越された同幹事会においても、「金融側」が、「関連産業の問題は或る程度想像されるが、それは石炭砿業のみの問題ではなく、産業一般の問題であり、石炭のみを先に取上げることは適当でないし、仮に採り上げるとしても関連産業の実体が十分把握されていない現状では、融資額を決める訳には行かない。結局今少し資料を集めて更に検討しなければ、金融の問題にすることは尚早である」と主張したため、「遂に幹事会としては妥結点に達せず、意見の不一致の儘委員会に持出されること」になった。なお、ここでは、依拠した資料にしたがって「金融側」という用語をそのまま用いたが、同幹事会のメンバー（前掲表３－３）の中でそれに当たるのは、大蔵省の銀行局長・理財局長、日銀の資金調整局長、そして、復金の総務・融資・審査・監査の各部長であったから、それらの全員、あるいは、その一部であったと考えられる。[124]

六月二八日に開催された炭鉱特別融資委員会では、石炭庁が、「六月二十三日新炭価の実施にも拘らず経営は極度に困難を来して」おり、「炭砿の資材代金未払の結果は業者報告数字によれば四月末に於て二十九億円を計上し、坑木、火薬、鋼索等の製造業者の操業に甚大なる影響を与へ、この儘で推移すれば、炭砿用資材の円滑なる入手は到底期待し得ず、本年度出炭目標達成にも多大の支障を来すものと思はれる。新炭価設定を機に過去の過重なる負担を除去し本年度三、六〇〇万屯出炭目標の達成を期するため、この際石炭鉱業に対し、（中略）不足資金の融資を行ふ必要がある」[125]と主張した。「金融側」の意見を確認できる資料はないが、①新炭価設定を機に従来の資材未払代金決済と、炭鉱関連産業の金詰り打開のため一〇億円を紐付融資[126]すること、②六月分新賃金差額一〇億円を融資することと決定された。[127]

この融資案件は、理由は不明であるが、炭鉱特別融資委員会での決定前に復興金融委員会（六月二四日開催）へ付議されたが、「その内容についても未検討のため、ここで早急に決定する訳にも行かないため、別途研究すること」とされている。[128]炭鉱特別融資委員会での決定後に開催された復興金融委員会（七月八日）では、委員会側から「本資金で未払金を整理すれば以後は新炭価によってペイする点にもって行かれるか」と質問があったが、幹事側から「六月末の未払金は二四億円で本資金を供給すれば残額は一四億円となり此の程度の未払金は現在炭鉱の経理上からみれば一応認められる額である。但し新炭価決定迄のずれについては考慮しなければならない」との回答を受けただけで、「已むを得ないものとして承認」されている。(129) ①は二三年六月末未払金整理資金一〇億円として、②は一九四八年四―六月分賃金差額四八億七二〇〇万円の一環として、融資が行われている。(130)

(10) 炭鉱特別運転資金融資審査委員会の廃止

以上のように、石炭鉱業向け赤字融資に関して、炭価改訂との関係の中でその見直しの動きが一九四八年度第一・四半期に入ってからみられたが、産業金融対策全般に関しても、物価改訂に伴う見直しが行われた。その検討は、経済安定本部、大蔵省、日本銀行によって行われ、六月末に事務当局案が作成された。その基本方針は、物価改訂による正常な増加運転資金は生産水準を維持するため適正に供給する、物価改訂に便乗するものは厳に排除する、原則として赤字融資は行わず復金の融資は設備資金に限る、融資先の経理面の監査を厳重にするであった。(131)

この事務当局案を受ける形で、七月七日に開催された、経済安定本部総務長官（栗栖赳夫）、大蔵大臣（北村徳太郎）、日本銀行総裁（一万田尚登）による三人委員会は、物価改訂に伴う当面の産業金融対策に関して、物価改訂後は原則として赤字融資を行わぬ、ただし改訂の時期的ズレによるものはある程度やむを得ないものとする、融資準則を改訂し、財政資金のワクを自由預金増加額の三五％としてこれを優先確保する、経理監査を厳重に行う、復金融資は設備資金に限定する、という方針を決め、数日中に最終案を閣議決定することとした。(132)

この三人委員会のメンバーであった一万田の赤字融資に対するこの時期の見解(133)は、「物価を通じて企業経営の合理化を進める目的を以って価格の公定を出来得る限り少数の基礎的物資に限定して行い、其の他の物資につきましては、自由なる企業の競争に委ねて企業能率の増進を図り、更に延いては国際市場に進出する基盤の育成に努むることが必要である」、従って、「物価改訂後に於きましては、赤字金融といふものは之を厳に抑制していきたい」というものであった。また、同じくメンバーであった栗栖は、「赤字融資を絶対に避けるため石炭、電気などの融資委員会を近く商相と協議の上廃止する方向に進め」ると翌八日の記者団会見で語っている。(134)

この流れの中で、七月一二日に閣議決定されたのが、第2章でも触れた、「価格補正に伴う当面の産業金融対策」であった。この閣議決定により、『日本の政策金融Ⅰ』で述べられているように、復金に直接関係する項目として、「価格補正によって企業採算の基礎は確立せられることとなるので、価格補正後においては赤字融資はこれを行わない」、「今後産業金融は極力市中金融機関の活動に俟つと共に復興金融金庫よりの融資は真に緊要な設備資金に限り、運転資金はこれを融資しない」ことが定められた。(135)しかし、『日本の政策金融Ⅰ』では述べられていないことであるが、同時にこの閣議決定では、その付記（1）で、「現行の石炭融資、電力融資等の特別融資委員会はこれを廃止する」ことも決定されていたのである。(136)

第五節　賃金三原則と石炭鉱業向け復金融資停止問題

「価格補正に伴う当面の産業金融対策」（一九四八年七月一二日閣議決定）により炭鉱特別融資委員会が廃止されたということは、炭鉱特別運転資金融資要綱に基づく赤字融資は廃止されたということでもあった。そのような状況の中で、一九四八年一〇月以降の賃金協定に関する団体交渉が始まり、賃金の引上げ、物価水準の維持、三六〇〇万トン出炭目標の達成という同時に達成することが容易ではない利害を巡って、労資、政府、復金、ＧＨＱの間で以下のような交渉が展開された。

(1) 全国波状スト突入までの経緯

一九四八年四月(連盟―炭労間)と五月(連盟―全石炭間)の賃金協定の有効期限はいずれも九月末であったため、炭労と全石炭は、九月二七日、①一〇月以降の砿員賃金並びに職員給与、②砿員退職手当、③七月以降の砿員賃金並びに職員給与の「スライド」の三件について、両組織共同で団体交渉をしたい旨を連盟に申し入れた。その後、一〇月七日に、労働側が砿員賃金に関する要求書を提出し、一〇月一九日に、第一回の団体交渉が行われた(137)。しかし、一〇月二二日に開催された第二回団体交渉で、団体交渉の進め方について、労組側が賃金額等具体的内容を取り上げることを主張したのに対し、連盟はその前に基本理念を一致させることを主張したため、交渉は膠着状態に陥った(138)。

一〇月二七日に、労働側が、「新賃金に関する組合側の要求書に対して、全文に亘り貴方の具体的態度を示されたい」ほか二項目についての申入れを行い、「十一月八日午前十時までに誠意ある回答」を要求したのに対し(139)、連盟では、「賃上げを考えるに当ってその財源について政府と打合せを行(140)」い、「政府案(坑内約九千五百廿円、坑外約五千六百円)を基礎として回答案を練っていた(141)」ようである。しかし、一一月六日午後に情勢が急変した。すなわち、GHQから、物価引上げ、補給金、赤字融資などの手段による賃金引上げを認めないとする賃金三原則が示されたため(142)、連盟は「回答の方途立たず、八日回答期限の延期方を組合側に申出(143)」た。

これに対し、炭労と全石炭の共同闘争委員会は一一月八日、一〇日から全国波状ストを決行することを決め、直ちにその旨を全国各支部に指令し、翌九日、連盟に対して、「十日以降断乎として実力行使に入り、砿員賃金並びに職員給与、砿員退職手当及び異常なる経済変動に伴う賃金改訂の問題の速かなる解決を図らんとする」旨通告すると同時に闘争宣言を発表した(144)。

同九日三時から、GHQの経済科学局労働課長ヘプラーと石炭調整官ワイヤットは、政府(経済安定本部副長官、石炭庁生産局長)、労働(炭労会長、全石炭副委員長)、経営(連盟専務理事)の代表を呼び、事態打開のための協議が行われた。[145]ＧＨＱ側からは、①賃上げ財源として赤字融資、補給金、物価改訂のいずれも考慮しない、②連盟と組合で話し合って両者で金の捻出方法を考える、③場合によってはストが起きても減産の憂目をみてもやむを得ないこと、すなわち、「たといストライキによる減産を招いても賃上げによるインフレの高進は阻止しなければならない[146]」という旨の見解が示された。それに対し、経営側は、直ちに交渉に応ずる態度を明らかにしたが、労働側は、「事態をこゝまで悪化させたのは経営者側の怠慢であり即答できぬ」と答えた。また、安本副長官が、「ストによって三千六百万トン生産に支障を来すことを憂慮する」旨を発言し、ＧＨＱ側も、「ストに入れば労務者の賃金は一切支払われず労務加配も停止されるので労務者の損失は大きい、さらに会社側も赤字を重ねることになり他面再建途上の国民経済の上に与える影響も少くないので直ちに労資双方の直接交渉に入るよう」に重ねて勧告したが、労働側は、態度を明らかにしないまま、午後五時、総司令部を辞した[147]。このようなＧＨＱの勧告にもかかわらず、一一月一〇日から一七日まで全国波状ストが決行され、その参加炭鉱数は三九二、参加人員は四三万三三〇七名、そして、推定減産量は一〇万三〇八トンに及んだ[148]。

(2) 石炭鉱業向け復金融資の全面的停止と一部緩和

①ＧＨＱによる復金融資停止指示

一一月一二日、労働側による全国波状ストの敢行を受けて、ＧＨＱ経済科学局財政金融課のスミスとリードから、復金に対して、石炭鉱業向けの融資実行を暫定的に停止するよう、以下のような指示が出された[149]。

一　石炭融資はすでに貸出を決定したものも、新規貸出分についても、今次紛争解決まで暫定的に融資実行を停止する。

一　右はG・H・Q最高部の決定であり、既にESS局長マーカット少将より大蔵大臣に対しても伝達があった。政府としても強硬な態度をとる事を決定している。
一　炭鉱経営者に対しては右の如く資金供給の停止、労務者に対しては特別配給等の停止が行われる。
一　融資の申込の受理、審査等実際貸出以外の事務は続行しても宜い。
一　右の暫定的措置は本十二日以降有効である。

②復金融資の全面的停止

GHQの融資停止指示を受けて、大蔵省、商工省、復金を中心として対策が協議された。①紐付融資や災害復旧費融資は認めるべきか否か、②企業内の一炭鉱だけがストを行っている場合の取扱いはどうするのか、についても検討が行われたが、①については、その使途を明らかにすることは難しく流用される虞があること、②については、第二次スト、波状ストなどの予想される現在、ストを行わない炭鉱とストを行う炭鉱との区別が技術的に困難であることから、政府は、一五日から二八日までの期間、設備・運転を問わず全石炭企業に対する一切の復金融資を停止する方針を決め、復金に通達した[150]。この措置により、復興金融委員会を通過していた一八億七三〇〇万円のうち、一八―二六日分の二億円が保留となり、その中には、三井鉱山に対する炭住資金八七〇〇万円や沖ノ山炭鉱の水害復旧設備資金六三〇〇万円などが含まれていた[151]。

③復金融資の一部緩和

石炭鉱業向けの復金融資停止が開始された直後の一一月一七日、GHQ経済科学局長マーカットと大蔵大臣兼経済安定本部長官泉山三六の定例会見が行われた[152]。その会見の冒頭、泉山がスト中の炭鉱に対する復金融資について切り出したところ、マーカットは、「自分は何も聞いていない。自分の決定ではない」と述べ、さらに同席していたリードも、「それは司令部の決定でもない。ワイヤット氏が石炭庁の渡辺君に話したものである」と述べ、二人ともGHQによる融資停止の決定自体を否定した[153]。ただし、奇妙なことに、融資停止の指示自体が否定されたにもかかわらず、その後、泉山から融資停止に関する三つの例外を認めるよう要求がなされ、マーカットは、「罷業者には給料も報奨物資もやってはならない」としつつも、それらを承認している。その三つの例外とは、①「ストライキをやっていないもの及びストライキを中止しているか或は今後行はないことがはっきりしているもの」、②「ひも附き融資で他に流用の虞れのない設備資金の如きもの」、③災害復旧資金に対する融資であった。

なお、この会見で、マーカットとともに融資停止の決定を否定したリードは、先述の復金に対して融資停止を指示したリードと同一人物であると考えられる。そのリードに対し、翌一八日、同会見にも同席した渡辺武（当時大蔵大臣官房長兼渉外部長）が「石炭融資打切りをFi/Div（Financial Division; 財政金融課―引用者）から指示せられたに不拘昨日Marquatが否定した経緯」について詰問的に質したところ、「Marquatとは充分の打合なかりしものの如く明日（一一月一九日―引用者）善後策を協議し度し」と答えた[154]。

一一月一九日、大蔵省、石炭庁、経済安定本部、日銀、復金の各関係者と、GHQのリードとフィリップスとの会談が行われた[155]。まず、日本側各機関の意見の表示が求められたため、それぞれから次のような回答がなされた。

石炭庁　「ストを停止せしめる為復金融資をとめるといふのは理論的根拠に疑あること及復金融資は設備資金を供給するものであり、今回の措置により炭坑向機械メーカーの如き第三者を困難な地位に陥れることに鑑みて、停止の全面的解除を要望する又労務者側も九月以来賃金交渉をやってはいるが十月の如きは三百万トンの出炭を見、生産は生産として努力しているのだから彼等の態度は信用してよいと思ふ」

大蔵省　「制限を解くことが適当と思ふ」

日銀「ストは短期に解決すると思ふし機械メーカー等第三者の蒙むる困難の点にも鑑み緩和を要望する」

経済安定本部「ストは短期に解決すると思ふし、炭坑への設備資金の投入は我国経済再建上重要な効果を持つもので、少しでも遅らせばそれ丈損害があるから早く停止を解除されるのを希望する」

復金「炭住融資の九割及一般設備融資の六割迄は紐付融資であるから他に流用の虞のないこと及仮に復金が融資をとめたとしても炭坑側は手持資材を売る等何等かの無理な措置を講じて金を作ろうとするから、融資を止めることは大して意味がないのみならず弊害を伴ふ。故に制限の解除を希望する」

それに対して、リードは、今回の措置に際して考慮された点として、①復金融資による設備資金が賃銀支払等の運転資金に流用される虞があること、②ストが長期にわたるならば復金融資が赤字融資となり、司令部の政策と反する結果になること、③九月以来二ヶ月半も交渉が続いているが、まだ誰も相手を納得せしめ得るほどの解決案を出していないこと、の三つを挙げた上で、「併し兎に角一週間前の予想とは変って事態が緩和されたから前の措置を修正することは賛成である」として、「第一に災害を受けた炭坑に対する融資は排水ポンプの作業など止めることになるとよくないから之は解除すべきだろう。第二に紐付融資も解除してよかろう、第三は紐付でない融資の問題であるが之は極力流用を避ける様日本側の関係機関に於て協議し、決定されその報告をくれれば司令部としては結構である只今後労働状勢が変化して危機がきそうになったならば再び諸君と相談しやう」と述べている。

その発言を受けて、帰りがけに、石田大蔵省官房次長が、「結局今日の御話ならば一週間前にリードの云った制限は解除されたと見てよいのか」と念を押したところ、「実質的にそうなる」との回答がなされている。(156)

このことを受けて同一九日に行われた復興金融委員会幹事会では、一、紐付以外の設備資金の融資には他に流用しないという経営者の誓約をとる、一、融資の使途を厳重に監査し流用の事実が認められるときは融資停止など必要な措置をとる、一、ストがいまよりも悪化した場合には改めて対策を考えるという措置をとることが決定され、翌二〇日に関係各方面の了解を得た上で各支所に通達することとされた(157)。

第六節　復金内における石炭鉱業向け融資の取り扱われ方

以上のような石炭鉱業向け融資が、復金内でどのように取り扱われていたのかについては、既述のように、『日本の政策金融Ⅰ』により、一九四七年一一月六日に、「政府の石炭増産対策に対処して石炭鉱業（亜炭を含む）」に対する審査、融資、監査を一元的に行い円滑適切な金融を行うため、石炭金融部が新設され、それに伴って、審査部、融資部、中小事業部、監査部の所管事項から石炭鉱業に関するものが削除された(158)というように、制度上の担当部署・範囲が明らかにされているのみである。しかし、そのような制度の下で、実際にどのように石炭鉱業向け融資が復金の内部で取り扱われていたのかという点を全面的に明らかにし得る資料はない。そのような資料状況の中で、石炭金融部設置以降に限られ、しかも、断片的な発言に限られるが、復金の内部での石炭鉱業向け融資の取り扱われ方に関するものを挙げると以下の通りである。

①「石炭に対する融資は、戦争中の命令融資でさえも、こういう事業への貸出は、こんなルーズな調査に基いて貸出はされなかった。この復金のやっておる石炭の融資は戦争中の命令融資以上にルーズな金融であるということは、これはどうしても我々として否定できない事実でございます」。一九四八年二月二〇日、第二回国会参議院財政金融委員会、復金石炭金融部長湊守篤(159)。

②「炭砿についてその一、二社についてでも良いから他産業の融資の場合と同様な調査をして欲しい旨安本よ

り発言があったが、金庫においては現在常盤（ママ）地区については実行しているが、巨大炭砿については会社自体その経理内容を把握しておらず、且つ金庫の現在の人員では困難であり、商工省石炭庁の協力が必要である旨発言した」。一九四八年七月二九日、復興金融委員会[160]。

③「人員の点で無理とは思っているが、出来るだけ炭砿調査に重点を置いて貰いたい」。一九四八年八月一一日、復金支所長会議、復金石炭金融部長[161]。

④「尚現在金庫改組を繞って金庫の自主性が論じられているが、石炭融資については自主性はもてないという意見が強く特別勘定で処理されることになろう。この場合審査監査等のやり方については従来と異る方式が採られよう」。一九四八年一一月一五日、復金支所長会議、復金石炭金融部長[162]。

⑤「金融的立場に立ってやるのが本筋だがこれを強行するには現状では遺憾乍ら受入態勢がない。次に査定は現在石炭庁と金庫で二重にやって居るが之はロスであると思う」。一九四八年一一月一五日、復金支所長会議、復金福岡支所長。

⑥「現在の能力では自主的にやることは出来ない。農林復興資金の如く別枠にすべきである」。一九四八年一一月一五日、復金支所長会議、復金広島支所長。

⑦「現地日銀では石炭についても懇談会にかけたいと云っているが之は中央の考え方に逆行するのではないか。現有能力で自主的金融の出来ないことは他支所長と同意見である」。一九四八年一一月一五日、復金支所長会議、復金札幌支所長。

⑧「ただ御承知のように石炭、これが全国に五百くらい山がございます。これは私の方の代理店の機構をもっていたしましても、あるいは審査部の機構をもっていたしましても、なかなか代理店（ママ）を見ることができません。見るように指導はしておりますが、見れませんので、これは御承知のようにせっかく地方に石炭庁の地

方局がありますから、それで石炭庁から正確な数字をいただきまして、石炭庁はこれを現物で一々検査しておるはずでございます。これの資料に基いて私の方でまた先ほど申し上げた資金の需要の時期、あるいは資材の割当というようなものを勘案して、これを圧縮して融通しておりますから、石炭の山も多少われわれから見て問題になるような山は、実際に見て貸しております。原則として石炭山は石炭庁の資料に基いてそれをもとにして貸しております」。一九四八年一二月二〇日、第四回国会衆議院大蔵委員会、復金理事長北代誠彌。(163)

これらが示唆しているのは、石炭金融部が設置されてから一九四八年末までにおける石炭鉱業向け融資に関する復金の調査が、石炭金融部長自らが認めるほど、ルーズであった（①）ということである。それは、復金でも融資額査定のために調査を行っていたようである（⑤）が、炭鉱企業自体が経理内容を把握していないこと（②）と、復金の人員・機構の不備（②、③、⑤、⑧）が原因であるとされていた。そのため、石炭庁の資料に基づいて融資せざるを得ない状況（②、⑤、⑧）であり、復金機構の改革が議論されていたときでも、石炭鉱業向け融資の担当者たちは、復金だけで自主的に石炭鉱業向け融資を行うことは不可能だと考えていた（④、⑥、⑦）のである。

しかし、一九四九年二月の制度改革に伴い石炭鉱業向け融資の復金内での取り扱われ方も変更された。一九四九年一月二四日に開催された復金の地方融資課長会議で、石炭金融部から次のような改善案の説明が行われている。(164)

1．委員会、幹事会の廃止に伴い今後一般設備、炭住資金共に中央において会社別融資の枠を決定せず各支所管轄炭鉱分全額を資金調達可能の範囲内において一括通知するから各支所はその枠内で各炭鉱の状況に応じて融資額を査定し申請手続きをとることとしたい。

2. 復金融資が今後極度に圧縮せられる状況下において一般設備及び炭住資金の融資額の査定については一率《ママ》に各社の計画額を削減する方法をとらず工事進捗状況を厳重に個別審査の上各炭鉱の資金必要度に応じて融資額を決定すること

3. 石炭、亜炭共に今後は整理期に入る傾向にあるから債権確保の手段を一段と強化すること、即ち管理、回収に一層努力し担保権の設定、保険証券に対する質権の設定等を確実に実行すること

このうち、1と2から、それまでの中央の本所において会社単位で石炭庁の調査に基づいて融資額を決定する方法から、各支所において割り当てられた資金枠の範囲内で各炭鉱単位で工事進捗状況を調査して融資額を決定する方法に改めるものであったことが分かる。この改善案は、次のような形で、

1. 復金の石炭鉱業に対する従来の総括的、機械的融通方法を改め可及的速に、融資に当っては各炭砿につき個々具体的に審査を行い単に経理面の調査確認のみでなく、工事の計画並に進捗状況等の実体面を十分把握して復金が当該融資につき確信を得てはじめて融資を行うようにする。

2. 本措置の実行体制を整備するため地方石炭局協力の下に早急に石炭金融部の充実を図る。

二月三日の復興金融委員会に提出され、経済安定本部よりその実施について努力されたい旨の要望があり、各委員の了解も得られたので司令部に提出されることとされた(165)。

おわりに

本章の考察を要約すると以下の通りである。

復金の業務開始（一九四七年一月）から一九四七年度第二・四半期までの石炭鉱業向けの融資実施過程については不明な点が多いが、傾斜生産方式により石炭生産三〇〇〇万トンという過大な目標が課せられた石炭鉱業側から資金供給に関する要望が出されていた中で、設備資金融資に関しては、石炭庁が要求した全額が融資されていたわけではなく、また、経済安定本部が作成した資金配分計画通りに融資されていたわけでもなく、資材入手の状況、計画の進捗度、その妥当性等を考慮して融資がなされていた。この時期までは、経済安定本部、大蔵省、日本銀行と復金は、石炭鉱業に対しても、融資すべきものは融資し、そうでないものは融資しないという方針を、ある程度、保持できていたと考えられる。

しかし、ＧＨＱが、炭鉱国管問題との関係で、三〇〇〇万トン以上の出炭を強硬に要求するようになっていたことから、上述の日本側金融関係当局は、設備資金の融資方針について譲歩を余儀なくされ、また、片山内閣は、ＧＨＱの増炭圧力に応じて石炭非常増産対策要綱を閣議決定（一九四七年一〇月三日）した。

ただし、石炭非常増産対策要綱は、石炭増産のためにあらゆる便宜を石炭鉱業に与えるというものではなく、物価水準と賃金水準の堅持を重視しており、炭鉱経営の収支均衡と労働賃銀の増収は、炭価の引上げではなく、炭鉱経営の徹底的改善および生産能率の向上を通じた生産の増大によるべきであるとされていた。さらに、石炭鉱業向け融資に関して、「炭砿経営の合理化及び之による生産増加に必要な資金を確保することに重点を置き各個別に合理化の具体策、生産増加計画等を審査」して実施するという考え方に基づいて、炭鉱特別運転資金融資要綱が閣議で決定（一九四七年一〇月三一日）された。その融資審査のために設置されたのが炭鉱特別運転資金融資審査委員会と同幹事会であった。炭鉱特別運転資金融資要綱には、「融資を受けることを得ないで、経営不能に陥る炭砿を生ずることも止むを得ない」と明記されており、その中で定められていた融資要件も当時の炭鉱企業にとっては厳しいものであった。そのうち、能率と出炭量に関する要件はほとんどの炭鉱がクリアしていなかったと推定される状況であったため、増産重視の経過的措置として融資が実施された。

その経過的措置以降に、石炭鉱業が「特別運転資金」＝赤字融資を受けられるか否かは、もう一つの要件であった、「石炭非常増産対策に掲げる三作業方式の孰れか又はこれに準ずる作業方式を実行し生産効率の向上につき明確なる団体協約」が成立するか否かにかかっていた。この要件は、日本石炭鉱業連盟と炭労、同連盟と全石炭との間に、「各加盟炭砿労資間に於て夫々団体協約を早急に締結することを茲に確約する」とした、増産準備金と生産奨励金に関する仮協定が締結されたことでクリアされた。しかし、どちらの団体交渉も容易には妥結せず、争議実施直前の政府介入により、ようやく仮協定が締結されている。この政府の介入は、ＧＨＱの強硬な増炭圧力を考慮して、争議による減産を避けるために行われたものと考えられる。しかも、どちらの仮協定も、炭鉱特別運転資金融資要綱が要求していたものとは異なり、経営合理化ではなく増産が重視されたものとなっていた。

その後、一九四七年一二月の増産準備金から一九四八年六月分までの赤字融資が、炭鉱特別運転資金融資審査委員会と同幹事会により決定されていったことは、炭鉱特別運転資金融資要綱による石炭鉱業向け赤字融資厳格化の試みが失敗したことを意味している。失敗の理由は、赤字融資の厳格化を目的として厳しい要件を設けたために、逆に、それらをクリアされてしまうと、赤字融資に反対する正当性がなくなったからと考えられる。

しかし、炭鉱特別運転資金融資審査委員会が融資審査を担っていた「特別運転資金」は、炭価を引き上げないという前提に基づいて実施されることになったものであったから、炭価改訂に向けた動きとともに一九四八年度第一・四半期から見直しの動きがみられるようになった。その見直しの動きの中で、経済安定本部、ＧＨＱ、「金融側」（大蔵省・日銀・復金のすべてまたは一部）は石炭鉱業向けの赤字融資を抑制しようとしていたのに対して、石炭庁と商工省だけでなく石炭鉱業側も継続を求めていたが、一九四八年七月一二日に閣議決定された「価格補正に伴う当面の産業金融対策」により炭鉱特別運転資金融資審査委員会は廃止された。

さらに、一九四八年一一月六日にはＧＨＱから賃金三原則が提示された。このときのＧＨＱは、ストライキによる減産を招いても賃上げによるインフレの高進は阻止しなければならない、というように物価安定を重視するようになっていたが、実際に、労働側による全国波状スト敢行を受けて、石炭鉱業向けのすべての復金融資を停止するよう指示を出した。日本側の働きかけとＧＨＱ内における意思疎通の不十分さが原因であったこともあり、すぐに再開されたものの、一時、炭鉱の復興に不可欠な設備資金の融資も停止される事態となった。

以上より、石炭鉱業向けの復金融資は、傾斜生産方式による日本経済の戦後復興の要とされていた石炭増産のために、何の制約もなく、ただ追随的に行われ、非効率な企業を存続させようとしていただけではなかったことは明らかであろう。

最後に、復金内での石炭鉱業向け融資の取り扱われ方については、一九四七年一一月に石炭金融部が新設されてから一九四八年末までにおいて、炭鉱企業自体が経理内容を把握していないことと、復金の人員・機構が不十分であったことから、石炭金融部長自らが認めるほどルーズな調査しか行われていなかった。そのため、石炭鉱業向け融資の担当者たちによって、復金だけで自主的に石炭鉱業向け融資を行うことは不可能だと考えられていた。ただし、仮に、人員と機構が十分なものであったとしても、または、審査部が石炭鉱業向けの審査を担当しつづけていたとしても、傾斜生産方式により三〇〇〇万トン、三六〇〇万トンという出炭目標が設定され、その達成のために、資材が重点的に投入され、ＧＨＱからも強硬な圧力がかかっていた中で、出炭計画未達成の原因ともなったかもしれない融資判断を、本当に、復金が自主的に下すことができたのかについては、簡単に答えが出せる問題ではないと考えられる。

（1）脇山俊「産業資金の供給と産業税制」、通商産業省・通商産業政策史編纂委員会編『通商産業政策史――第Ⅰ期　戦後復興期（2）』第三巻、通商産業調査会、一九九二年、第三章第四節、二〇六―二〇七頁

（2）島西智輝『日本石炭産業の戦後史――市場構造変化と企業行動』慶應義塾大学出版会、二〇一一年。

（3）例えば、中村隆英「戦後統制期における石炭鉱業の蓄積過程」東京大学教養学部社会科学科編『社会科学紀要』（6）、一九五七年四月、荻野喜弘「占領期における石炭鉱業」原朗編『復興期の日本経済』東京大学出版会、二〇〇二年、第四章。

（4）三和良一『概説 日本経済史　近現代［第3版］』東京大学出版会、二〇一二年、一七一―一七二頁。

（5）以下、一九四六年一二月二四日の閣議決定までに関しては、別に断らない限り、前掲、荻野「占領期における石炭鉱業」一四六―一四七頁による。

（6）三和良一「日本経済の再編成」通商産業省・通商産業政策史編纂委員会編『通商産業政策史――総論』第一巻、通商産業調査会、一九九四年、第一章、一八一頁。この点について、岡崎哲二は、傾斜生産実施期間に鉱工業生産の石炭配給に対する弾力性が大きかったこと、すなわち、石炭不足が生産の最大の隘路となっていたことを計量分析により確認している。岡崎哲二「『傾斜生産』と日本経済の復興」、前掲『復興期の日本経済』第二章。

（7）『朝日年鑑』一九四八年版、朝日新聞社、一九四八年二月、二〇四頁。

（8）以下、「昭和二二年度三〇〇〇万t出炭基本対策」と「二二年度三〇〇〇万t出炭に関する条件案」については、根津知好編『石炭国家統制史』㈶日本経済研究所、一九五八年、六四三―六四九頁による。

（9）制限会社向けの融資に関しては、第5章の注（9）を参照。

（10）以下、一九四七年度上期の出炭状況に関しては、日本石炭鉱業連盟編『石炭労働年鑑』昭和二三年版、一九四八年、一五・一九頁による。

（11）前掲『石炭労働年鑑』昭和二三年版、一九頁では九八・二％とされているが表3-1に基づいて修正した。

（12）一九四七年二月五日に、「石炭生産を担当する労働者と経営者とが自主的に協力して、生産隘路の実態を具体的に把握し、即時これを総合的に打開すると共に石炭鉱業の根本的復興対策を樹立し、関連産業の積極的な協力を確保しつつ、ひろく与論を起してその実現を強力に推進すること」を目的として、労働側団体七（日本労働組合総同盟、日本労働組合会議、全日本産業別労働組合会議、炭砿労働組合全国協議会、国鉄労働組合総連合、全日本造船労働組合、日本海員組合）、経営側団体

八（日本産業協議会、関東経営者協会、関西経営者協会、経済同友会、日本鉄鋼協議会、日本石炭鉱業会、化学工業連盟、日本繊維協会）の一五の発起団体の下に結成された。前掲『石炭国家統制史』六五二―六五三頁。

(13)　前掲『石炭労働年鑑』昭和二三年版、四四八―四四九頁。他に、前掲『石炭国家統制史』六五三頁、「収支償う炭価の設定　石炭復興会議で決議」『朝日新聞』一九四七年五月一七日、東京、朝刊、一頁、「炭価、融資問題決議　第三回石炭復興会議」『日本経済新聞』一九四七年五月一七日、朝刊、一頁も参照。なお、『朝日新聞』と『日本経済新聞』の記事では、第三回全国委員会とされているが、ここでは、『石炭労働年鑑』昭和二三年版と『石炭国家統制史』にしたがった。

(14)　前掲『石炭労働年鑑』昭和二三年版、四四九―四五〇頁、前掲『石炭国家統制史』六五三頁。

(15)　前掲『石炭国家統制史』八八四頁。元資料は、「元復金石炭金融部長湊守篤氏談、日本経済研究所、石炭統制研究報告(23)より」とされているが、所在不明である。

(16)　一九三一年日本興業銀行に入り、一九四五年二月庶務部長就任、一九四七年一月復金融資部長就任、一九四九年一月四日付で石炭金融部長を免職され日本興銀銀行へ復職している。人事興信所編『人事興信録』第一六版、一九五一年、み三五頁、「人事異動（一月四日付）」『復金週報』第四一号、一九四九年一月八日、二頁。付表Eも参照。

(17)　前掲『石炭国家統制史』六五七―六六一・六八一―六八四頁。

(18)　宇沢弘文・武田晴人編『日本の政策金融Ⅰ』東京大学出版会、二〇〇九年、二九頁。

(19)　リディの役職は、「石炭増産対策懇談会」『朝日新聞』一九四七年一〇月一二日、東京、朝刊、一頁による。

(20)　ロスの役職は、「石炭鉱業設備資金（除炭鉱住宅資金）融資に関する了解事項」一九四七年一〇月一五日、『経済安定本部　戦後経済政策資料』（東京大学経済学図書館所蔵）財政金融R３による。

(21)　このGHQによる意向表明からそれに対する日本側の結語までの記述は、引用も含めて、経済安定本部財政金融局「石炭事業に対する設備資金の融資について」一九四七年一〇月七日、前掲『経済安定本部　戦後経済政策資料』財政金融R３による。

(22)　「石炭増産対策懇談会」『朝日新聞』一九四七年一〇月一二日、東京、朝刊、一頁、「石炭は当分国内自給　政府と炭鉱業者懇談会　リディ課長増炭を強調」『朝日新聞』一九四七年一〇月一二日、東京、朝刊、一頁。

(23)　前掲「石炭鉱業設備資金（除炭鉱住宅資金）融資に関する了解事項」一九四七年一〇月一五日、『経済安定本部　戦後経済政策資料』財政金融R３。

(24)　業種別事項／鉱業／△石炭／(1)設備資金／a、緊急設備資金（起業資金）については本年度上期分は既に十月末迄に融資し十一月以降は融資しない。工事進捗状況により打切したものは下期資金に乗換を認める。下期資金枠は四、〇〇〇百万円であるが今期は内一、六〇〇百万円を限度とし、不足する場合は予備四〇〇百万円の内より追加融資する。一、六〇〇百万円の内四三〇百万円は十月末迄に融資済、残余は各社別に資金所要月日及金額を査定の上融資し十一月分は十一月末日迄に十二月分は十二月十日迄に終了のこと（／は改行）。「復興金融金庫第三・四半期融資方針並融資事前協議の件」総々発第一三〇号、一九四七年一一月二〇日、『総々発綴（復金）昭和二十二年度』（東京大学経済学部資料室所蔵）、「昭和二十二年度復興金融金庫第三、四半期融資方針　復金総務部」、復興金融金庫『復興資金年度別融資方針に関する資料』（東京大学経済学部資料室所蔵）三四―四四頁。

(25) 以下の立案・決定過程については、宮崎正康「炭鉱国管」通商産業省・通商産業政策史編纂委員会編『通商産業政策史――第I期　戦後復興期（2）』第三巻、通商産業調査会、一九九二年、第三章第二節三、九〇―一一〇頁を参照。

(26)「炭鉱国管案　マ元帥・片山首相へ書簡　国会で採択されれば生産目標引上げよ『交替廿四時間制』確立へ」『朝日新聞』一九四七年九月二七日、東京、朝刊、一頁、「炭鉱管理　マ元帥、首相へ書簡　出炭目標を引上げよ　24時間作業など六方策を指摘」『日本経済新聞』一九四七年九月二七日、朝刊、一頁、前掲『石炭国家統制史』六五六頁。

(27) 山崎広明「日本経済の再建と商工・通商産業政策の基調」通商産業省・通商産業政策史編纂委員会編『通商産業政策史――第I期　戦後復興期（1）』第二巻、通商産業調査会、一九九一年、第二章、三三二頁。元資料は、「石炭国管其他に関する和田、水谷両大臣　ファイン・マーカット代理会見要旨（連絡部　昭22.9.19）」（安本資料）。

(28) 引用は、「石炭非常増産対策要綱」一九四七年一〇月三日、『炭砿特別運転資金融資審査委員会関係（昭22―23）』（石川一郎文書、東京大学経済学図書館所蔵）K46.1、R-100、他に前掲『石炭国家統制史』六五六頁も参照。

(29) 前掲、荻野「占領期における石炭鉱業」一五八頁。

(30) 朝日新聞社経済部編『朝日経済年史』昭和二三年版、朝日新聞社、一九四八年一一月、七八頁。

(31) 前掲『朝日経済年史』昭和二三年版、七九頁、『朝日年鑑』一九四九年版、朝日新聞社、一九四八年一二月、二九六頁。

(32)「炭価引上げず　和田安本長官談」『朝日新聞』一九四七年一〇月一三日、東京、朝刊、一頁。

(33) 前掲『朝日経済年史』昭和二三年版、七九頁。

(34) 引用も含めて、「炭礦運転資金緊急融資に関する懇談会に於て論議の中心となった点」、『戦後財政史資料　愛知文書　復興金融金庫（16）石炭・公団・引揚者融資（昭・22―24）』（国立公文書館所蔵）、整理番号一六。「二二、一〇、二〇復興金融課」の手書きの書き込みがあることから、一九四七年一〇月二〇日に大蔵省銀行局復興金融課により作成された資料と推察される。

(35) 以下、引用も含めて、炭鉱特別運転資金融資要綱については、商工省「炭砿特別運転資金融資要綱」一九四七年一〇月

三一日、前掲『炭砿特別運転資金融資審査委員会関係（昭22—23）』K46.1、R-100、「炭砿特別運転資金融資要綱（昭和二二、一〇、三一閣議決定）」、前掲『復興資金年度別融資方針に関する資料』五〇—五一頁、前掲『石炭国家統制史』八八五—八八六頁。

(36) 石炭鉱業側の受け止め方については、必ずしも石炭鉱業一般を代表しているとは限らないが、財閥系の一つであった井華鉱業は、「忠隈、芳野浦、唐津の三礦は既に借入二条件を喪失して居り残るは借入条件（ロ）の三作業方式の有無が融資の可否を決すること、なる。素より融資要綱は原則として礦別に適用されることになってゐるが、企業体一本として融資三条件の何れか融条件《ママ》を具備して居る場合は会社一本として考慮さる、ことになって居り、奔別を除いた場合当社は能率及び上期割当遂行率共充足して居るので前記三礦とて融資の途は絶無でないが、全礦揃って融資三条件の総てを具備することが理想であろう。（中略）此際吾々としては、作業方式の再検討、コスト引下を中心とする経営合理化を全面的に推進しなければならない」としている。「炭礦融資の方途—能率及び生産効率の向上と生産割当の完遂を条件とす」『井華旬報』（慶應義塾大学メディアセンター所蔵日本石炭産業関連資料コレクション）第三二号、一九四七年一一月二一日、三—四頁。

(37) 「炭礦運転資金の取扱に関する方針（案）」、前掲『戦後財政史資料　愛知文書　復興金融金庫（16）石炭・公団・引揚者融資（昭・22—24）』整理番号一五。「S22.10.20 復興金融課」の手書きの書き込みがあることから、一九四七年一〇月二〇日に大蔵省銀行局復興金融課により作成されたものと推察される。ただし、懇談会に提出されたか否かについては不明。

(38) 「連合軍最高司令部経済科学局長よりの水谷商工大臣宛の非公式覚書」一九四七年一一月一九日、『戦後財政史資料　愛知文書　特殊金融（32）石炭融資（配炭公団廃止対策）（昭・22—24）』（国立公文書館所蔵）、整理番号一。

(39) 他に、「炭鉱特別運転資金融資審査委員会規程」、前掲『炭砿特別運転資金融資審査委員会関係（昭22—23）』K46.1、R-100も参照。

(40) 経済安定本部「炭鉱特別運転資金融資方針」一九四七年九月二一日、前掲『経済安定本部　戦後経済政策資料』財政金融R3。

(41) 浅井良夫『戦後改革と民主主義——経済復興から高度成長へ』吉川弘文館、二〇〇一年、一二三頁。

(42) 前述の「炭砿運転資金の取扱いに関する方針（案）」においても、委員会構成案の中に、「経営者代表（武内禮三）　労働者〃（未定）」とされていた。「炭礦運転資金の取扱に関する方針（案）」、前掲『戦後財政史資料　愛知文書　復興金融金庫（16）石炭・公団・引揚者融資（昭・22—24）』整理番号一五。

(43) 「（議案第二号）軽微なる事案の幹事会委任に関する件　昭和二二、一一、七」（取消線ママ）、前掲『炭砿特別運転資金融資審査委員会関係（昭22—23）』K46.1、R-100。

(44)「復興金融金庫第三・四半期融資方針並融資事前協議の件」総々発第一三〇号、一九四七年一一月二〇日、前掲『総々発綴(復金)昭和二十二年度』、「昭和二十二年度復興金融金庫第三、四半期融資方針　復金総務部」、前掲『復興資金年度別融資方針に関する資料』三四―四四頁。

(45)「本支店事務協議会開会に際しての談話　日本銀行総裁一万田尚登昭和22・11・4」、日本銀行金融研究所編『日本金融史資料　昭和続編』第二一巻、大蔵省印刷局、一九九〇年、一三五―一三六頁。その一方で、対外的には、赤字融資についても「重要な産業の場合は単に赤字であるが故に、融資をしないというわけにはいかない」と寛大な姿勢を示していた(「一万田日銀総裁にきく金融逼迫とインフレの前途」『東洋経済新報』一九四七年一一月八日)。また、同時期に工藤昭四郎復金副理事長は、「超重点産業については、戦時統制そのままに無批判、無条件に資金が注ぎ込まれてきた」ことを反省し、「超重点産業、たとえば、石炭肥料等に対する金融は、できる限り正規の金融に引戻す」べきと述べている(「工藤復興金融金庫副理事長にきく金融難・生産減とその打開策」『東洋経済新報』一九四七年一二月六日)。浅井良夫「第二次世界大戦後の復興期　一九四五―一九五四年」石井寛治編『日本銀行金融政策史』東京大学出版会、二〇〇一年、第四章、一九九―二〇〇頁による。

(46)前掲『石炭労働年鑑』昭和二三年版、一六五頁。

(47)日本炭鉱労働組合編『炭労十年史』労働旬報社、一九六四年、一七二頁。

(48)前掲『日本の政策金融I』二九頁。

(49)以下、この経過的措置については、引用も含めて、「議案第一号　炭砿特別運転資金融資の経過的措置に関する件」、前掲『炭砿特別運転資金融資審査委員会関係(昭22―23)』K46.1、R-100。他に、前掲『石炭国家統制史』八八六頁、「炭代見返りで融資　緊急措置　対象は増産量へ」『日本経済新聞』一九四七年一一月九日、朝刊、一頁、「炭鉱融資に便宜措置」『朝日新聞』一九四七年一一月一日、東京、朝刊、一頁、「増産炭鉱に重点　融資額決定の方式」『日本経済新聞』一九四七年一一月一七日、朝刊、一頁も参照。

(50)「赤字融資に関する資料」、前掲『復興資金年度別融資方針に関する資料』一三八頁。

(51)日本石炭鉱業会「融資御願」、前掲『炭砿特別運転資金融資審査委員会関係(昭22―23)』K46.1、R-100。一九四七年一一月七日開催の同委員会関係の資料の一つとして整理されている。

(52)前掲『石炭労働年鑑』昭和二三年版、二五六頁。

(53)前掲『石炭労働年鑑』昭和二三年版、二六九―二七七頁。

(54)前掲『炭労十年史』一七六頁。

(55) 前掲『石炭労働年鑑』昭和二三年版、二七七―二八一頁。
(56)「炭労の前借申込不調」『読売新聞』一九四七年一二月二日、朝刊、二頁。前掲『炭労十年史』一七六頁。
(57) 前掲『石炭労働年鑑』昭和二三年版、二八二―二八四頁。
(58)「炭労の前借申込不調」『読売新聞』一九四七年一二月二日、朝刊、二頁。
(59) 第五回団体交渉については、以下の引用も含めて、前掲『石炭労働年鑑』昭和二三年版、二八四―二八五頁。
(60) 前掲『石炭労働年鑑』昭和二三年版、二八五頁。
(61)「千円の奨励金　炭労に前貸し」『朝日新聞』一九四七年一二月七日、東京、朝刊、一頁、「ストに入れば十八條適用か」『日本経済新聞』一九四七年一二月七日、朝刊、一頁、「政府妥協案の内容」『日本経済新聞』一九四七年一二月七日、朝刊、一頁。
(62)「炭鉱に給与資金　年内に二、三億円融資　日銀総裁談」『日本経済新聞』一九四七年一二月四日、朝刊、一頁。
(63)「炭労スト宣言　きのう団体交渉決裂」『日本経済新聞』一九四七年一二月七日、朝刊、一頁、「炭労・スト態勢に入る」『朝日新聞』一九四七年一二月七日、東京、朝刊、一頁、「炭労交渉遂に決裂　今夜半からスト態勢へ」『読売新聞』一九四七年一二月七日、朝刊、一頁、前掲『石炭労働年鑑』昭和二三年版、二八五―二八七頁。
(64) 前掲『石炭労働年鑑』昭和二三年版、二八七―二八八頁。
(65)「炭労・鉱連の交渉妥結　生産準備金、鉱員に千五十円」『日本経済新聞』一九四七年一二月八日、朝刊、一頁、「ストに入れば十八條適用か」『日本経済新聞』一九四七年一二月七日、朝刊、一頁。
(66) 前掲『石炭労働年鑑』昭和二三年版、二八八―二八九頁。正式調印は一二月一〇日に行われている（同書二八九頁）。他に、石炭庁「炭砿勤労者に対する増産奨励金支給に要する運転資金融資に関する件」一九四七年一二月九日、前掲『炭砿特別運転資金融資審査委員会関係（昭22―23）』K46.1、R-100も参照。
(67) 引用は、「炭労スト中止　鉱業連盟で譲歩」『朝日新聞』一九四七年一二月八日、東京、朝刊、一頁。他に、「炭労スト回避さる　鉱連譲歩　きのう仮調印」『読売新聞』一九四七年一二月八日、朝刊、一頁も参照。
(68) 前掲『炭労十年史』一七四頁、前掲『石炭労働年鑑』昭和二三年版、三五五―三六二頁。
(69) 前掲『石炭労働年鑑』昭和二三年版、三六四頁。
(70) 前掲『炭労十年史』一七七頁、前掲『石炭労働年鑑』昭和二三年版、三六二―三六五頁。
(71) 前掲『石炭労働年鑑』昭和二三年版、三六五―三六七頁。
(72) 引用を含めて、前掲『炭労十年史』一七七頁。他に、前掲『石炭労働年鑑』昭和二三年版、三六七―三六八頁も参照。

(73) 前掲『石炭労働年鑑』昭和二三年版、三六九頁、前掲『炭労十年史』一七八頁。
(74) 前掲『石炭労働年鑑』昭和二三年版、三六九頁、前掲『炭労十年史』一七八頁、「全石炭で要求提出」『朝日新聞』一九四七年一二月一九日、東京、朝刊、一頁。
(75) 「〝全石炭〟を結成　条件付で鉱連と再交渉」『読売新聞』一九四七年一二月一九日、朝刊、二頁。
(76) 前掲『炭労十年史』一七八頁、前掲『石炭労働年鑑』昭和二三年版、三六九―三七〇頁。
(77) 前掲『炭労十年史』一七八頁、前掲『石炭労働年鑑』昭和二三年版、三七〇頁、「全石炭、交渉決裂」『朝日新聞』一九四七年一二月二〇日、東京、朝刊、二頁。
(78) 「中央交渉決裂　全石炭と鉱業連盟」『読売新聞』一九四七年一二月二〇日、朝刊、二頁。
(79) 前掲『石炭労働年鑑』昭和二三年版、三七〇―三七一頁。
(80) 前掲『石炭労働年鑑』昭和二三年版、三七一―三七二頁。全石炭が中央交渉の再開に応じた背景には、連盟・各社各山の切崩し工作により、九州地方の組織的動揺が重大化の兆しをみせはじめていたという内部事情もあった（前掲『炭労十年史』一七九頁）。また、『炭労十年史』には、GHQも斡旋に入ったという記述もある（同書一七八頁）。
(81) 前掲『石炭労働年鑑』昭和二三年版、三七二―三七四頁、「全石炭及び中立組合に対する増産準備金交付に要する運転資金融資に関する件　二三、一、七幹事会決定」、前掲『炭砿特別運転資金融資審査委員会関係（昭22―23）』K46.1、R-100。
(82) 「炭鉱連、全石炭妥結」『日本経済新聞』一九四七年一二月三一日、朝刊、一頁。
(83) 「炭労増産資金二億三千万　復金より融資」『朝日新聞』一九四七年一二月一一日、東京、朝刊、一頁、「増産準備金融通二億三千五百万円」『読売新聞』一九四七年一二月一一日、朝刊、一頁。他に、石炭庁「炭砿勤労者に対する増産奨励金支給に要する運転資金融資に関する件」一九四七年一二月九日、前掲『炭砿特別運転資金融資審査委員会関係（昭22―23）』K46.1、R-100も参照。
(84) 「全石炭及び中立組合に対する増産準備金交付に要する運転資金融資に関する件　二三、一、七幹事会決定」、前掲『炭砿特別運転資金融資審査委員会関係（昭22―23）』K46.1、R-100。
(85) ただし、個別の炭鉱企業への融資実行には、当該企業の労資間での団体協約成立が必要であったようである。その点に関しては、島西智輝が三井砂川炭鉱の事例を明らかにしている。島西智輝『日本石炭産業の戦後史――市場構造変化と企業行動』慶應義塾大学出版会、二〇一一年、七二―七四頁。
(86) もちろん、この点に関する資料の発掘は継続されるべき課題である。
(87) 「石炭生産奨励金交付に関する臨時措置案　二三、一、一五閣議決定」、前掲『炭砿特別運転資金融資審査委員会関係

（昭22—23）』K46.1、R-100、「石炭生産奨励金に臨時措置」『朝日新聞』一九四八年一月一六日、東京、朝刊、一頁、「石炭生産奨励金　復金から七億円を融資」『日本経済新聞』一九四八年一月一七日、朝刊、一頁。

(88)「生産奨励金支給に要する資金融資の件」、前掲『炭砿特別運転資金融資審査委員会関係（昭22—23）』K46.1、R-100。

(89)「炭礦労務者に対する生産奨励金交付に伴ふ融資について　銀、復、二二、二、三」、『戦後財政史資料　愛知文書　復興金融金庫（5）復金運営Ⅳ』（国立公文書館所蔵）、整理番号三〇。タイトル中の「二二、二、三」は「二三、二、三」の誤りと推察される。他に、「赤字融資に関する資料」、前掲『復興資金年度別融資方針に関する資料』一三七頁も参照。

(90)「石炭増産に奨励金　未払に融資十三億　炭鉱融資委員会決定」『日本経済新聞』一九四八年一月三一日、朝刊、一頁。

(91)「石炭礦業における税金徴収と融資について　銀、復、二三、二、七」、前掲『戦後財政史資料　愛知文書　復興金融金庫（5）復金運営Ⅳ』整理番号七四。

(92)「議案第二号　炭砿勤労者に対する生産奨励金交付に要する資金の融資に関する件　二三、三、八幹事会決定」、前掲『炭砿特別運転資金融資審査委員会関係（昭22—23）』K46.1、R-100。

(93)「炭鉱赤字融資　復金から十三億円　特別融資審査委員会で決定」『日本経済新聞』一九四八年三月二〇日、朝刊、一頁、「炭鑛へ十一億円　復金からの融資決る」『日本経済新聞』一九四八年四月九日、朝刊、一頁、「炭砿特別運転資金審査委員会（四月七日）」『復金週報』第二号、一九四八年四月一二日、二頁、「議案第二号　三月分生産奨励金交付所要額融資に関する件」、『炭砿特別運転資金融資審査委員会関係（昭22—23）』K46.2、R-100。

(94)「石炭増産に奨励金　未払に融資十三億　炭鉱融資委員会決定」『日本経済新聞』一九四八年一月三一日、朝刊、一頁。

(95)「炭鑛の未払金決済に卅六億円を貸出か　近く融資委員会で決定」『日本経済新聞』一九四八年一月一三日、朝刊、一頁、「炭鉱へ赤字融資　政府・経理危機の解決に乗出す」『読売新聞』一九四八年一月一六日、朝刊、一頁。

(96)「ヒモ附で重点融資（解説）」『日本経済新聞』一九四八年一月三一日、朝刊、一頁。

(97)「石炭礦業における税金徴収と融資について　銀、復、二三、二、七」、前掲『戦後財政史資料　愛知文書　復興金融金庫（5）復金運営Ⅳ』整理番号七四。

(98)「赤字融資に関する資料」、前掲『復興資金年度別融資方針に関する資料』一三八—一三九頁。

(99)「議案第一号　第四、四半期第二次炭砿特別運転資金融資に関する件　二三、三、八幹事会決定」、前掲『炭砿特別運転資金融資審査委員会関係（昭22—23）』K46.1、R-100。

(100)「炭鉱赤字融資　復金から十三億円　特別融資審査委員会で決定」『日本経済新聞』一九四八年三月二〇日、朝刊、一頁。

(101)「第四四半期第二次炭砿特別運転資金中税額分に対する融資の件」一九四八年三月二九日、前掲『炭砿特別運転資金融資審査委員会関係（昭22—23）』K46.1、R-100。

(102)「議案第三号　炭砿勤労者の勤労所得に対する特別措置をとるに要する資金融資に関する件　二三、三、八幹事会決定」、前掲『炭砿特別運転資金融資審査委員会関係（昭22—23）』K46.1、R-100。他に、「炭鉱、電気へ融資　きのう閣議で決定」『朝日新聞』一九四八年二月二一日、東京、朝刊、一頁、「電気事業、炭鉱へ特別融資決る　総額約九億円」『読売新聞』一九四八年二月二一日、朝刊、一頁も参照。

(103)「炭鉱赤字融資　復金から十三億円　特別融資審査委員会で決定」『日本経済新聞』一九四八年三月二〇日、朝刊、一頁。

(104) 石炭庁「二十三年度三六〇〇万屯出炭準備運転資金融資に関する件」一九四八年三月二七日、前掲『炭砿特別運転資金融資審査委員会関係（昭22—23）』K46.1、R-100。

(105)「炭砿特別運転資金審査委員会幹事会（三月廿九日）」『復金週報』第一号、一九四八年四月五日、二頁。

(106) 引用は、「炭砿特別運転資金審査委員会幹事会（四月五日）」『復金週報』第二号、一九四八年四月一二日、二頁、他に、「議案第一号　二十三年度三六〇〇万屯出炭準備運転資金融資に関する件　二三、四、五幹事会決定」、前掲『炭砿特別運転資金融資審査委員会関係（昭22—23）』K46.2、R-100も参照。

(107)「炭砿特別運転資金審査委員会（四月七日）」『復金週報』第二号、一九四八年四月一二日、二頁、「炭鑛へ十一億円　復金からの融資決る」『日本経済新聞』一九四八年四月九日、朝刊、一頁、「炭鉱赤字融資　各社割当廿二日決定」『読売新聞』一九四八年四月二〇日、朝刊、一頁。

(108)「四月分石炭運転資金の融資についての司令部の意向　銀、復　四月九日」、『戦後財政史資料　愛知文書　復興金融金庫（6）復金運営V（昭・23）』（国立公文書館所蔵）、整理番号七。

(109)「争議解決に伴ふ給与支払のための融資について、　銀、復、二三、四、一〇」、前掲『戦後財政史資料　愛知文書　復興金融金庫（6）復金運営V（昭・23）』整理番号八。

(110)「四月分石炭運転資金の融資についての司令部の意向　銀、復　四月九日」、前掲『戦後財政史資料　愛知文書　復興金融金庫（6）復金運営V（昭・23）』整理番号七。なお、ここでの引用中にある電産問題については、第4章を参照。

(111)「争議解決に伴ふ給与支払のための融資について、　銀、復、二三、四、一〇」、前掲『戦後財政史資料　愛知文書　復興金融金庫（6）復金運営V（昭・23）』整理番号八。

(112) 大蔵省銀行局復興金融課「復金赤字融資資料」一九四八年一〇月二六日、『戦後財政史資料　愛知文書　復興金融金庫（15）赤字融資（昭・22—23）』（国立公文書館所蔵）、整理番号七、「赤字融資に関する資料」前掲『復興資金年度別融資方針に関する資料』一四一頁。

(113)「第一・四半期資金計画説明会（四月十九、二十、二十三日）」『復金週報』第四号、一九四八年四月二六日、二頁。

(114)「赤字融資検討の時　フィリップス課長談　まず価格を調整」『日本経済新聞』一九四八年四月三〇日、朝刊、一頁。この記事では、フィリップスの役職は経済科学局財政金融課長とされている。しかし、時期は少し下るが、「第三次南氷洋捕鯨関係設備資金融通の経緯」『復金週報』（第三七号、一九四八年一二月一三日、四頁）では、経済科学局（ＥＳＳ）長マーカット少将、同局 Finance Division（財政金融課）長ルカウント、同 Division Money and Banking Branch（通貨銀行係）長スミス、同 Division Public Finance Branch（財政係）長リード、そして、Money and Banking Branch（通貨銀行係）内の金融政策班（Credit Policy Unit）を司るのがフィリップスであるとされている。一九四八年四月時点から一九四八年一二月までの間に、フィリップスが課（Division）長から二段階も降格したとは考えにくいため、ここでは、フィリップスを課長とはみなしていない。なお、大蔵省財政史室編『昭和財政史——終戦から講和まで』第一二巻（東洋経済新報社、一九七六年）では、「フィリップス　R. E. Philips は、当時（一九四八年一一月—引用者）ＥＳＳの財政課で金融係に所属し、ルカウント課長、ビープラット係長のもとで信用政策（Credit Policy）を担当していた」（七三五—七三六頁）とされている。ただし、その出典は記されていない。

(115)「炭鑛賃金支払えず　石炭協会きょう重大声明」『日本経済新聞』一九四八年四月三〇日、朝刊、一頁。他に、「経営危機迫る　業者側あす政府へ申入」『読売新聞』一九四八年四月二九日、朝刊、一頁も参照。

(116)「石炭融資の件」『復金週報』第六号、一九四八年五月一二日、一—二頁。他に、「炭鉱へ廿億八千五百万円融資　増炭へ労働対策の改善が条件」『日本経済新聞』一九四八年五月六日、朝刊、一頁も参照。

(117) 日本石炭協会「石炭鉱業経営の実情」一九四八年五月四日、前掲『炭砿特別運転資金融資審査委員会関係（昭22—23）』K46.2、R-100。同資料に収録されている状態から五月五日の炭鉱特別融資委員会用の資料であると判断した。

(118)「復興金融委員会（五月六日）」『復金週報』第六号、一九四八年五月一二日、二頁。このときの復興金融委員会では、一五億五五〇〇万円と五億三二〇〇万円として承認されたとなっているが、金額が異なる理由は不明である。

(119)「炭砿特別運転資金の融資に関する件　昭和二十三年五月二十四日幹事会決定」、前掲『炭砿特別運転資金融資審査委員会関係（昭22—23）』K46.2、R-100。

(120)「炭砿特別融資審査委員会（五月二十四日）」『復金週報』第九号、一九四八年五月三一日、一頁、「炭鉱へ赤字融資」『日本経済新聞』一九四八年五月二五日、朝刊、一頁。

(121)「賃金改訂に伴ふ五月分運転資金不足額融資に関する件　二三、五、三一幹事会決定」、前掲『炭砿特別運転資金融資審査委員会関係（昭22—23）』K46.2、R-100。

(122) 以下、両日の同幹事会については、別に断らない限り、「石炭特別運転資金幹事会（六月十八日　〃十九日）」『復金週報』第一二号、一九四八年六月二一日、二頁による。

(123) 第三次炭鉱特別調査団が五月一九日に発表した中間報告に関する新聞記事においてすでに、炭鉱の経理面について、「特に厳密な調査を行った結果、コストのうちに入れてはならぬ生産奨励金や税金などを含めており、これを除外すると炭鉱の赤字は世間で騒いでいるほどのものではなく、むしろ政府の赤字融資は出し過ぎている傾向があきらかにされた」とされている。「多過ぎる炭鉱融資　バトラー調査団長指摘」『日本経済新聞』一九四八年五月二一日、朝刊、一頁。同調査団の報告については、「昭和二十三年五月二十五日提出　九州地区炭礦特別調査報告（概要）――経理関係事項――　銀行局　塩谷事務官」、前掲『戦後財政史資料　愛知文書　復興金融金庫（6）復金運営V（昭・23）』整理番号二一も参照。

(124) 一九四八年六月一八・一九日の炭砿特別融資幹事会のために、大蔵省銀行局復興金融課が用意したと推察される資料（「当面の石炭融資問題　銀、復、二三、六、一五」、前掲『戦後財政史資料　愛知文書　復興金融金庫（6）復金運営V（昭・23）』整理番号二五）には、「（ホ）特別調査団の報告によれば／1　三月末現在の未払金は昨年一二月現在より約三〇億円程度増加していると云はれているが、その大部分は税金であって資材代については特に悪化の状況はみられない。従ってこれら税金分を控除して考へるときは月平均の消費資材代に対して一、五―二、五ヶ月分程度の未払金であって他産業との比較においてもこの際特に未払整理の必要を認めない。又資材手持状況は決して不良とは云へない。炭砿によってはむしろ手持の増加をみているものさへ相当ある。（中略）（ヘ）結局炭価改訂が極めて近い将来に予想せられるときはこの際特に未払金整理の融資は必要と認められない。唯、炭価改訂の遅延をみるときは改めて、六月分特別運転資金の融資は避けられないと共に税金の徴収にあたっては或程度融資を考慮しなければならない」（／は改行）とあることから、少なくとも大蔵省銀行局はここでの「金融側」に含まれていたと考えられる。他に、「石炭運転資金不足額融資についての問題　銀、復、二三、六、二二」、前掲『戦後財政史資料　愛知文書　復興金融金庫（6）復金運営V（昭・23）』整理番号二七も参照。

(125) 石炭庁「二十三年四月―六月の炭砿運転資金の不足額の融資に関する件」一九四八年六月二八日、前掲『炭砿特別運転資金融資審査委員会関係（昭22―23）』K46.2、R-100。

(126) ここでの紐付融資とは、「炭鉱会社の資材関係の資金を融資する場合、その資金が労務費その他に横流れするのを防ぐため各炭鉱会社に資金をわたさず炭鉱と取引のある銀行に融資し、炭鉱に資材を供給した者はその炭鉱会社の認証ある支払請求書で直接銀行から支払をうける」というものであった。「炭鉱に十億円融資　資材の未払いに充当」『朝日新聞』一九四八年七月一四日、東京、朝刊、一頁。

(127) 「石炭特別運転資金委員会（六月二十八日）」『復金週報』第一四号、一九四八年七月五日、一頁。他に、「炭鉱融資廿億委員会で決定」『読売新聞』一九四八年六月三〇日、朝刊、一頁も参照。

(128)「復興金融委員会（六月廿四日）」『復金週報』第一三号、一九四八年六月二八日、三頁。

(129)「復興金融委員会（七月八日）」『復金週報』第一五号、一九四八年七月一二日、二―三頁。

(130)「赤字融資に関する資料」、前掲『復興資金年度別融資方針に関する資料』一四一頁、大蔵省銀行局復興金融課「復金赤字融資資料」一九四八年一〇月二六日、前掲『戦後財政史資料　愛知文書　復興金融金庫（15）赤字融資（昭・22―23）』整理番号七。

(131)「融資先の賃金監査　新物価後の金融対策案」『朝日新聞』一九四八年六月二九日、東京、朝刊、一頁。

(132)「赤字融資行わず　三人委員会で決定　財政資金卅五％に」『朝日新聞』一九四八年七月九日、東京、朝刊、一頁。他に、「赤字融資絶対避く　ワクは財政資金（三割五分）のみ　三人委員会決定」『日本経済新聞』一九四八年七月八日、朝刊、一頁、「産業資金に重点　三人委員会　物価改訂後の金融策」『読売新聞』一九四八年七月九日、朝刊、一頁も参照。

(133)「一万田尚登日本銀行総裁講演要旨」第二回全国銀行大会（一九四八年六月一一日）における演説、前掲『日本金融史資料　昭和続編』第二一巻、一四頁。

(134)「融資委員会を廃止　栗栖長官談」『日本経済新聞』一九四八年七月九日、朝刊、一頁。

(135)前掲『日本の政策金融Ⅰ』五二頁、元資料は、大蔵省財政史室編『昭和財政史――終戦から講和まで』第一二巻、東洋経済新報社、一九七六年、二五八―二五九頁。

(136)前掲『昭和財政史――終戦から講和まで』第一二巻、二五八―二五九頁、「価格補正に伴う当面の産業金融対策（昭和二三、七、一二閣議決定）」、前掲『復興資金年度別融資方針に関する資料』七五―七六頁。他に、「産業資金貸出順位を改正　産業金融対策を決定」『日本経済新聞』一九四八年七月一三日、朝刊、一頁、「ツナギ資金は供給　産業金融対策決まる　労賃監査は行わず」『朝日新聞』一九四八年七月一三日、東京、朝刊、一頁も参照。

(137)日本石炭鉱業連盟編『石炭労働年鑑』昭和二四年版、一九四九年、一九五―一九九頁、前掲『炭労十年史』二一八頁。

(138)前掲『石炭労働年鑑』昭和二四年版、一九九頁、前掲『炭労十年史』二一九頁。

(139)前掲『石炭労働年鑑』昭和二四年版、一九九頁。他に、前掲『炭労十年史』二一九頁も参照。

(140)前掲『炭労十年史』二一九頁。

(141)「全石炭炭労共闘でストへ　連盟側の回答延期申入れに」『日本経済新聞』一九四八年一一月九日、朝刊、一頁。

(142)前掲『戦後改革と民主主義』一七一頁。

(143)前掲『石炭労働年鑑』昭和二四年版、二四二頁。

(144) 引用は、前掲『石炭労働年鑑』昭和二四年版、二四二頁、他に、前掲『炭労十年史』二一九頁、「全国で波状ストか　炭鉱二組合が闘争宣言」『朝日新聞』一九四八年一一月一〇日、東京、朝刊、二頁、「波状スト指令　共闘委で宣言」『読売新聞』一九四八年一一月一〇日、朝刊、二頁、「連盟へスト通告　連盟も反駁声明」『日本経済新聞』一九四八年一一月一〇日、朝刊、一頁も参照。

(145)「労資で直接交渉せよ　炭鉱スト・総司令部勧告」『読売新聞』一九四八年一一月一〇日、朝刊、二頁。他に、「スト中止を希望　ヘプラー課長」『朝日新聞』一九四八年一一月一〇日、東京、朝刊、二頁、「石炭争議　スト中賃金不払　政府、組合側と会見」『日本経済新聞』一九四八年一一月一〇日、朝刊、一頁も参照。

(146) 引用は、「石炭争議　スト中賃金不払　政府、組合側と会見」『日本経済新聞』一九四八年一一月一〇日、朝刊、一頁。

(147) 引用も含めて、「労資で直接交渉せよ　炭鉱スト・総司令部勧告」『読売新聞』一九四八年一一月一〇日、朝刊、二頁。

(148) 前掲『石炭労働年鑑』昭和二四年版、二四三頁、前掲『炭労十年史』二一九頁、前掲『石炭国家統制史』六九七頁。

(149)「炭鉱紛争に伴う石炭融資実行の暫定的停止に関する件（一一・一二）」『復金週報』第三三号、一九四八年一一月一五日、一頁。

(150)「復金融資を停止　一応スト以外の炭鉱も」『朝日新聞』一九四八年一一月一六日、東京、朝刊、一頁、「炭鉱への融資一応中止」『読売新聞』一九四八年一一月一六日、朝刊、一頁。ただし、大蔵省銀行局作成の資料では、「今回の炭礦ストライキに関し、総司令部から可及的速かに之を終熄《ママ》せしめるため、経営者側に対する復金融資を既定のものと、将来のものとを問はず一応保留せしめることにつき指示があったので去る十三日以降復金融資保留の手配を行った」とされている（「石炭礦業に対する復金融資停止措置対策　銀復、二三、一一、一六」、前掲『戦後財政史資料　愛知文書　復興金融金庫（16）石炭・公団・引揚者融資（昭・22―24）』整理番号三七）。他に、「全炭砿の融資停止　十三日から当分の間」『日本経済新聞』一九四八年一一月一七日、朝刊、一頁も参照。

(151)「十八億七千万円　予定されていた融資額」『朝日新聞』一九四八年一一月一六日、東京、朝刊、一頁。

(152) この定例会見については、別に断らない限り、「十一月十七日泉山大蔵大臣兼安本長官とマーカット将軍との会談要録」総合研究開発機構（ＮＩＲＡ）戦後経済政策資料研究会編『経済安定本部　戦後経済政策資料』第一巻、日本経済評論社、一九九四年、六九一―六九六頁による。出席者は、ＧＨＱ側：マーカット将軍、コーヘン顧問、ルカウント財政金融課長、リード氏、その他、日本政府側：泉山大臣、渡辺大蔵省官房長、石田同官房次長、宮沢大蔵事務官、勝部経本官房次長、と記されている。他に、大蔵省財政史室編『対占領軍交渉秘録　渡辺武日記』東洋経済新報社、一九八三年、二八六頁も参照。

(153) 浅井良夫は、一一月一七日にマーカットが融資停止指示を取り消したとしている（前掲『戦後改革と民主主義』一七二頁）が、取り消しの対象とされている指示の決定自体が否定されていた。

(154)　前掲『対占領軍交渉秘録　渡辺武日記』二八七頁。

(155)　この会談については引用も含めて、「復金の炭坑融資停止の件　銀行局」、前掲『戦後財政史資料　愛知文書　復興金融金庫（16）石炭・公団・引揚者融資（昭・22―24）』整理番号三六による。他に、「炭砿紛争に伴う石炭融資実行の暫定的停止の件（一一・一九）」『復金週報』第三四号（上）、一九四八年一一月二二日、二頁、「炭鉱融資制限を緩和」『日本経済新聞』一九四八年一一月二〇日、朝刊、一頁、「『石炭融資』を緩和」『朝日新聞』一九四八年一一月二〇日、東京、朝刊、二頁、「炭鉱融資緩和」『読売新聞』一九四八年一一月二〇日、朝刊、一頁も参照。

(156)　ただし、最後の回答がフィリップスとリードのどちらによるものかは不明。渡辺武は一一月一九日付の日記に、「同じく午前、司令部にて石炭融資禁止の会議あり。大蔵、安本、日銀、商工、復金に対し司令部としては日本側に一任することとし、事実上禁止命令を解除せる由」と記している。前掲『対占領軍交渉秘録　渡辺武日記』二八七頁。

(157)　「炭鉱融資制限を緩和」『日本経済新聞』一九四八年一一月二〇日、朝刊、一頁、「『石炭融資』を緩和」『朝日新聞』一九四八年一一月二〇日、東京、朝刊、二頁。

(158)　前掲『日本の政策金融Ⅰ』二九頁。

(159)　「参議院　財政及び金融委員会会議録第八号」一九四八年二月二〇日、日本銀行金融研究所編『日本金融史資料　昭和続編』第二三巻、大蔵省印刷局、一九九一年、二九九―三〇〇頁。

(160)　「復興金融委員会（七月二十九日）」『復金週報』第一八号、一九四八年八月二日、一頁。

(161)　「支所長会議（八月十一日）」『復金週報』第二〇号、一九四八年八月一六日、四頁。

(162)　「支所長会議」『復金週報』第三四号（下）、一九四八年一一月二二日、二―三頁。⑤―⑦の出所も同じ。

(163)　「復興金融金庫法の一部を改正する法律案　第四回国会　衆議院　大蔵委員会議録第十二号」一九四八年一二月二〇日、前掲『日本金融史資料　昭和続編』第二三巻、四二二頁。

(164)　「地方融資課長会議（一・二四）」『復金週報』第四四号、一九四九年一月三一日、二頁。

(165)　「復興金融委員会（二・三）」『復金週報』第四五号、一九四九年二月七日、二―三頁。他に、「復金の石炭融資の改善について（昭和二四、二、三）」、前掲『復興資金年度別融資方針に関する資料』一二四―一二五頁、「復金改組きょう実施」『朝日新聞』一九四九年二月四日、東京、朝刊、一頁も参照。

第4章　電力業向け復金融資実施過程
――電力融資委員会の設置から廃止まで

はじめに

本章では、石炭鉱業に次ぐ復金融資の借り手であった電力業向け融資（表序－2、表序－3）の審議のために設置されていたとされている外部機関を対象として取り上げ、その活動の実態を分析する。序章で挙げた課題のうち、本章で考察されるのは、個別案件の融資決定方法に関わる課題と赤字融資に関わる課題の二つである。

電力業向け融資の審議のために設置されていたとされている外部機関については、管見の限り、唯一、『通商産業政策史』に、「石炭、電力の案件については、内閣に炭鉱特別融資委員会と電力特別融資委員会が復興金融委員会の議に付される前に審議を行っており、実際上は大きな権限をもっていた(1)」という記述があるだけである。しかし、この記述からは、「電力特別融資委員会」の活動実態に関する情報は何一つ得ることはできず、その「大きな権限」が電力業向けの復金融資案件のどの範囲に及んでいたのかも定かでない。しかも、「電力特別融資委員会」という名称も間違っている（正式には、後述のように、電力融資委員会であった）。そこで、本章では、電力融資委員会の活動の実態を明らかにするために、電力融資委員会は、どのような経緯でいつ設置・廃止され、電力業向けのどのような案件を対象として、どのような審議を行っていたのか、という点について考察する。

第一節　電産争議と電力融資委員会の設置

(1) 中央労働委員会への提訴（一九四七年九月一九日）

一九四六年の「十月闘争」の電力産業における主要成果である電気事業民主化の基本原則と生活給を裏打ちする賃金スライドの二点に関しては、一九四六年一二月協定はその原則を確認したにとどまり、その解決を後に残したものであった。(2) 日本電気産業労働組合(3)（以下、電産労組と記す）は、一九四七年五月の京都大会において、賃金スライドおよび電気事業の民主化に併せて、単一労働協約の締結の三目標をかかげ、爾後、熱心な折衝が経営者側との間に続けられた。(4)

賃金スライドについては、一九四六年一二月の協定では、「賃金は生活費の変動に応じてスライドせしめる」こととなっていたが、生活費の変動をどの程度にみるか、何時を基準とするか等の具体的条件については、何ら規定がなされなかった。(5) そのため、労働側は、一九四七年四月以降、スライド方式案を定めて会社側に実施を迫ったが、「電気料金の一定している現状においては、原資の点に難色」（傍点は引用者）があった。(6) 加えて、暫定業種別平均賃金が策定された同年七月以降は、七・七物価体系下における賃金と、物価の同時調整を行おうとする政府や連合国軍最高司令官総司令部（ＧＨＱ／ＳＣＡＰ、以下ＧＨＱ）の方針とも対立した。(7) 電気事業の民主化の問題については、独占禁止法に続く経済力集中排除法の見透しが付かないため、交渉は停頓した。(8) 残る労働協約についても、当初より各主要条項について意見の衝突するところが多く、解決が困難と目されるに至った。(9)

電産労組は、一九四七年八月の長岡大会で、闘争態勢を確立すべく決議を行い、九月一九日に中央労働委員会(10)（以下、中労委と記す）に対して、前述の主要三項目その他四項目にわたって提訴を行い、電気事業経営者会議（以下、電経会議と記す）もこれに続いて、さらに二項目を加えて中労委に提訴した。(11)提訴を受けた中労委は、中山伊知郎（東京商科大学教授）を委員長とする調停委員会を成立させ、主要三項目に集中して審議が進められた。(12)

（2）中労委による調停案の提示（一九四七年一二月一九日）

一九四七年一二月一九日、提訴以来三ヶ月、二七回の調停委員会を経て、中山委員長より主要三項目に関する調停案が提示された。(13)そのうち、焦点となっていた賃金スライドについて、中労委調停案は、統制の下においてのスライドには、第一に物価体系を積極的にこわさないこと、第二に企業の生産能率と一定の関係をもつことの二つの制約が出てくるという見解に基づき、さらに、第一にすでに明確なる協約の文言があること、第二に一九四七年四月以来事実上基本賃金の一五〇％に当たるスライドを暫定の名目の下に実施していること、第三に出力が戦時最高の九五％を維持していることの三つの特殊事実をも考慮して、次のように処置することを勧告している。(14)

一、暫定措置は、昭和二十二年十二月をもって打切ること。
　打切りに際しては各会社の支払差額を調整し、不公平を残さぬように処置すること、またこの処置のために新給与一ヶ月分に相当する金額を支出すること。

二、昭和二十三年一月の基準賃金は消費者価格指数の推移から推定延長して決定すること。
　算定方式は別記の通り。

三、右は全国平均の基準賃金であるから、これに適当な地域差をつけて都会と地方との生活差を調節すること。
　右地域差の査定については、組合の生活実態調査を基礎とすること。

　尚基準外賃金の配分については、必ずしも生活の実態に即しない点が認められるから、組合と会社と協議の上これが改訂をはかること。

四、昭和二十三年一月以降は右の方法に準じて三ヶ月毎に賃金を改訂するものとする。

五、右に対する源資の捻出については会社は事業運営の合理化、能率の向上、闇電力の料金化等によって、組合とも協力の上極力自ら支払能力を作るように努力すべきである。この場合料金の適当なる改訂を行うことは止むを得ないであろうが、それのみに依頼する安易な態度は避けるべきである。

六、人件費は原則として、全経常費の五〇%をこえないことをもって一応合理的経営の限界とすること。この限界は現在の事情の下で、直ちに実行に移し得ないとしても、出来るだけ近い機会に回復されねばならぬ健全経営の最少限度の要求である。

（中略）

（記）一月基準賃金の算出法

（1）一一月を基準とする消費者価格調査による生計費指数による対前月平均騰貴率　一〇%

（2）右騰貴率による本年一二月の推定指数　二八九

（3）一月の基準賃金　一八五四×二八九＝五三五八円（税込）

（3）電産労組による実質的拒否の回答（一九四八年一月二八日）

この中労委調停案に対して、電産労組は、一九四八年一月二八日に、条件付き受諾の回答を行った。[15] その回答書では、「今回の調停案は当初の要望に反して、吾々にとって極めて不満足な形態で提示された。（中略）吾々の争議の全問題が総べて今後に残されたままであると考えざるを得ない」とした上で、賃金スライドに関する要望として、次のような条件を提示している。[16]

賃金スライドに関する要望

一、一月基準賃金算定方式を左の通り改めること

1,854円×299%（ママ）＝5,358円（ママ）06銭

一、暫定措置において支払われた実額を下回らぬよう考慮すること

一、冬営手当は基準賃金の枠外にすること

一、次期賃金改訂前に、物価の著しい昂騰があった場合の具体策を決定すること

一、暫定措置打切に際しては過去の赤字補塡を考慮すること

一、人件費を経常費の比率において限定しないこと

一、経営の合理化、能率の向上、或いは出力の低下等に名を藉りて、労働強化、実質賃金引下げ、馘首等を絶対に行わぬこと

これら条件のうち二つ目は、調停案の提示額が、「関西・関東などの地方闘争委員会がすでに『地域闘争』によって獲得していた賃上げ額を下回って（調停案は五三四八円（ママ）を提示しているが、地方によっては、すでにそれを上回る六五三四円を獲得している）[17]」おり、「組合員からは、『これでは全くの飢餓賃金であるとして、各地より断固戦え！　と中央に対する檄を寄せる』ようになっていた[18]」ために付されたものであった。河西宏祐は、この条件が付されたことをもって、「これは実質的には『調停案拒否』と同じである[19]」と評している。

（4）電経会議によるスライド拒否の回答（一九四八年一月三一日）

一方、電経会議は、一九四八年一月三一日、「調停案の提示するスライド制の実施に対する制約のうち『人件費は原則として全経常費の五〇％を超えないこと』の限界より現行電気料金の下において本スライド案を実施することは、合理的経営の範囲内においては困難である。／従って本案の本格的実施は、電気料金改訂の時期迄留保することとしそれ迄の期間においては、政府よりの生活物資の重点配分を期すると共に、調停案第五項前段に指示された如く、極力経営の合理化を計ることによって最善の努力を画したい」（／は改行―引用者）と、賃金スライド拒否の回答を行った[20]。

この時点で、電経会議が賃金スライドを拒否したのは、難色がありとされていた原資を確保するために政府が認めた融資額が、次のように不十分であったためと考えられる。中労委調停案が提示した基準賃金は五三五八円であったが、当時の電気料金に織り込まれた賃金は基準外賃金も含めて二三〇〇円余りにすぎなかったため、電経会議としては、調停案実施のためには、電気料金の改訂、あるいは赤字融資を政府に要望せざるを得なくなり、融資問題について関係官庁としばしば折衝を重ねた[21]。しかし、調停の進行につれて、電気事業会社のルーズな労務費支払方法が明るみに出て、融資にも厳重な制限が付され、また、政府は中労委調停案の示す五三五八円は価格政策上および賃金政策上より認めがたい態度を示したため難行を続け、ようやく一九四八年一月末日に、四二〇〇円ベース（手取三五〇〇円）までの融資が決まった[22]。

（5）中労委による第一次申入書の提示（一九四八年二月一四日）

中労委調停案に対して電産労組・電経会議ともに拒否の回答を行っただけでなく、一月の暫定給与水準についても交渉が決裂状態に入り、また、中山調停委員長が臨時給与委員会の要務に忙殺されていたため、二月二日、事態容易ならずとみた末弘厳太郎中労委会長が斡旋に乗り出した[23]。

二月上旬における末弘中労委会長と政府との数度の交渉の結果、政府側が、「会社、組合双方の苦境も考えて（A）更に給与の追加支払をしないこと／（B）暫定措置による両者和解の成立すること／（C）暫定措置は三月迄適用すること／の三点が満されるならば、あと二億融資（一人当り毎月五〇〇円増額）も努力次第では可能である」との意向を示した[24]。そこで、二月一四日、末弘中労委会長は、次のような申入書を電産労組と電経会議に提示した[25]。

申入書（要旨）

一、組合の要求する調停案に示した賃金支払は無理であること

二、会社は新賃金が本格的にきまるまでは、従来と略同等の実質賃金確保に努むべきこと

三、一月以降暫定給与は昭和二十二年十二月を下廻らざること。但し特別調整金（餅代）はこれを除く

四、右が双方に無条件受諾されゝば、組合は争議行為を中止し、争議の全面的解決に努めること

二月一六日、この申入れに対して、電経会議は無条件受諾の回答をした一方で、電産労組は、一月分については争議行為中止を交換条件とせず自主的に中止すること、二月分以降については中労委の申入れに拘束されないことという条件を付した受諾回答を行った[26]。

（6）閣議決定「電気事業融資に関する件」（一九四八年二月二〇日）

電経会議と電産労組の回答があった四日後の二月二〇日、政府は、「電気事業融資に関する件」を閣議決定し、「五億から七億を人件費として政府から経営者に融資する、ただし電産労組が目下中労委から出されている暫定給に関す

る再調停案に応じない場合は五億で打切る」こととした[27]。この融資の返済については、政府は、「四月以降の物価改訂期における電気料金の値上げによってまかなわれるものと見ている」[28]と報道されている。また、この閣議決定において、融資の具体化および償還方法等を至急決定するために、電力融資委員会を設けることも決定された[29]。

しかし、争議行為中止がこの政府融資の絶対的条件とされていることを知った電産労組は、「融資してもらうためにストを中止するということは、組合自体の存立を危うくする」との見解の下に、中労委申入書の断固拒否の態度を表明したため、二月二三日以降、交渉はまったく暗礁に乗り上げた[30]。

(7)中労委による第二次申入書の提示(一九四八年三月一三日)

中労委では、三月八日以後、中山調停委員長の応援も得て、斡旋と関係当局との話合いを続けた結果、関係当局も三月以降は調停案による五三五八円支給を了承した[31]。その背景には、全官公(全官公庁労組連絡協議会)を先頭とする労働攻勢が次第に熾烈の度を加え、「三月攻勢」の一翼たる電産争議も、何らかの解決を必要とする状況になっていたことがあり、芦田均内閣が成立(三月一〇日)するや、暫定給与と基準賃金の問題処理のために、政府は、「準備中人件費で料金改訂に織込めぬ部分は赤字融資の手によりかたずける意向」を決定したのである[32]。

このような政府の意向を受けて、三月一三日、中労委は次のような申入書を電産労組と電経会議に提示した[33]。

申入書(要旨)

一、四月乃至《ママ》六月の三ヶ月間の平均基準賃金は、調停案の通りとする。但し物価と賃金の関係について重大な変化があった場合は考慮すること

二、七月以降の賃金改訂は調停案の提示した方式に準拠すること

三、一、二両月の臨時給与は平均手取額四〇六五円とし、差額は三月中に支払うこと
四、三月の平均基準賃金月額は四月と同額とし、四月中に差額を支給すること
五、以上により賃金問題については会社、組合間に話合いがつくならば、電気事業民主化、労働協約問題も話合いの上、争議を全面的に解決することが望ましい

(8) 第二次申入書に対する回答(一九四八年三月二三・二四日)

電産労組は、三月一八・一九日に中央闘争委員会(以下、中闘委と記す)を開いて、この第二次中労委申入書について討議した結果、①各地方に盛り上がっている圧力の下に中央では政府、会社、中労委に対して強力な交渉をもつことにし、その態度は中労委調停案の受諾条件の確保を基本とし、第二次あっせん案を基点とすること、②闘争指令一二号(三月一五—二五日までの間の最も適正なる時期に各支部は自主的に強力な停電ストを行うべし)を再確認することという結論に達し、三月二〇日にその旨を中労委に申し入れた。[34] さらに、三月二三日、中闘委において次のような回答を決定し、同日、中労委に伝えられた。[35]

一、四月から六月までの給与については重大なる物価賃金の変化があった場合考慮することになっているが、その具体的措置を急速に決定する
二、一、二両月の暫定給与は調停案を下回るからこれに対する考慮をはらう
三、民主化問題および労働協約その他についてはすみやかに具体的事項を実現するように交渉を重ねたい
四、一月以降の賃金に関する細目ならびに昨年十二月までの暫定給与打切りによる調整金の決定を中労委の斡旋で急速にきめてほしい

一方の電経会議も、三月二四日に至り、「組合が争議行為をやめれば申入れをうける」と回答した[36]。

(9) 仮協定書の締結(一九四八年三月二五日)

電産労組と電経会議の双方から回答を受けた中労委が、三月二四日午後五時半から両者の代表を招いて斡旋した結果、両者とも全面的に歩みよりを示すに至ったので、翌二五日午前五時、中山調停委員長が最終的申入れを提示し、双方とも無条件でこれを受諾し、同夜、仮協定書の調印が行われた。また、電産労組は、調印後、直ちに事務ストを含む一切の争議行為を全面的に中止する旨を指令し、一九四八年二月以降の事務ストに始まり、部分的送電停止により重大化しつつあった停電指令も三月二七日以降の地域的大停電突入に先立つわずか三〇時間前に撤回され、電産争議は半年ぶりに解決した[37]。

これにより、電気産業の給与は、①一月および二月は平均手取四〇六五円となりその差額税込み一三一二円は三月中に支給される、また三月の平均基準賃金は四月と同額となりその差額は四月中に支給される、②さらに四月から六月までの三ヶ月間の平均基準賃金は調停案提示の五三五八円となった[38]。

(10) 閣議決定「電産争議解決措置に関する件」(一九四八年三月二七日)

電産争議の解決を受けて、政府は、新賃金ベース五三五八円の支出方法について、三月二七日午前九時より経済閣僚懇談会を開催し、中山中労委委員の出席を求めて事情を聴取のうえ申合せ事項をまとめ、同日午後、閣議において正式に次のように決定した[39]。

電産争議解決措置に関する件(40)

三月廿七日
閣議決定

政府は電気事業の公共性に鑑み今後経営者、労働者共に責任観《ママ》に徹し産業再建と国民の福祉のため相協力して努力することを期待してこの措置を講ずる。

一、差当り五、三五八円と料金改訂ベース賃銀との差額はその一部を金融で継ぐこと。

二、電力料金の改訂は一般価格補正と同時に実行すること。

なほ料金には右賃銀全額は織込まぬこと。

三、至急電気会社の経営合理化の措置を進めること。（責任担当庁　商工省）

四、経営の責任の所在を明確ならしめる措置を採ること。（責任担当庁　商工省）

五、電産賃金ハ一般賃金ト漸次ニ近接せしむること。

ただし、政府がこのような閣議決定を行ったとはいえ、電気事業会社に対する融資の具体的方法について、関係省庁の間で意見が一致していたわけではないようである。この推測の根拠は、この閣議決定直後に、新賃金ベースでの給与支払いには九億五〇〇〇万円が必要と見込まれていることと、二月二〇日の閣議決定「電気事業融資に関する件」で認められた五―七億円との差額について、「業界および商工省側は復金の融資を期待しているが大蔵当局が赤字金融一掃の見地から強く否定している」ことを伝える新聞報道(41)もあったからである。

第二節　電力融資委員会の活動と廃止

（1）第一回電力融資委員会幹事会（一九四八年三月五日）と電力融資委員会小委員会（一九四八年三月九日）

一九四八年二月二〇日の閣議決定「電気事業融資に関する件」の具体的措置を検討するため、電力融資委員会が設置され、三月五日に第一回の電力融資委員会幹事会（以下、幹事会とのみ記すことがある）が開催された。この初回の幹事会では、商工省から電気事業会社の経営に関する説明があったが、細部は小委員会に移すこととされ、三月九日に電力融資委員会小委員会が開催された。(42) この小委員会で、善後措置について協議された結果、次の通り取り計らうことが原則的に承認された。(43)

要領

（イ）返済源資については政府の補給金を可とするが不可能な場合は将来の料金改訂の際考慮すること（即ち復金としては引当のない赤字融資はできない。）

（ロ）復金は日発に対し炭代未払金整理のため五億円を融資する外差当り人件費の融資として五億円を限度として融資するものとする。更に市中融資によって一般運転資金の不足を融資する如く斡旋の措置を講ずる。

（ハ）復金の配電会社に対する融資に当っては、一、二月分の日発に対する購入電力料の完済を条件とする。

右融資により日発がとりたてた未収分については配炭公団に紐付で返済せしめる。

以上の外本来の炭代未払を返済する如く措置する。

さらに、融資の実行について、「早きに越したことはないが、未払の整理といふ意味のものであるから一日を争ふといふ程のものでもない。従来電産の圧力に押されて会社側が不合理な経営を敢てし、しかもその尻が金融に廻ってきたといふ実績に鑑み、今回融資については、電産側が誠意ある態度を表明しない限り、その実行は差控えるといふ金融側の態度」が示された[44]。また、「電産は現に争議中であり融資の即実行は不可であ」り、「追て新内閣成立の上改めて委員会を招集し」、委員会による決定をみた上で実行に移すこととなった[45]。

(2) 第二回電力融資委員会幹事会(一九四八年三月三一日)

電産争議の解決を受けて「電産争議解決措置に関する件」が閣議決定(一九四八年三月二七日)されてから四日後の一九四八年三月三一日、第二回の電力融資委員会幹事会が開催された[46]。

この回の幹事会から、新賃金ベースでの給与支払いのために金融でつなぐ必要があるとされた額は、一―二月分の末弘斡旋案五四八〇円、三月分の調停案六四二八円(基準五三五八、基準外一〇七〇)、それぞれと現行電力料に織り込まれている基準労賃額二三七〇円との差額から企業努力により賄う分(七八〇円)を差し引いた約一一億円[47]とされている。

この約一一億円について、商工省は、復金より全額の融資を希望した。それに対して、復金は、経済安定本部物価局が改訂電力料に織り込み得る賃金を四五九七円としていることに基づいて、「改訂賃銀の全部が電力料金の中に織込まれぬとすれば償還の引当がなく赤字融資となり採上げ困難となる旨」を主張した。

結局、「電産争議解決の経緯に徴して政治的には賃銀支払資金は是非調達の途をつける必要があるため妥協案として改訂電力料に織込可能な四、五九七円の範囲内で内払の形式で融資し、残余の分については会社の経営合理化の促進、経営責任の明確を更に具体化して個々の会社の金繰を勘案の上融資すること」とされ、この意向を電力融資委員会に伝えることとなった。

(3) GHQ非公式覚書「電産労務者賃金支払に関する件」(一九四八年四月八日)

しかし、第二回の幹事会から第一回の電力融資委員会の開催までは、やや日数が開いている。その間に、商工省と大蔵省は、この融資案件について、GHQの了解を求めていたようである。この推測の根拠は、GHQ経済科学局から商工大臣水谷長三郎と大蔵大臣北村徳太郎に宛てて発せられた非公式覚書「電産労務者賃金支払に関する件」(一九四八年四月八日付)[48]である。

この非公式覚書は、電気事業会社向け融資について、「電産争議の逼迫せる現情勢並にこれが解決の重要性に鑑み、日本発送電及九地方配電会社に対する復金融資十一億を以て電気料金値上げに至る迄協定賃銀の支払を可能ならしめる事に対しては異議がない」と容認している。ただし、「適当な期間に返済される信用貸(ボナフィテ・ローン)として考慮されるべき」ことと、「電産賃金を一般賃金の線に近付けると謂ふ政府の決意は最も推奨さるべき」こと、という条件が付されていた。

このGHQ非公式覚書の直後に、政府は約一一億円の「全額を復金融資によって賄う事に内定」したようである。[49]

(4) 第一回電力融資委員会(一九四八年四月一六日)

四月一六日、第一回の電力融資委員会[50](以下、委員会とのみ記すことがある)が、首相官邸において開催された(出席者:北村、水谷、栗栖、一万田、北代、石川)。商工省よりそれまでの経過等について説明があった後、次の議案[51]が審議された。

電産争議の円満妥結に伴う融資に関しては、一―三月分人件費要融資額十億九千万円を最高限度として、左記に依り復興金融金庫等より融資するものとす。

記

一、電気事業者は一層の企業努力により融資額の節減に努むること。
二、融資額、融資時期、返済計画については、幹事会に於て至急具体的措置を講ずること。
なお差当り不足人件費六億二千万円について、速かに融資措置を講ずること。

この回の委員会では、「開会前より相当の波瀾を予想されていたが、予想通り活発な論議が行われ」た結果、「金額の査定は兎も角とし、融資の必要性は認めるが、企業者側は本融資を受けた場合企業努力によって如何に返済するか具体的な返済計画なくしては委員会としては承認し難い。従って、電力会社側より具体的な返済計画の提出を待って、改めて審議すること」とされた。

なお、電力融資委員会の構成員は、次の通り(52)であった。

（一）　会長
内閣総理大臣　　芦田均
（二）　副会長
経済安定本部総務長官　　栗栖赳夫
大蔵大臣　　北村徳太郎
商工大臣　　水谷長三郎

（三） 委員

商工次官（幹事長） 岡松成太郎
物価庁次長 ~~大原総一郎~~野田信夫（取消線ママ—引用者）
日銀総裁 一万田尚登
復興金融金庫理事長 北代誠弥
消費者代表 石川一郎

（四） 幹事

経済安定本部 動力局長
〃 財政金融局長
〃 物価局長
大蔵省 銀行局長
〃 理財局長
商工省 総務局長
〃 電力局長
物価庁 第三部長
日銀 資金調整局長
〃 営業局融資斡旋部長
復興金融金庫 総務部長
〃 融資部長

(5) 第三回電力融資委員会幹事会（一九四八年四月二四日）

続いて、四月二四日に開催された第三回の幹事会[53]では、委員会から要求された返済計画が検討された。

返済計画についてなされた説明[54]は、「電力料の値上げの決定をみない現在においては、具体的な返済計画をたてることは困難」であること、しかし、「壇《ママ》用防止、電力損失の軽減等経営の合理化により年間二億八千五百万円、経費節約で年間約三億四千万円の返済原資を見込み得る外更に電力料金が三倍に引上げられた場合には、前記の経営合理化を継続すればその増収額は約四億四千万円（年間）になる見込で、之を以って返済に充当する」というものであった。

結局、この回の幹事会では、返済計画について、「根本においては電気料金の改訂、政府補給金等に対する政府の態度が決定されなければ解決し得ない問題であり、その旨委員会え伝えること」とされた。

(6) 第二回電力融資委員会（一九四八年四月二六日）

二日後の四月二六日、首相官邸で第二回の電力融資委員会が開催された[55]。審議の詳しい内容は不明であるが、結局、電産争議の妥結に伴う一―三月分人件費一〇億九〇〇〇万円については、次の二条件を付して、復金より融資するものと決定された。

一、電気事業者は電力の擅用防止、電力損失減少等の合理化については更に積極的な強力措置を講じ一層の成果を収める様努力すること

二、電気事業者は従前の労賃優先支払の弊を改め対外支払（例へば石炭代、物件費）を優先的に取扱ふこと

また、その融資要領は以下の通りとされた。

一、各社別の融資額については、概ね別紙融資額に依るも金融機関に於て節減し得ると認めたるものは、査定するものとす。

二、融資時期については、本件融資が一―三月分不足人件費にして、現在日発購入電力料金の未払乃至配炭公団への炭代未払等の結果を来し居る実情に鑑み、緊急融資の取扱ひをなすこと。

三、返済計画に関しては、別紙赤字融資の弁済について（電気事業経営者提出）にある如く料金改訂其他の事情とにらみ合せ、速かに具体的弁済計画を提出せしめるものとす。

四、配電会社に対する融資については、購入電力料金の未払額を勘案し別紙に依り日発経由配炭公団までの紐付融資の措置を講ずると共に普通融資額についても日発未払を整理せしめるよう措置するものとす。

五、日発に対する融資については、配炭公団への未払炭代を勘案し別紙に依り配炭公団への紐付融資の措置を講ずるものとす。

六、本件融資は、その緊急性に鑑み、復興金融金庫中央扱ひとして迅速に処理するよう配慮するものとす。

備考

本件処理に関しては、電気料金の改訂、政府補給金等に対し至急政府の態度決定をなす要があるものと認められる。

三にあるように、この融資案件に関して問題とされていた返済方法については、融資額の各社別配分とともに、復金と各会社の協議により決定されることとなった[56]。ただし、この融資案件のその後について、すなわち、復金内や復興金融委員会においてどのような審議が行われ、処理されていったのかについて、知り得る資料は見出せていないが、二三年一―三月不足人件費として、基準給一ヶ月加給要融資額六億二〇〇〇万円、末弘斡旋案要融資額三億四〇〇〇万円、調停案金額による要融資額一億三〇〇〇万円、計一〇億九〇〇〇万円が融資されている[57]。

(7) 第四回電力融資委員会幹事会（一九四八年五月二六日）

電気事業会社の収支は、基準賃金の五三五八円ベースへの引上げと、諸経費の高騰などにより、一九四七年度末には全電気事業会社で五〇億円の赤字を出し、経営が非常に困難な状況となった。そこで、電気事業経営者会議は、この低料金からくる経営難打開のため電気料金三倍半値上げを政府に要請した。この三倍半値上げ算出の基礎は、（イ）五三五八円ベースを基礎にした人件費、（ロ）火力用炭割当三六〇万トンの石炭費、（ハ）修繕費、（ニ）繰越赤字の五ヶ年計画による償却金、（ホ）その他税金、営業費の諸経費の高騰などから、所要資金は年間四二〇億円と見込み、これは現在収入一二〇億円の三倍半に相当するというものであった。政府でも直ちにこの値上案の検討に入り、一九四八年四月一日値上げ実施を目標とした。しかし、商工省の三・〇七倍案と物価庁の二・七倍案とが対立し、また、公定価格体系の変更とも関係する問題であったため、電気料金の改訂は遅延した[58]。

そこで、電気事業の運営に支障を来す虞があるとみた商工省電力局の要請により、料金改訂までの一九四八年度第一・四半期所要運転資金として、日本発送電および九配電会社（所要資金計二九億六〇〇〇万円）に対する融資について、第四回の電力融資委員会幹事会が一九四八年五月二六日に開催された[59]。この回の幹事会で、問題となったのは、（1）四―六月の不足人件費を全部みるか否か、（2）返済について明確な措置がとられるか否か、（3）今回の物価改訂には何故企業採算を十分考慮した電気料金に改訂しないかの三点である。

（1）については、四、五月分の人件費（一一億円。六月分は事後の問題とする）と炭代（二ヶ月分増加炭代四億）の合計一五億円を限度とし、数字的には再検討の上審議することになった。（2）と（3）については、復金が、「何等かの裏付けがない限り同意し難い故具体的な返済方法の確約を要望」したのに対して、商工省電力局は、「今回の物価改訂に電気料金の改訂を申請したがE・S・Sの諒解が得られず已むを得ない」と説明した上で、「結局、要は融資しなければならないのであるから、此の線に沿って具体策を決定したい」旨を要望した。

（8）電力融資委員会小委員会（一九四八年五月二八日）

一九四八年五月二八日、第四回の幹事会での審議に基づいて、電力融資委員会小委員会（以下、小員会と記す）が開催された[60]。この小委員会では、人件費と炭代の不足額に対する所要融資額が再検討された。

前者の人件費については、再び、復金と商工省電力局の間で意見が対立した。復金は、「人件費不足額については一応承認するが、内一人一ヶ月三八〇円の企業努力については経営者が一層の努力をして少なくとも七八〇円（一―三月の人件費融資の場合には七八〇円で貸出）にしてほしい」と、人件費不足額に対する融資額の減額を主張した。それに対して、商工省電力局は、「一―三月の場合にも企業努力は現実には手持資材の処分によって行はれたが、手持資材の少い現状では理論的には兎も角、実際問題として実行困難」であると、企業努力による融資額の減額に反対した。さらに、復金が、「企業努力分迄をみて行くことは出来ぬが、若し返済に対し何等かの具体的な確約が決定すれば企業努力分の資金は市中融資でも可能な訳であり、要は返済方法の決定如何にかゝってゐる」と主張したが、結局、「この点は委員会の検討にまつこと」とされた。

後者の炭代不足額に対する融資額については、四―六月の石炭割当は七五万トンであるが、四月分の入炭状況は二〇万トンを割っているため、一応一ヶ月二〇万トンとして四・五月分四〇万トンとなり、トン当り一二六〇円として算出すると四・五月分の炭代は五億四〇〇万円となり、これから電気料金に織り込まれている原価炭代四・五月分二億円（上半期六億円）を差し引いた三億四〇〇万円とされた。

結局、この小委員会では、四・五月分の所要融資額について、人件費不足額一〇億一五〇〇万円（企業努力分三八〇円ベース）と炭代不足額三億四〇〇万円を併せた一三億一九〇〇万円とされ、「極力紐付とすること、して委員会において再検討すること」とされている。

(9) 第三回電力融資委員会（一九四八年六月七日）

一九四八年六月七日、第三回の電力融資委員会が商工省で開催され、四・五月分の不足運転資金を復金より融資することについて、審議された(61)。

問題になったのは、五月二六日の幹事会で復金と商工省電力局の意見が対立した返済方法と、五月二八日の小委員会で復金と商工省電力局の意見が対立した企業努力による融資節減額の二点であった。前者については、「電気料金の改訂に当って、政府において特別の配慮をなして返済し得るよう料金の改訂をなすべきこと」、後者については、「企業努力による平均三八〇円が少なすぎる、五〇〇円程度にすべきであること」という意見が出されたようである。

結局、審議の結果、復金が増額を主張した「企業努力による分は三八〇円より五〇〇円と変更され、融資総額において一三二、二四〇千円を削減し、一、二八五、九二〇千円が承認」となった(62)。その融資要領(63)は以下の通りである。

一、電気事業の四月及び五月分として復興金融金庫より融資する資金は電気事業従業員の賃金差額及び増加炭代に限定するものとす。

二、賃金差額として融資は現行料金の原価に算入してある平均賃金（基準外を含め二、三七〇円）と中労委調停に基く平均調停賃金（基準外を含め六、四〇〇円）との差額より業者に課せられたたる《（ママ）》合理化に依る融資節減額（平均五〇〇円）控除したる額について融資するものとす。（別表四・五月分不足人件費並びに炭代調参照）

三、増加炭代としての融資は現行電気料金の原価に算入してある炭代月額一億円を超える額について融資するものとす。（別表四・五月分不足人件費並びに炭代調参照）。

四、賃金差額としての融資額の返済については事業者に於て企業の合理化を図るは勿論であるが電気料金の改訂に当り適当なる期間に返済せられる如く政府に於て特別の配慮をなすものとす。

五、増加炭代としての融資の返済については、増加運転資金たるの実質に鑑み料金改訂後一ヶ年以内に返済さるべきものとする。

六、賃金差額として会社に対し融資する金額については、会社の資金繰実情に即し極力紐付融資の措置を講ずるものとす。

七、増加炭代として日発に対し融資する金額については、紐付融資の措置を講じ全額配炭公団に支払はしめるよう措置するものとす。

八、本件融資は前回の一―三月分不足人件費と同様、復興金融金庫中央扱ひとして可及的速かに融資の措置を講ずるものとす。

復金が問題とした返済方法については、四にあるように、「電気料金の改訂に当り適当なる期間に返済せられる如く政府に於て特別の配慮をなすもの」とされた。

(10) 復興金融委員会(一九四八年六月一七日)

この融資案件のその後については、復金内で、どのような審議が行われ、処理されていったのかについては、不明である。しかし、一九四八年六月一七日開催の復興金融委員会において、「本件は政府の価格政策の遅延によるもので、元来財政負担とすべきもので復金融資の対象ではない。今回は已むを得ないが今後は委員会として拒絶することとし、政府に対して『本件賃銀は補給金によって賄うべきものであるから政府において適切な措置を講ずること』と云う条件をつけて承認された」[64]ことを確認できる。また、不足人件費分については、二三年四・五月分人件費不足として、九億八〇八〇万円が融資されたことを確認できる[65]。

(11) 閣議決定「価格補正に伴う当面の産業金融対策」(一九四八年七月一二日)

改訂が遅れていた電気料金は、一九四八年六月の公定価格体系の変更(六・二二物価体系)時に、一kWh当りの単価が五九・八七銭から一七九・六一銭に引き上げられた[66]。

このときの公定価格体系変更に対応して、「価格補正によって企業採算の基礎は確立せられることとなるので、価格補正後においては赤字融資はこれを行わない」こと、「今後産業金融は極力市中金融機関の活動に俟つと共に復興金融金庫よりの融資は真に緊要な設備資金に限り、運転資金はこれを融資しない」ことなどを定めた「価格補正に伴う当面の産業金融対策」が一九四八年七月一二日に閣議決定された[67]。

そして、この閣議決定の付記(1)において、「現行の石炭融資、電力融資等の特別融資委員会はこれを廃止する[68]」とされた。本章も多くを依拠している石川一郎文書に残された資料も第三回の電力融資委員会に関するものまでであり、他にその存続をうかがわせる資料も管見の限りないため、この時点で電力融資委員会は廃止されたと考えられる。

おわりに

賃金スライドの実施を主要項目の一つとして、電産労組が一九四七年九月一九日に中労委へ提訴した電産争議は、基準賃金を五三五八円とすることとして、一九四八年三月二五日、地域的大停電突入の直前で解決した。この引き上げられた基準賃金と電気料金に織り込まれていた賃金との差額の一部は、一九四八年三月二七日に閣議で決定された「電産争議解決措置に関する件」により、一般の価格補正と同時に実行される電気料金の改訂まで、金融でつなぐこととなった。その融資の具体的方法を審議・決定したのが、電産争議の最中の一九四八年二月末―三月初めに、閣議決定「電気事業融資に関する件」（一九四八年二月二〇日）に基づいて設置された電力融資委員会であった。この電力融資委員会において、審議の対象とされた融資案件は、第一―二回は一九四八年一―三月分の賃金不足額であり、第三回は電気料金改訂までの一九四八年度第一・四半期所要運転資金（賃金と炭代の不足額）であった。その期限とされていた電気料金の改訂は、一九四八年六月に公定価格体系の変更とともに実施され、この変更に対応して一九四八年七月一二日に閣議で決定された「価格補正に伴う当面の産業金融対策」により、電力融資委員会は廃止された。

このように、電力融資委員会の活動は、期間については一九四八年二月末―三月初めから電力料金が改訂される同年六月までに、融資案件については賃金と炭代の不足額に限られたものであった。しかし、それらの融資案件に限っては、第三回で取り扱った案件に関する復興金融委員会での取り扱われ方に示されているように、電力融資委員会は、『通商産業政策史』のいうように、「大きな権限」を有していた。

ただし、復金にとって、電力融資委員会は、その決定をただ受け入れるだけの外部機関であったというわけではない。電力融資委員会に、復金の理事長が委員として、総務部長と融資部長が幹事として参加しており、小委員会や総務部長と融資部長がメンバーとなっていた幹事会においては、積極的に融資実施機関としての復金の意見を主張して、商工省の意見と対立していた。さらに、電力融資委員会の決定は、融資を受けようとする電気事業会社とその所管官庁の主張がそのまま通ったものではなく、返済方法や融資額について、復金の主張も反映したものとなっていたのである。その際、復金は、融資額の減額のために、電気事業者に対してより一層の企業努力を要求し、認めさせていた。また、本章で用いた資料からは見出すことはできていないが、前章まで明らかになったことを踏まえると、電力融資委員会や同幹事会における日銀や大蔵省のスタンスも復金に近いものであったのではないかと考えられる。

以上が本章での考察により明らかになったことであるが、電力融資委員会の活動が期間と融資案件の両面で限られていたということは、石炭鉱業に次ぐ復金融資の借り手であった電力業向け復金融資の実施過程の全体を明らかにするためには、電力融資委員会の審議対象とならなかった案件に関する考察が不可欠であるということを意味している。そのための準備はまだ十分ではないが、一九四八年九月一四日に開催された復金支所連絡会に関して、「一、電力に対する融資について／日発始め各配電会社は統制会社的色彩が強く、之らに対する融資については審査が完全に行はれていない憾がある。今後之ら会社に対する貸出金の返済に当っては明細な計画を樹てた上で融資し、出来れば紐付にしたい」(69)という記事がある。この記事で問題とされている審査や復興金融委員会幹事会などでの審議の状況について、実証的に検討するために必要な資料を発掘することは筆者に残された課題である。

（1）通商産業省・通商産業政策史編纂委員会編『通商産業政策史――第Ⅰ期　戦後復興期（2）』第三巻、通商産業調査会、一九九二年、二〇五―二〇六頁。
（2）中央労働委員会事務局編『昭和22年度　労働委員会年報』中央労働学園、一九四九年、一九四頁。
（3）一九四六年四月、日本電気産業労働組合協議会として成立し、一九四七年五月の京都大会において単一労組となり、日本電気産業労働組合と称した。前掲『昭和22年度　労働委員会年報』一九四頁。

（4）前掲『昭和22年度　労働委員会年報』一九四頁。

（5）前掲『昭和22年度　労働委員会年報』一九七頁。

（6）引用も含めて、前掲『昭和22年度　労働委員会年報』一九七頁。

（7）前掲『昭和22年度　労働委員会年報』一九七頁、河西宏祐『電産の興亡（一九四六年―一九五六年）――電産型賃金と産業別組合』早稲田大学出版部、二〇〇七年三月、一四六頁、橘川武郎『日本電力業発展のダイナミズム』名古屋大学出版会、二〇〇四年、一八九―一九〇頁。

（8）前掲『昭和22年度　労働委員会年報』一九四頁。

（9）前掲『昭和22年度　労働委員会年報』一九四―一九五頁。

（10）一九四六年度争議に際して、日本発送電、関東、東北、北海道、中部、北陸、関西、中国、四国、九州の九配電会社で、発送配電会社首脳者団が組織されたが、この臨時機関はその構成各社がそれぞれ株式会社であることの制約上、単に交渉に際しての首脳者団の連絡調整機関の域を出ないものであった。一九四七年度に入り、電気事業の民主化・実質的一社化の実現への問題、労組側の単一労組結成（一九四七年五月）に対応して、同年七月、産業別経営者組織としての電気事業経営者会議（委員長：大西英一日本発送電総裁）へ発展した。前掲『昭和22年度　労働委員会年報』一九四頁。前掲『電産の興亡』一四六頁も参照。

（11）電産労組の提訴項目は、①電気事業民主化の具体化、②生活費を基準とする最低賃金のスライド、③団体協約の締結、④雑給与の統一、⑤作業用品の現物支給、⑥資格制度の撤廃、⑦四一歳以上の年齢加給、電経会議の追加提訴項目は、①女子結婚による退職金暫定取扱い、②職責手当であった。前掲『昭和22年度　労働委員会年報』一九五頁。他に、「電産、中労委に提訴」『朝日新聞』一九四七年九月二〇日、東京、朝刊、一頁も参照。

（12）前掲『昭和22年度　労働委員会年報』一九五頁。

（13）前掲『昭和22年度　労働委員会年報』一九六頁。他に、「〝電産調停案〟提示　三ヶ月毎にスライド　一月基準賃金五三四八円（税込）」『読売新聞』一九四七年一二月二〇日、朝刊、一頁、「スライド制は一月から　きのう電産調停案を提示」『朝日新聞』一九四七年一二月二〇日、東京、朝刊、一頁、「三ヶ月毎にスライド　基準賃金五千三百四十八円　中労委電産調停案呈示」『日本経済新聞』一九四七年一二月二一日、朝刊、二頁も参照。

（14）以下の引用も含めて、前掲『昭和22年度　労働委員会年報』二〇一―二〇三頁。他に、「調停案（要旨）」『読売新聞』一九四七年一二月二〇日、朝刊、一頁、「調停案（要旨）」『朝日新聞』一九四七年一二月二〇日、東京、朝刊、一頁、「三ヶ月毎にスライド　基準賃金五千三百四十八円　中労委電産調停案呈示」『日本経済新聞』一九四七年一二月二一日、朝刊、二頁

も参照。『読売新聞』と『日本経済新聞』の記事では、一月の基準賃金は五三四八円（税込）とされているが、前者では「1854×289＝5348（税込）」と明らかな計算ミスであり、後出の資料でも五三五八円とされている。

(15) 前掲『昭和22年度　労働委員会年報』二〇三頁。他に、「電産、条件つき受諾」『読売新聞』一九四八年一月二九日、朝刊、一頁、「電産条件附で調停案受諾」『日本経済新聞』一九四八年一月二九日、朝刊、二頁も参照。

(16) 引用も含めて、前掲『昭和22年度　労働委員会年報』二〇四—二〇五頁。同回答書では、「追って本争議の最後的解決を見るまでは、吾々は本提訴によって獲得した争議権を依然として確保しているものであること」も附言されている。また、基準賃金算定方式に関して、調停案では税込となっていたが削除されている。他に、「電産条件附で調停案受諾」『日本経済新聞』一九四八年一月二九日、朝刊、二頁も参照。

(17) 前掲『電産の興亡』一五四—一五五頁。

(18) 前掲『電産の興亡』一五五頁。

(19) 前掲『電産の興亡』一五五頁。

(20) 引用を含めて、前掲『昭和22年度　労働委員会年報』二〇三頁。他に、「スライド制は保留　電産・経営者側回答」『読売新聞』一九四八年二月一日、朝刊、二頁、「電産調停案へ回答　経営者会議　スライド案受諾できぬ」『日本経済新聞』一九四八年二月一日、朝刊、二頁も参照。

(21) 前掲『昭和22年度　労働委員会年報』二〇五・二〇八頁。

(22) 前掲『昭和22年度　労働委員会年報』二〇五頁。この間の政府の態度については、「政府部内には／(一) 中労委案は高すぎる (二) 世論は政府を支持するだろう (三) ストライキは起るまい／との三点より考慮し中労委案をけって問題の根本的解決を図るべきであるとの意見も有力である」という報道もなされている。「電産調停案を政府けるか」『日本経済新聞』一九四八年一月一一日、朝刊、一頁。

(23) 「電産事務ストへ」『読売新聞』一九四八年一月三〇日、朝刊、一頁、「別個に調停案　電産暫定給與」『朝日新聞』一九四八年二月三日、東京、朝刊、一頁、「中労委斡旋に乗出す　電産再び交渉決裂状態」『読売新聞』一九四八年二月三日、朝刊、二頁、「中労委乗出す　末弘会長、電産労資代表と会見」『日本経済新聞』一九四八年二月三日、朝刊、二頁、前掲『昭和22年度　労働委員会年報』二〇五頁。

(24) 前掲『昭和22年度　労働委員会年報』二〇八頁。ただし、政府側の交渉主体、意向を示した主体は不明である。

(25) 前掲『昭和22年度　労働委員会年報』二〇五—二〇六頁。他に、「中労委、電産へ申入れ」『読売新聞』一九四八年二月一五日、朝刊、二頁、「中労委が電産労資へ申入れ」『日本経済新聞』一九四八年二月一五日、朝刊、二頁、「電産調停申入れ書」『朝日新聞』一九四八年二月一五日、東京、朝刊、一頁も参照。

(26)「電産、中労委案呑む」『読売新聞』一九四八年二月一七日、朝刊、二頁、「電産、中労委に回答」『朝日新聞』一九四八年二月一七日、東京、朝刊、一頁、前掲『昭和22年度　労働委員会年報』二〇六頁。

(27) 引用は、「炭鉱、電気へ融資　きのう閣議で決定」『朝日新聞』一九四八年二月二一日、東京、朝刊、一頁。他に、「電気事業、炭鉱へ特別融資決る　総額約九億円」『読売新聞』一九四八年二月二一日、朝刊、一頁、「労務者の税負担補償　炭鉱事業主に二億円赤字融資　きのう閣議で決定」『日本経済新聞』一九四八年二月二一日、朝刊、一頁も参照。

(28)「炭鉱、電気へ融資　きのう閣議で決定」『朝日新聞』一九四八年二月二一日、東京、朝刊、一頁。

(29)「労務者の税負担補償　炭鉱事業主に二億円赤字融資　きのう閣議で決定」『日本経済新聞』一九四八年二月二一日、朝刊、一頁、商工省「電氣事業の融資に関する件（案）」一九四八年二月二〇日、『片山内閣閣議書類（その8）昭和23年1月7日—3月2日』（国立公文書館デジタルアーカイブ）、二〇二二年八月二三日アクセス。

(30) 前掲『昭和22年度　労働委員会年報』二〇六頁。引用は、同二〇九頁。このときの電産労組の態度急変に関する他の資料は見出せていない。

(31) 前掲『昭和22年度　労働委員会年報』二〇六頁。やや時期が後であるが、三月二〇日の労働閣僚会議で、「中労委の調停案を大体のむことに意見の一致を見」たとの報道がある。「平均六千五百円へ　政府調停案承認か　物価体系の構成困難　電産問題」『日本経済新聞』一九四八年三月二一日、朝刊、一頁。

(32) 引用も含めて、前掲『昭和22年度　労働委員会年報』二〇八頁。

(33) 前掲『昭和22年度　労働委員会年報』二〇六頁。他に、「電産へ第二次斡旋案」『読売新聞』一九四八年三月一四日、朝刊、二頁、「中労委申入れ」『日本経済新聞』一九四八年三月一四日、朝刊、二頁、「電産争議に申入れ　中労委調停」『朝日新聞』一九四八年三月一四日、東京、朝刊、二頁も参照。

(34)「電産中労委と再交渉」『日本経済新聞』一九四八年三月二〇日、朝刊、二頁。他に、「電産は交渉に応ず」『朝日新聞』一九四八年三月二〇日、東京、朝刊、二頁、「電産交渉申入れ」『読売新聞』一九四八年三月二一日、朝刊、二頁、前掲『電産の興亡』一五五—一五六頁も参照。

(35)「電産、中労委に回答」『読売新聞』一九四八年三月二四日、朝刊、一頁。他に、「電産、交渉申入れ」『朝日新聞』一九四八年三月二四日、東京、朝刊、二頁も参照。

(36) 引用も含めて、「協議に入る　電産、会社側」『朝日新聞』一九四八年三月二五日、東京、朝刊、二頁。

(37)「電産スト解決す　半年ぶり　中労委の調停奏功」『読売新聞』一九四八年三月二六日、朝刊、二頁、前掲『昭和22年度労働委員会年報』二〇九頁。
(38)「電産スト解決す　半年ぶり　中労委の調停奏功」『読売新聞』一九四八年三月二六日、朝刊、二頁。他に、「電産仮協定に調印　直ちにスト指令解除」『日本経済新聞』一九四八年三月二六日、朝刊、二頁、「電産ストは解決　第二次案に仮調印」『朝日新聞』一九四八年三月二六日、東京、朝刊、二頁も参照。なお、仮協定書の要旨については、前掲『昭和22年度　労働委員会年報』二〇七―二〇八頁で全体を確認できる。
(39)「電産新賃金支払方法決る　差額八割は新料金で」『読売新聞』一九四八年三月二八日、朝刊、一頁、「電産新賃金へ融資経済閣僚懇談会」『朝日新聞』一九四八年三月二八日、大阪、朝刊、一頁、「電産争議解決に九億六千万円　政府正式に融資決定」『日本経済新聞』一九四八年三月二八日、朝刊、一頁。
(40)「電産争議解決措置に関する件（閣議決定）」一九四八年三月二七日付、『電力融資審査委員会関係（昭23）』（石川一郎文書、東京大学経済学図書館所蔵）、K54.1、R-105。他に、商工省「電産争議解決措置に関する件」一九四八年三月二七日、『芦田内閣閣議書類（その１）昭和23年3月10日―昭和23年3月31日』（国立公文書館デジタルアーカイブ）、二〇二二年八月二三日アクセスも参照。
(41) 引用も含めて、「電産新賃金支払方法決る　差額八割は新料金で」『読売新聞』一九四八年三月二八日、朝刊、一頁。
(42)「電産給与問題と融資について　銀、復、二三、四、一」、『戦後財政史資料　愛知文書　復興金融金庫（５）復金運営Ⅳ』（国立公文書館所蔵）、整理番号七二。ここでの幹事会と小委員会の出席者は不明。電力融資委員会の設置時期について、本章の基となった拙稿（「復興金融金庫融資の実施過程に関する一考察――電力融資委員会の設置から廃止まで」『茨城大学人文学部紀要（社会科学論集）』第五七号、二〇一四年）では、この項で用いている愛知文書の資料を未見であったため、「電力融資委員会は、二月二〇日の閣議決定の直後に設置されたのではなく、三月二七日の閣議決定から三一日までの間に設置されたのではないかと考えられる」（一七頁）とした。依然、月日の特定には至らないが、一九四八年二月二〇日の閣議決定から三月五日までの間である、一九四八年二月末―三月初めに設置された、と訂正する。
(43)「電気事業に対する融資について　銀、復、二三、三、九」、前掲『戦後財政史資料　愛知文書　復興金融金庫（５）復金運営Ⅳ』整理番号七〇。他に、「電気事業運転資金融資実施要領（電力融資委員会小委員会決定二三、三、九）」、前掲『戦後財政史資料　愛知文書　復興金融金庫（５）復金運営Ⅳ』整理番号七一も参照。
(44)「電気事業に対する融資について　銀、復、二三、三、九」、前掲『戦後財政史資料　愛知文書　復興金融金庫（５）復金運営Ⅳ』整理番号七〇。この資料では、一九四八年三月九日に開催されたのは幹事会とされているが、①「電産給与問題と融資について　銀、復、二三、四、一」、前掲『戦後財政史資料　愛知文書　復興金融金庫（５）復金運営Ⅳ』整理番号七二において、「三月五日第一回の~~会合~~幹事会を行ひ商工省より経営の説明をうけたが細部は~~幹事会~~小委員会に移すこととし、引続いて三月九日~~幹事会~~小委員会を開催し」（取消線ママ）とされていることと、②「電気事業運転資金融資実施要領（電力融資委員会小委員会決定二三、三、九）」、前掲『戦後財政史資料　愛知文書　復興金融金庫（5）復金運営Ⅳ』整理番号七一において、「（電力融資委員会小委員会決定二三、三、九）」とされていることから、三月五日に開催されたのは幹事会であり、三月九日に開催されたのは委員会であると判断した。

(45)「電産給与問題と融資について　銀、復、二三、四、一」、前掲『戦後財政史資料　愛知文書　復興金融金庫（5）復金運営Ⅳ』整理番号七二。

(46) この項の記述は、引用も含めて、別に断らない限り、「第二回電力融資委員会幹事会（三月卅一日）」『復金週報』第一号、一九四八年四月五日、二―三頁による。

(47) 1,099,413千円。内訳は、1・2月分：{5,480−(2,370+780)}×2ヶ月×138,500人＝645,410千円、3月分：{6,428−(2,370+780)}×1ヶ月×138,500人＝454,003千円。「電気事業人件費融資説明書」、前掲『電力融資審査委員会関係（昭23）』K54.1、R-105も参照。

(48) 以下の引用も含めて、連合軍最高司令部経済科学局「電産労務者賃金支払に関する件（G・H・Q非公式覚書）」一九四八年四月八日、前掲『電力融資審査委員会関係（昭23）』K54.1、R-105。この非公式覚書には、「一九四八年四月七日付経済科学局宛『マーカット、水谷』会談覚書参照」とあるから、一九四八年三月三一日―同年四月七日の間に、経済科学局長マーカットと水谷商工大臣との会談が行われたと推定される。他に、「電産賃銀支払いの件　銀、復、二三、四、一〇」、前掲『戦後財政史資料　愛知文書　復興金融金庫（5）復金運営Ⅳ』整理番号七三、「非公式覚書　電産労務者賃金支払に関する件　銀、復、二三、四、一三」、『戦後財政史資料　愛知文書　復興金融金庫（6）復金運営Ⅴ（昭・23）』（国立公文書館所蔵）、整理番号九も参照。ただし、四月七日付の覚書は未見。

(49) 引用は、「電産新給与全額復金融資決る」『読売新聞』一九四八年四月一〇日、朝刊、一頁。他に、「電力赤字は復金融資」『朝日新聞』一九四八年四月一〇日、東京、朝刊、一頁も参照。ただし、政府側の資料は未見である。

(50) この項の記述は、引用も含めて、別に断らない限り、「第一回電力融資委員会（四月十六日）」『復金週報』第三号、一九四八年四月一九日、二頁による。

(51)「電産争議妥結に伴ふ融資措置に関する件（第一回電力融資委員会議案）」、前掲『電力融資審査委員会関係（昭23）』K54.1、R-105も参照。

(52)「電力融資委員会の構成」、前掲『電力融資審査委員会関係（昭23）』K54.1、R-105。この資料の作成者と作成日はともに不明であるが、第一回電力融資委員会（一九四八年四月一六日開催）関係の資料の一つとして整理されている。また、この資料では、閣議決定「電気事業の融資に関する件」の日付が「昭和二三年二月三十日」となっているが、正しくは、前述のように一九四八年二月二〇日である。

(53) この項の記述は、引用も含めて、別に断らない限り、「第三回電力融資委員会幹事会（四月二十四日）」『復金週報』第四号、一九四八年四月二六日、三頁による。

(54) この説明は、電気事業会社から提出された以下の資料に基づいて、商工省の幹事が行ったものと推測される。電気事業経営者会議「赤字融資の弁済について」一九四八年四月二二日、前掲『電力融資審査委員会関係（昭23）』K54.1、R-105、「『赤字融資の弁済について』の説明」、前掲『電力融資審査委員会関係（昭23）』K54.1、R-105。

(55) この項の記述は、引用も含めて、別に断らない限り、商工次官「電産争議の妥結に伴ふ融資措置に関する件」二三電第八二七号、一九四八年五月四日、『炭砿特別運転資金融資審査委員会関係（昭22―23）』（石川一郎文書、東京大学経済学図書館所蔵）、K46.2、R-100による。他に、「電力融資委員会（四月廿六日）」『復金週報』第五号、一九四八年五月五日、一頁も参照。

(56) 「電気事業に十一億　近く復金から緊急融資」『日本経済新聞』一九四八年四月二九日、朝刊、一頁、「電気事業融資十億九千万円」『朝日新聞』一九四八年四月二八日、東京、朝刊、一頁。

(57) 大蔵省銀行局復興金融課「復金赤字融資資料」一九四八年一〇月二六日、『戦後財政史資料　愛知文書　復興金融金庫(15)赤字融資（昭・22―23）』（国立公文書館所蔵）、整理番号七、「赤字融資に関する資料」、復興金融金庫『復興資金年度別融資方針に関する資料』（東京大学経済学部資料室所蔵）一四四―一四五頁。

(58) 以上、この段落の記述は、朝日新聞社経済部編『朝日経済年史』昭和二三年版、朝日新聞社、一九四八年一一月、八七頁による。

(59) 第四回の幹事会に関する記述は、引用も含めて、「第四回電力融資委員会幹事会並に小委員会（五月二十六日、五月二十八日）」『復金週報』第九号、一九四八年五月三一日、二―三頁による。

(60) この項の記述は、引用も含めて、「第四回電力融資委員会幹事会並に小委員会（五月二十六日、五月二十八日）」『復金週報』第九号、一九四八年五月三一日、三頁による。なお、小委員会のメンバー構成は、不明である。

(61) この項の記述は、引用も含めて、別に断らない限り、「電力融資委員会（六月七日）」『復金週報』第一一号、一九四八年六月一四日、一頁による。

(62) 五月二八日小委員会での一三億一九〇〇万円から二三二四万円を差し引くと一二億八五七六万円となるが、金額不一致

の理由は不明である。他に、「復金融資十二億円　電力融資委員会決定」『読売新聞』一九四八年六月八日、朝刊、一頁、「赤字融資十二億七千万円　電気事業へ決定」『日本経済新聞』一九四八年六月八日、朝刊、一頁、「四、五月の電力融資」『朝日新聞』一九四八年六月八日、東京、朝刊、一頁、前掲『朝日経済年史』昭和二三年版、八七頁も参照。

(63)　電力融資委員会幹事長商工次官「電気事業四・五月分運転資金の融資に関する件」二三電第一〇三五号、一九四八年六月一〇日、『電力融資審査委員会関係（昭23）』K54.1、R-105。

(64)　「復興金融委員会（六月十七日）」『復金週報』第一二号、一九四八年六月二一日、一頁。

(65)　大蔵省銀行局復興金融課「復金赤字融資資料」一九四八年一〇月二六日、前掲『戦後財政史資料　愛知文書　復興金融金庫（15）赤字融資（昭・22―23）』整理番号七、「赤字融資に関する資料」、前掲『復興資金年度別融資方針に関する資料』一四五頁。

(66)　前掲『日本電力業発展のダイナミズム』一八九頁の表4‐11。

(67)　前掲『日本の政策金融I』五二頁。この「価格補正に伴う当面の産業金融対策」が閣議決定されるまでの経緯、決定後も、実質的に赤字融資が行われていたことや、復金審査部は合理化を前提として赤字融資を行うことが「金融判断」であると考えていたことについては、第2・3章を参照。

(68)　大蔵省財政史室編『昭和財政史――終戦から講和まで』第一二巻、東洋経済新報社、一九七六年、二五八―二五九頁、他に、「産業資金貸出順位を改正　産業金融対策を決定」『日本経済新聞』一九四八年七月一三日、朝刊、一頁、「ツナギ資金は供給　産業金融対策決まる　労賃監査は行わず」『朝日新聞』一九四八年七月一三日、東京、朝刊、一頁も参照。

(69)　「支所連絡会（九・一四）」『復金週報』第二五号、一九四八年九月二〇日、二頁。

第5章　昭和電工向け復金融資
――会計検査院の指摘と復金の回答

はじめに

本章は、昭和電工事件の当事者であり、赤字融資の借り手でもあった昭和電工向けの融資を考察する。序章で掲げた課題のうち、本章で取り上げられるのは、昭和電工向け融資に関わる課題と赤字融資に関わる課題の二つである。その際、本章が試みるのは、昭和電工が復金融資において同業他社と比べて「異例」・「特別」な取扱いを得ることができたのは、復金の融資判断が外部機関の介入により歪められたためであったのか否かについて確認することである。そのために、復金自身は昭和電工向け融資案件に対してどのような判断をしていたのか、という点に注目しながら、昭和電工向け融資の考察を行う。ただし、第1―4章で利用したような、融資実施過程に即して作成され、融資実施過程においてなされた議論について知ることのできる資料は未見である。本章で主に利用するのは、事後的に作成された「昭和電工株式会社に対する融資に関する件」[1]と、「昭和電工株式会社に対する融資事情説明書」[2]である。

「昭和電工株式会社に対する融資に関する件」は、一九四八年一一月二日付で、会計検査院事務総局検査第一局長池田直から、復興金融金庫理事長北代誠彌に宛てられたものである。その冒頭で、「先般施行した実地検査の結果、昭和電工株式会社に対する設備資金及び運転資金の融資については別紙の通り放漫であったと認められる点又は他社に比較して異例な取扱をしたと認められる点がある。／ついては、別紙の事項に関し事実の相違又は特に弁明を要する事情があれば、詳細な資料を添えて、至急回報されたい」（／は改行）と述べたあと、昭和電工向け融資について、案件ごとに、融資の経緯を述べた上で、疑わしい点を指摘している。取り上げられている案件は、第一―三次の設備資金融資(3)（表5-1）と一九四七年度の運転資金融資（後掲表5-8）である。

「昭和電工株式会社に対する融資事情説明書」は、冒頭で、「本書は別冊『昭和電工株式会社に対する設備運転資金融資事情』の附足にして先般行はれたる会計検査院の検査の結果、昭和二三年一一月二日附普第八三四号『昭和電工株式会社に対する融資に関する件』を以て仝院総務局検査第一局長より疑義ありとして指摘されたる諸点の説明に止める」と記されており、前述の会計検査院により指摘された問題点に対して、案件ごとに回答が述べられている。この資料には作成主体が明記されていないが、①別冊「昭和電工株式会社に対する設備運転資金融資事情」は、復興金融金庫が作成主体である同名の資料(4)であると推察されること、②昭和二三年一一月二日附普第八三四号「昭和電工株式会社に対する融資に関する件」をもって同院総務局検査第一局長より疑義ありとして指摘を受けたのは、前述のように、復金であること、③書かれている内容が復金にしか分からないようなものであること、④「復興金融金庫」と印字された罫紙が使われていること、⑤一枚目にある押印「尾家」は、当時の復金内で化学工業を所管していた融資第三部の部長尾家義人(5)であると推察されることから、この資料は、復金によって作成されたものであると考えて間違いないであろう。

本章では、主にこれら二つの資料を用いて、会計検査院による指摘と、それに対する復金による回答を、案件ごとにみていくことを通じて、昭和電工向け融資に対して、復金自身がどのような判断をして

単位（金額）：千円

C-D	調達先（含未調達分）
110,160	シ団（復金保証）
56,875	
28,390	
195,425	
586,076	復金全額
95,950	〃
68,750	〃
42,750	〃
43,235	〃
836,761	
1,032,186	

金庫（14）昭電融資（昭・

「第3次追加予算（C)」の2次」）については，東京地

表5-1　昭和電工設備資金第1－3次予算

	生産能力（トン）	第1次予算（A）	調達先	第2次追加予算（B）	調達先	第3次追加予算（C）	A+B+C	Cに対する復金削除額（D）
川崎第1次	125,000	150,000	安田 31,500 シ団 35,000 日肥 83,000	44,000	シ団 12,000	140,950	334,950	30,790
					シ団 32,000（復金保証）	66,075	66,075	9,200
鹿瀬	70,000	14,000	シ団 5,000 肥シ団 9,000	26,000	シ団 8,000 シ団 18,000（復金保証）	34,600	74,600	6,210
小計①		164,000		70,000		241,625	475,625	46,200
川崎第2次	125,000	484,000	復金全額	276,400	復金全額	679,226	1,439,626	93,150
富山	50,000	41,500	〃	123,500	〃	173,000	338,000	77,050
塩尻	30,000	75,000	〃	30,000	〃	80,250	185,250	11,500
秩父	25,000	15,000	〃	45,000	〃	57,700	117,700	14,950
旭川	15,000	19,700	〃	10,300	〃	52,435	82,435	9,200
小計②		635,200		485,200		1,042,611	2,163,011	205,850
合計①+②		799,200		555,200		1,284,236	2,638,636	252,050

出所）復興金融金庫「昭和電工株式会社に対する設備運転資金融資事情」，『戦後財政史資料　愛知文書　復興金融21-24)』（国立公文書館所蔵），整理番号12，32頁．

注）誤りと思われる数値（「第1次予算（A)」の「富山」「塩尻」「秩父」，「第2次追加予算（B)」の「秩父」「旭川」，「川崎第2次」「旭川」，「A＋B＋C」の「小計①」「川崎第2次」「小計②」「合計①＋②」，「C－D」の「川崎第方検察庁「昭和電工事件判決書（日野原関係松下権八）」1952年（国立国会図書館所蔵），39頁も参照して修正した．

いたのかを明らかにする。[6]

第一節　昭和電工向け設備資金融資

（1）設備資金——第一次融資

①融資の経緯[7]

昭和電工の事業は、アルミニウムと化学肥料を主軸とし、これらに化学薬品と電炉製品を配していたが、終戦により事業の転換を要することとなったため、肥料工業に活路を開くべく、硫安の川崎、石灰窒素の鹿瀬両工場の復旧、アルミの富山、電炉製品の旭川、塩尻、秩父、計四工場の石灰窒素への転換を計画した。計画完成後は、硫安年産二五万トン、石灰窒素一九万トンの生産能力を擁し、国内最大の化学肥料会社となるものであった。この計画に要する資金の調達は、川崎第一期計画[8]と鹿瀬分一億六四〇〇万円は社債により、川崎第二期計画と石灰窒素転換四工場分六億三五二〇万円は産業設備営団の建設によることとして、GHQの許可を申請、次の三条件を付して許可された（一九四六年九月七日）[9]。

A　産業設備営団が提案に係る建設に参加すること及び資金の調達を排除す。

B　竣工時に於ける工場並びに工場敷地に対する権利は日本政府代表機関に帰属し資金の調達は目下組織中の復興（転換）金融金庫を通し行ふべきものとす。

C　昭和電工株式会社は二ヶ年を超えざる期間日本政府該当代表機関との賃貸借契約又は経営契約により其の工場を操業す。

これにより、川崎第二期計画と石灰窒素転換四工場分六億三五二〇万円は、復金から融資することとされた。また、計七億九九二〇万円のうち三八〇〇万円については一九四六年三月、残額七億六一二〇万円については同年九月一二日にそれぞれ臨時資金調整法による主務大臣の許可を受けている[10]。以上の設備資金調達について、資料では、全体を第一次予算、復金融資を第一次融資と称している。

第一次融資のうち、まず、川崎第二期計画分四億八四〇〇万円の融資に関しては、建設費が著しく高価なことと、完成後における電力と硫酸の供給について注意を要するとされたものの、肥料増産の国策的見地から、特に緊急支払いを要するとされた二〇〇〇万円が一九四六年一〇月二日に東京地方融資懇談会で承認され、一九四六年一〇月一一日に四七〇〇万円、同一八日に四億一七〇〇万円が復興金融委員会で承認されている。

次いで、塩尻、富山、秩父、旭川四工場の転換工事分一億五一二〇万円の融資に関しては、建設費が高価なること、すなわち、トン当り建設費一〇〇〇円未満の工場が全工場の三分の二を占める石灰窒素製造業界において、政府の保護政策が継続しない限り不利であるとされたが、石灰窒素全生産量（復旧完成後商工省期待量）三八万一〇〇〇トンに対して二〇%以上を占める四工場の建設は、肥料増産が至上の要請とされていたことから、一九四六年一一月一五日に復興金融委員会で承認された。

第一次融資であるこれら川崎第二期分と転換四工場分の六億三五二〇万円は、資金の需要度に応じて、一九四六年一〇月四日から一九四七年六月二三日に至る期間に一六回に分割して融資が行われた。また、日本興業銀行復興金融部が復興融資として全額を決定してその一部を実行した後、復金に引き継がれた。

②会計検査院の指摘と復金の回答

以上のような第一次融資に対して、会計検査院は、川崎第二期計画分について、A建設費が著しく高価なこと（硫安年産能力トン当り三九五〇円に当る）と、B完成後の電力および硫酸の供給に不安があることの二点に難点があり、そして、転換四工場分についても、C建設費が高価なこと（トン当り一八九〇円に対して、同種工場はトン当り一〇〇〇円未満のものが多い）に難点があったにもかかわらず、D肥料増産の至上要請に応ずる必要があることを理由として、E実地審査を経ずに会社の申請通りの金額の融資決定をみるに至ったことを問題視している[11]。

それに対する復金による融資事情説明[12]では、昭和電工向け設備資金融資において必要な手続きが厳格に遵守されたこと[13]を述べたのち、第一次融資への指摘に対する回答に移り、その冒頭で当時の政治経済情勢を挙げた上で、次のような説明がなされている。

まず、Eについて、「当社の如く規模大にして而も遠隔離散の全工場を実査し短期間に完璧なる調査を完了する事は人事の能く為し得る所ではなく融資に当っては之を大局より判断せざるを得ず先づ既に市中金融により着工中であり実地審査を終了した川崎工場の予算中緊急已むを得ざるものと認められた二〇、〇〇〇千円（本予算の三%）の融資を十月二日決定した。而して其后逐次工場実査を行ひ結局第一次予算に於て工場実査を行ひ得なかったのは最遠隔地である旭川工場のみであった」とされており、最も遠隔に立地した旭川工場を除いた工場について実地審査を行ったとの反論がなされている。

次に、Bについて、「原料面に対する不安は前記の如く国策の問題であって政府への信頼に俟つ以外になく」とされている。この点については、より詳しく、前述の冒頭で挙げられた当時の政治経済情勢の中で、「戦后経済復興方針は未だ全産業一貫して確立されて居らず、発電所の復旧開発計画の未発表、硫酸に関する賠償撤去の問題未解決等の不安が存し乍ら民生安定の基本ラインに沿った食糧増産―化学肥料増産計画は政府並に国民大衆の要請として金融面にも大きく反映せざるを得なかった」と説明されている。電力と硫酸の供給不安という難点があったことを認めつつも、発電所の復旧開発計画未発表や硫酸製造設備の賠償撤去問題未解決という状況の中では、食糧増産＝化学肥料増産という要請のために融資せざるを得ない（D）との判断がなされた、とされている。

続いて、AとCについて、「建設費の高価なる点は既設他会社との比較の意味であって、当社の計画が当時の物価に比して過高なる意味ではない」とした上で、「当時は臨時資金調整法施行中であって設備資金の計画内容に付ては関係官庁、日本銀行等に於て十分検討済であり復興金融部としても書面審査で納得いく所であ」り、また、「本件中出金額は前記の如く本計画が国策として取扱はれて居り占領政策に違反せざる様予め十分なる準備が採られて居ったので監督官庁の審査が極めて厳重に行はれた後G.H.Qの許可を得て居り金融機関として疑議をさしはさむ余地はなかった」としており、臨時資金調整法や制限会社令に基づいた関係監督官庁や日本銀行による審査・検討について、「納得いく」「疑議をさしはさむ余地はなかった」との判断を示している。

また、「膨大な建設費（値増も予想された）の銷却を行ひ乍ら他会社と競争する場合収支逆調となるであらうという点」が懸念されたとしつつも、「G.H.Q覚書に明記されてある如く設備完成后その所有を日本政府代理機関（産業復興公団）に属せしめ当社が之を借用運営して行かしめるという事により解決を見出して」いるとされ、さらに、「旁々価格政策に於て政府が考慮するであらう事は商工省当局の説明により期待されて居った」と、産業復興公団と価格政策に対する楽観的な期待に基づく判断がなされていた。

そして、最後に、「問題は寧ろ肥料増産を一日も早からしめ、又本工事に対する物価騰貴の影響を如何に少なからしめるかにあって融資は可及的速なる実行に移さるべきであった」と述べられているが、その背景にあったのは、「大戦后敗戦国の常として物価騰貴の傾向は既に表面化して居り巷間一部には破局的インフレーション論が唱へられて居り工事建設を遅延せしめる事は国民経済上不利なる事は自明の理であった」という、前述の冒頭で挙げられた当時の政治経済情勢についての認識であり、単に肥料増産の要請に応えるため（D）だけでなく、インフレ下での工事遅延による建設費高騰＝国民経済上の不利益を少なくするためにも、可及的速やかに融資を実行する必要があったとの判断が示されている。

以上のように、昭和電工向け設備資金第一次融資に対して、復金（前身の復興金融部も含む）は、産業復興公団や価格政策などによる収支改善に対して楽観的な期待を有していたものの、建設費について臨時資金調整法や制限会社令に基づいた関係監督官庁や日本銀行による審査・検討を「納得いく」「疑議をさしはさむ余地はなかった」としてただ受け入れただけでなく、会計検査院が指摘したように「実地検査を経ずに」ではなく、最も遠隔に立地した旭川工場を除いた工場の実地審査にも基づいて、融資金額が妥当であると判断していた。その上で、電力と硫酸の供給不安という難点があったことを認めつつも、発電所の復旧開発計画未発表や硫酸製造設備の賠償撤去問題未解決という状況の中では、単に肥料増産の要請に応えるためだけでなく、インフレ下での工事遅延による建設費高騰＝国民経済上の不利益を少なくするためにも、可及的速やかに融資を実行する必要があったと判断していたのである。

（2）設備資金――第二次融資

①融資の経緯[14]

インフレ下での工事遅延による建設費高騰＝国民経済上の不利益を少なくするためにも、可及的速やかに融資を実行する必要があったと判断された第一次融資による工事の進捗度は、川崎第二期五〇％、転換四工場平均約八〇％程度であったため、工事の遅延、物価労賃の昂騰、そして、一部工事の計画変更[15]により、予算超過のやむなきに至った。その超過予算五億五五二〇万円（第二次予算）に対して、一九四七年七月一四日に復金から借り入れることについてGHQにより許可されたため、昭和電工が復金へ借入れを申し入れた。

そのうち、緊急に必要とされた一億円（川崎第二期分三六〇〇万円、転換四工場分六四〇〇万円）について、復金は、この第二次予算が継続工事であり、内容も一応妥当なるものと認め、一九四七年七月二四日の復興金融委員会に付議し、七月融資分として決定された。その後、復金は、審査の結果、第二次予算について、GHQより川崎第二期の電解槽三系統の打切りと転換四工場の窒素分離機の一部打切りの問題を除いて概ね妥当と認められたため、一九四七年八月七日の復興金融委員会に三億八五二〇万円として附議し、承認された。

その金額は、第二次予算五億五五二〇万円のうち、先に七月分として承認した一億円を差し引いた四億五五二〇万円から、川崎第一期分と鹿瀬分の計七〇〇〇万円（従来の経緯からシンジケート団融資で賄うべきとされて日銀で融資斡旋中であった[16]）を除いた分であった。復金直接融資となった川崎第二期分と転換四工場分の計四億八五二〇万円（第二次融資）は、一九四七年七月二九日から同年一二月一〇日に至る間に八回に分割して融資された。

②会計検査院の指摘と復金の回答

以上のような第二次融資に対して、会計検査院は、この第二次融資も、A実地審査を経ずに、B会社の申請通りの融資を決定したことを問題視している[17]。

それに対する復金による回答[18]では、まず、次のような前置きが述べられている。第二次予算は、一九四六年一二月から作成開始、一九四七年一月一八日に商工省へ提出、商工省から他会社と一括してＧＨＱに申請され、同年二月一三日付ＧＨＱ覚書「化学工業の復旧転換に関する資金計画」により包括許可となった。しかし、昭和電工の個別申請は、川崎工場電解槽三系統、富山工場窒素分離機二基等を削減された関係から、予算を再編成したため、一九四七年七月一四日にようやくＧＨＱより大蔵大臣宛覚書が交付され、ＧＨＱの許可を得るまでに都合八ヶ月を要した。その間、物価高騰は著しく、一九四七年七月には政府は公価の全面的引上げを発表し、その影響により第三次予算は必至と考えられた。すなわち、第二次予算は、第三次予算を前提とする経過予算であった。

その上で、まず、Ａについて、「金庫の審査は当時の機械メーカーの手許に於ける建設状態の検討並に工事一部打切りに伴う賠償金問題の処置に主力を置かざるを得なくな」ったものの、「川崎、秩父両工場再度の実査の他主要設備メーカーたる日立製作所、日立海岸工場、仝多賀工場、三菱化工機川崎工場仝船橋工場、日本理化蒲田工場、富士電機川崎工場、東芝鶴見工場等を実査調査している」とされており、昭和電工の工場について川崎工場と秩父工場のみであったが実査を行い、加えて、設備機械発注先メーカーの工場についても実地審査を行ったとの反論がなされている。

続いて、Ｂについて、「勿論此の間にあっても支払実績の報告により資金使途の検討等は等閑に附された訳ではなく」、また、「計画内容を審査し予算金額の検討を行」い、「第一次及第二次予算に於ても会社申出金額をそのまゝ鵜呑みにしたものではな」い、と反論している。

ただし、最後に、前述のように、物価高騰により第三次予算が必至と考えられていた状況の下で、「既に実際の工事費は予算を超過する実情であったので結果としては予算全額を融資したことになった」ことを認めている。

以上のように、昭和電工向け設備資金第二次融資に対して、復金は、ＧＨＱの許可を得るまでに時間を要したこととその間の物価高騰により、結果としては、昭和電工が申請した通りの予算全額を融資することになったことは認めつつも、会計検査院が指摘したように「実地審査を経ず」にではなく、川崎工場と秩父工場のみであったが昭和電工の工場実査と、設備機械発注先メーカーの工場実査を行い、「会社申出金額をそのまゝ鵜呑み」にするのではなく、支払実績報告による資金使途の検討と、計画内容審査による予算金額の検討を行って、融資金額を妥当であると判断していたのである。

(3) 設備資金——第三次融資

①融資の経緯(19)

第三次予算の一二億八四二三万六〇〇〇円は、一九四六年末の物価を基準として編成された第二次予算が、その後の物価騰貴と一九四七年七月の新物価政策による影響、復旧転換計画の一部変更等により予算超過を余儀なくされたため、一九四七年八月頃から編成が着手され、同年一〇月頃に許可申請が行われた。

この第三次予算は、金額があまりに巨額であったこと、当時悪化の一路をたどっていた電力事情に好転の見込みが立たず、大規模な硫安工場の将来性が一時疑われたこと等の理由から、その許可申請額は大幅に削減される可能性があった。特に、川崎第二期工事(㊖工事)の電解槽七系列増設の予定を三または四系列に削減して予算縮小しようとする商工省側一部の意見に対して、昭和電工側が極力説得諒解に努めた結果、政府当局も申請額を全面的に認容するという機運に傾き、一一月一二日に制限会社令による許可に要する国内手続きを終了し、一二月二日にGHQによって、同八日制限会社令による主務大臣によって、それぞれ全額許可された(20)。

昭和電工からの借入申入れに対して、復金では、「其の工事が完成に近く予算は精算期に来ているので目下計画及予算内容について詳細審査中」であり、その終了は翌一九四八年一月頃の見込みであった。しかしながら、昭和電工の一九四七年度末における各工事建設資金の未払金総計は約五億円に達し、その半額二億五〇〇〇万円は、「年末のことでもあり緊急要支払已むを得ざるものと認められた」ため、一九四七年一二月一八日の復興金融委員会で融資決定となった。

第三次予算は、一九四七年八《ママ》月の新物価体系に算定の基礎を置き、計画完成を一九四八年三月の予定としていたため、同三月までの物価騰貴しか見込んでいなかった。当時すでに第三次予算ではとうてい完成し得ない上に、近く物価の改訂も予定されていたため、復金は、「削るべき設備は削り、続行すべき設備については新々物価の影響も已むを得ないとし更めて第四次予算を樹てしめる方針」をとり、削除額は二億五二〇五万円、融資査定額を一〇億三二一八万六〇〇〇円とした。

このうち第一期工事分の一億九五〇〇万円は復金の支払保証により、第二期工事分八億三七〇〇万円は復金の直接融資によることとなった（第三次融資）。復興金融委員会は、一九四七年一二月一八日二億五〇〇〇万円、一九四八年三月二五日四億円、同年四月二二日三億円、同年七月二二日八二〇〇万円の四回にわたり一〇億三二〇〇万円の融資を決定し、復金は、一九四七年一二月三〇日から一九四八年八月一二日に至る間二四回にわたって一〇億一六〇〇万円について直接融資または支払保証を行った[21]。

②会計検査院の指摘と復金の回答

以上のような第三次融資に対する会計検査院による問題点の指摘は、第一・二次融資と比べて詳細なものであり、臨時資金調整法、予算金額、総係費、工事進捗率の四つに関わる問題から成っている。それらの内容[22]とそれぞれに対する復金の回答[23]は、以下の通りであった。

予算金額について、会計検査院は、「復金は第三次融資決定に当り、はじめて実地審査を行ったもので第一次予算から第三次予算に至る総額二、六三八百万円を検討した結果、計画変更による分二五二百万円を削減し、一、三八六百万円の予算を認めたものであるが、この場合も計画変更により削減された工事部分の予算を減額したのみで、個々の工事については、会社の予算をそのまま認め、工事費内容の査定は行われて」おらず、その理由として、「会社の実地審査の結果、各工事の契約額又は支払額が予算額と一致していることを確認したため査定の余地がなかった」と復金はしているが、「会社の書類によれば末表の通り予算額と使用額との差額の著しいものがあるから、査定の余地がなかったものとは認められ」ず、さらに、「会社の申請通りに融資した第二次迄の融資額一、三五四百万円に一、〇三二百万円を加算したものと認められ、第一次予算から全体を総合して検討したものとは認められない」としている。すなわち、昭和電工申請額から計画変更分を削減しただけで、個々の工事について、昭和電工の予算をそのまま認めて、査定の余地があったにもかかわらず、工事内容の査定を行わなかったことと、第一―三次予算の全体について、第二次までの融資額に第三次融資額を単に加算しただけで、総合した検討を行わなかったことを問題視している。

それに対して復金は、第三次予算を「最終予算として取扱うことゝし設備内容に関して詳細に再検討を遂げると共に予算金額に付ては第一次予算以后全体を総合して支払実績、製作者の見積等に付ては出来る限り種々の角度から調査を行」い、「例へば工事に関係ある百数十社に所要事項を照会し特に重要なるものに付ては一々原価計算迄も検討し」て、「個々の工事費に到る迄詳細なる検討をなしたのであ」り、「単に計画変更によって不要となった工事費のみを削除して爾余の予算に付ては会社側の申出をそのまゝ承認したものでもなければ査定の余地なしと判断したものでもない」としており、個々の工事について、昭和電工の予算をそのまま認めたのではなく、査定の余地ありと判断して、工事内容の詳細な査定を行い、第一―三次予算の全体についても、総合して検討を行ったと反論している。

また、減額査定の経緯に関する、復金の説明は次の通りであった。工事内容の詳細な検討の結果、復金が、「一応削除減額すべき金額として三三〇百万円余を計上した」のに対して、昭和電工側が削除に同意しなかったため、「客観的に見て削除適当なるや更に検討を要する工事も少からず、又当時既に予算を遙かに超過する工事も数多あり、既に第三次予算内容自体が実情に適さなくなっていたので一応削除について問題のない金額一一四百万円を第三次予算総額より控除した一、一七〇百万円を限度とし、此の金額内で会社側に於て早急に実施予算を再編成せしめ之に付て更に最終的審査をすること、した」が、「当面の融資を急ぐ必要上、右の限度額が調査時以后将来に亘る値上等不確定の要素を含んでいるので更に慎重を期して予算総額より二五二百万円を控除し仮に一、〇三二百万円に融資限度を縮少し」て、この限度内で工事の進捗に応じて、逐次、分割融資を実行した。

ただし、「当初短期間内に出来る予定であった実施予算の提出が遅れまたその后四囲の情況より審査にも種々支障を生じた、め、実施予算の査定は未だ完結を見ていない（近々完結の見込）が工事の進行に伴った融資の額は既に右の限度（一、〇三二百万円―引用者）に達し更に工事費の増嵩は削減前の第三次予算総額ですら不足し第四次予算を必要とする実績である」としており、昭和電工に再編成させるとされた実施予算に対する最終的な審査・査定が終了していないことと、それにもかかわらず、融資実行額が限度額に達したことを認めている。

臨時資金調整法に関わる問題について、会計検査院が指摘したのは、「この融資は臨時資金調整法（昭和二十三年四月廃止）第四条の二の規定による許可がないのにかかわらず行われたものである」という点であった。

それに対して復金は、「当時設備資金を復金借入に依る場合は復金の融資金額決定迄許可書下附を保留する慣例であって結局第三次予算に付ては未だ当方の最終的金額決定は行はれて居らないため許可書は出ていないが、右の留保条件附で昨年十一月十三日臨時資金審査委員会幹事会を通過し、十二月六日附主務大臣の許可通知書が日銀に保留されているのである」と回答しており、前述のように、昭和電工が再編成した実施予算に対する最終的な審査・査定が終了していないために、許可書は出されていないことを認めつつも、臨時資金調整法に則った手続きが遵守されていたことを主張している。

総係費について、会計検査院は、第三次予算までに積算されている総係費について、「逐次増額され工事の二〇％

を占めている」ことと、その内訳が、金利一億一六七七万二〇〇〇円、開発費二三二二万八〇〇〇円、予備費七一六五万四〇〇〇円、補修費四四二六万七〇〇〇円、その他一億八四二〇万七〇〇〇円、計四億四〇二二万九《（ママ）》〇〇〇円であったことを述べた上で、次の三点について問題視している。

一つ目は、予備費について、「約七二百万円見込んでいるが、予算以外に新規工事を要するならば、別途設備資金を査定融資すべきであって、こうした多額の予備費を融資内容として認めたことは妥当でない」としている。

二つ目は、金利について、「約一一七百万円を見込んでいて右は復金借入金の総額に対し、二十三年三月までの全金利を計算したものであるが、既に二十二年度中に相当量の肥料が販売されているから、借入金利の一部は肥料代金として回収されるべきもので、その全額を融資内容として認めたのは妥当ではない」としている。

三つ目は、その他について、その「内容の全体は明白でないが、川崎(営)工事の総係費二四一百万円のうちのその他の内容を見ると、人件費二〇百万円（一ヶ月平均二十一年度五〇〇千円、二十二年度上期八〇〇千円、下期一、五〇〇千円）経費九〇百万円（一ヶ月平均五三〇千円）材料費七百万円の外、関連費として三〇百万円を計上している」が、「この関連費は工事着手以来営業資金から支出されていた本社関係諸経費を第三次予算において遡及して工事予算に計上したものであ」り、「従来営業資金で賄われて運転資金融資の対象となっていたものを遡及して設備資金融資の内容として認めたのは妥当ではない」としている。

それに対して、復金は、「総係費に付ては当方に於てもその過大なることを指摘し、実施予算に於ては少くとも総工事費の十五％以内に圧縮することを要求した」とした上で、一つ目の予備費と二つ目の金利について、「特に予備費の全面的削除、解約補償金の二五、〇〇〇千円削減については当時に於て会社側の既に同意した処で、金利関連費に付ても実施予算に於て更に圧縮される」と反論している。そして、三つ目のその他については、「川崎(営)工事の総係費中『其他』の項に関して検査院より指摘せられた数字についてもその根拠不明である。当方の調査では第三次に

表 5-2　工事進捗状況の調査結果：昭和電工　（単位：%）

工事名	22年2月 融資部調査	22年5月 融資部調査	22年8月 融資部調査	22年8月 審査部調査	22年12月 審査部調査	23年3月 委員会資料
川崎(新)	土建　95 機械　95		100	80	80	80
鹿瀬	土建　35 機械　45		80	80	85-95	90
川崎(営)	土建　25 機械　35	40 50	60	40	70	70
塩尻	土建　65 機械　70	85 80	85	50	60	90
秩父	土建　70 機械　65	85 80	85	50	60	80
旭川	土建　95 機械　80	98 90	90	70	80	75
富山	土建　45 機械　50	70 70	75	60	70	75

出所）　会計検査事務総局検査第一局長池田直「昭和電工株式会社に対する融資に関する件」（普第834号），1948年11月2日，『戦後財政史資料　愛知文書　復興金融金庫（14）昭電融資（昭・21-24）』（国立公文書館所蔵），整理番号11.

於ける川崎(営)工事関係の『其他』は六一、七五二千円である」と回答している。

工事進捗について、会計検査院は、工事進捗状況の調査結果（表5－2）を示して、「調査時期が相当隔たっていても、進捗率はほとんど変化のない状態で、これは融資が目的に適合するよう使用されていないか、又は融資が過大のため予定外の工事を行っているか、いずれかの原因によるかと認められるが、その原因を究めることなく、融資を継続していたのは放漫な措置と認めなければならない」とし、さらに、「融資決定が放漫であったことは、別表（表5－3―引用者）に示す富山工場設備資金の復金提出予算及び実施予算対照表によっても知ることができる」と畳みかけており、工事進捗率の停滞を放置したまま融資を継続していたことを、「放漫」な措置であったと問題視している。

それに対して復金は、「元来総合的な工事進捗率そのもの、判定が極めて困難であってその正確を期し難いこと」と、「特に補修工事の改造工事等に於ては工事の中途に於て当初予想しない追加工事が発生し之を

表 5-3　富山工場第 3 次設備資金　復金提出予算・会社実施予算対照表（単位：円）

設備名	会社実施予算			復金提出予算		
原石採掘設備	2,000,000					5,500,000
石灰設備	2,200,000					11,159,000
カーバイト設備	3,080,000					31,287,000
窒化設備	7,624,000					40,505,000
窒素設備	4,810,000					20,200,000
精品設備	9,700,000					14,029,000
居住設備	9,592,000			居住其他	一般	34,140,000
電気設備	9,200,000				建物	37,713,000
給水設備	1,300,000				附属建物	20,623,000
荷役設備	10,458,000				社宅其他	23,800,000
敷地設備	3,772,000				構築物	11,210,000
電極設備	3,308,000				土地	150,000
小計	67,044,000					4,629,000
開発費	1,485,000					11,278,000
工場関連費(総掛)	16,915,000	労務費	11,900,000			27,522,000
		仮設費	155,000			
		運搬費	27,000			
		雑係費	633,000			
		税金	4,200,000			
金利	9,698,000					12,812,000
一般管理費	3,683,000					21,400,000
解約金	4,443,000					4,443,000
合　　計	103,268,000					338,000,000

備考　計画変更等による減
77,000,000
差引 261,000,000

出所）会計検査事務総局検査第一局長池田田直「昭和電工株式会社に対する融資に関する件」（普第 834 号），1948 年 11 月 2 日，『戦後財政史資料　愛知文書　復興金融金庫（14）昭電融資（昭・21-24）』（国立公文書館所蔵），整理番号 11.
注）「復金提出予算」の「小計」と「合計」は計算の値と一致していないがそのままとしている．

形式的に総合進捗率から見る時は停滞又は逆退することすらあり得ることは工事の実際に往々見られ已むを得ないものであること等」から、工事進捗率と融資金額の「両者を形式的に比較して見ることは必ずしも適当ではなかろう」と反論している。

　その上で、「勿論当方としても当社の工事に対しては常にその進捗状態に注意し工事の促進を督励し」てきたけれども、「戦后我国の社会経済全般の悪条件下としては当社の工事は部分的には批評の余地がある」ことを認めつつも、「全体としては特に遅れている方ではないと考へられる」との認識を示している。また、会計検査院より提出された「富山工場第三次設備資金復金提出予算会社実施予算対照表」（表５－３）について、「如何なる根拠を有するものか当方に於ては了解に苦しむところである。昨年末に於ける富山工場の支払実績は二〇三、六九〇千円に達している筈である」と苦言を呈している。

以上のように、復金は、昭和電工向け設備資金第三次融資に対して、会計検査院が指摘した四つの問題のうち、臨時資金調整法と工事進捗率に関わる点については、問題なかったと退け、予算金額については、昭和電工に再編成させるとされた実施予算に基づいた最終的な審査・査定が終了していないことと、それにもかかわらず、融資の実行額が限度額に達したことを認めつつも、昭和電工の予算をそのまま認めたのではなく、個々の工事内容に関する詳細な査定と、第一―三次予算の全体に関する総合検討とに基づいて、減額査定を行っており、総係費についても、実施予算での圧縮を昭和電工に要求して認めさせていたのである。

第二節　昭和電工向け運転資金融資

(1) 一九四七年六月分運転資金

①融資の経緯[24]

日本肥料[25]の解散と肥料配給公団の設立創業との間の時間的ギャップにより、肥料代約一ヶ月分が棚上げとなる虞が生じたため、商工・農林両省の発意により、繋ぎ資金を考慮することとなり、各肥料組合、日本興業銀行（以下、興銀と略すことがある）、復金等の共同作業のもとに、肥料各社の金繰りを調べて査定し、一九四七年六月一三日の東京地方融資懇談会において、六月分所要運転資金として、東洋高圧外一八社に対する総額一億五九二五万円の融資が承認された。

ただし、昭和電工は従来からの取引銀行であった安田銀行から借入可能とみられたので、「安田より借入可能とし不足する時は改めて考慮」ということで削除された。しかし、当時の金融情勢から安田銀行からの相当多額な裸融資は不可能ということとなったため、同六月一三日に、他肥料会社とは別の議案により東京地方融資懇談会に附議されたものの留保となった。(26)その後、六月二〇日の東京地方融資懇談会と六月二四日の復興金融委員会において、計八五〇〇万円のうち、六〇〇〇万円は復金保証による安田銀行融資として、残額二五〇〇万円は復金直接貸として承認され、復金は、六月二八日に二五〇〇万円を直接融資し、七月二九日に六〇〇〇万円の損失保証をしている。

②会計検査院の指摘と復金の回答

会計検査院(27)は、昭和電工向け運転資金融資全体について、「全体的に見て他の肥料製造会社に比較して異例な融資をしたと認められる点がある」とした上で、個別の運転資金融資について、順に、問題点を指摘している。

一九四七年六月分運転資金融資については、東洋高圧外一八社に対する分に関しては、各社から提出させた六月の金繰不足と六月生産指示額とのいずれか低い方をとる方針のもとに査定した結果、表5‐4の通り融資を決定したのに対して、昭和電工の融資に関しては、生産指示額を全然考慮せず、金繰不足額についても他社と同時に調査した金額をはるかに上回る金額を基準として決定していることを、問題視している。具体的には、他社と同時に調査した資料によると、生産指示額四九五一万四〇〇〇円、金繰不足額六六三二万一〇〇〇円であり、同一基準によるとすれば四九五〇万円を限度とすべきものを、個別査定においては金繰不足額一億一三八七万一〇〇〇円うち繰越可能額二八〇〇万円を差し引いて資金所要額を八五八七万一〇〇〇円と査定して、八五〇〇万円の融資を決定したとして、問題視している。

それに対して復金(28)は、まず、会計検査院が昭和電工向け運転資金全体について、「全体的に見て他の肥料製造会社に比較して異例な融資をしたと認められる点がある」としたことに対して，昭和電工に対する運転資金融通は，日本肥料から肥料配給公団への切替え，同公団発足遅延，制電赤字および閣議決定に基づく赤字融資と，いずれも肥料会社全般の問題として他社と一緒に取り上げられてきたため，融資額査定について他社と比較される場合が多いが，「金融の観点に立って会社の実体を検討する時問題はしかく簡単でないのであって肥料会社全体の問題として提出せられた場合審査技術上一応の方針を決定しても融資に当っては各企業体の実状を考慮外に置くことは出来ない。一見公平の査定が案外不公平であり，一見不公平の査定が実体上公平なる事は常にあり得る事である」と反論しており，査定の際に，一律の基準に従うだけでなく，各企業の実状を考慮することの重要性を主張している。

表5-4　1947年6月分の生産指示額・金繰不足額・融資決定額　（単位：千円）

会社名	6月生産指示額	6月金繰不足額	融資決定額
東洋高圧	45,684	37,946	37,900
宇部興産	21,233	22,735	21,000
日新化学	42,546	34,596	34,500
電気化学	20,777	17,655	17,600
信越化学	12,932	16,553	12,900
その他14社	102,990	51,059	35,350
計	246,162	180,544	159,250

出所）　会計検査事務総局検査第一局長池田直「昭和電工株式会社に対する融資に関する件」（普第834号），1948年11月2日，『戦後財政史資料　愛知文書　復興金融金庫（14）昭電融資（昭・21-24）』（国立公文書館所蔵），整理番号11.

なお，復金が，昭和電工の融資決定に際して，特に念頭におかざるを得ない要因として挙げたのは次の五点であった。

（イ）硫安の川崎，石灰窒素の鹿瀬，富山，旭川，塩尻，秩父は何れも復旧拡張或は転換工事中であって此の大計画を同時に着手して居ったこと

（ロ）工事建設は鋭意進められて居ったが，社会的経済的影響に災いされ完全稼働に入るは容易な事でなく此の間の喰込みは今日の如き価格統制下に於ては殊に大きく響いていること

（ハ）硫安工場は電解法を採用して居り従って石灰窒素工場と共に電力源に影響される程度大なること

（ニ）肥料会社以外の十工場は概ね重要産業であるが之亦容易に軌道

に乗らず、欠損を続けて居ったが、当社の主目標が肥料工場建設に指向せられて居り、此の面の資金需要膨大である為、肥料以外の他工業部門の運転資金は金融不能の状態にあったこと

（ホ）以上の如き諸因に依り生じた喰込みは結局膨大なる未払金に凝固され而も該未払金の内容は炭代、電力代、主要材料購入代の大口面に依らざるを得ず重要諸産業への影響累加され逐次放置し得ざる様相を露呈したこと。

続いて、一九四七年六月分運転資金融資についての問題点の指摘に対して、「他社は六月の金繰不足額と仝月生産指示額と何れか低い方を査定額としているのに当社は此の基準額を離れて特に多額を融資決定している」と要約した上で、その経緯について、「当社に対しては当初二五、〇〇〇千円と査定をしていた処安田銀行が六〇、〇〇〇千円程度融資すると云ふ話があった為六〇、〇〇〇千円出れば生産指示額四九、〇〇〇千円をカバー出来るので、復金としては融資する必要なしと判断した」が、「其の后安田の意向が安田として六〇、〇〇〇千円出すのは復金が二五、〇〇〇千円出すということを前提としての話だと云ふ事情が判明した」ため、「已むを得ず復金プロパーとして二五、〇〇〇千円の融資決定に逆戻りした」が、さらに、「安田はその時自分の出す六〇、〇〇〇千円も復金の保証がなければ困るとい丶出した」ため、「結局当社への融資は復金二五、〇〇〇千円並に復金保証の安田融資六〇、〇〇〇千円、計八五、〇〇〇千円となってしまった」と弁明している。

この弁明から読み取れることは、次の二点である。第一に、もともとの復金による査定（査定額二五〇〇万円）は、会計検査院の指摘の中で言及のあった他社と同一基準での査定（査定額四九五〇万円）よりも、厳しいものであった。第二に、それにもかかわらず、直接融資と損失保証の合計が八五〇〇万円に膨れ上がったことの原因は、安田銀行の意向をしっかりと確認しなかった復金の落ち度であったと言わざるを得ないものの、東京地方融資懇談会や復興金融委員会の介入によるものではなかった。

（２）一九四七年七月分運転資金

①融資の経緯[29]

一九四七年七月分運転資金は、（イ）日本肥料の肥料代支払停滞、（ロ）肥料配給公団の発足遅延、（ハ）原価昂騰に対する公定価格の据置、（ニ）建設工事の続行等の理由により、肥料会社の金繰りが極めて窮迫していたことから、商工当局の懇請により、一九四七年六月分と同様、各肥料組合、興銀、復金等の共同作業の下に、各社より金繰表を徴して査定した結果、当初、全会社合計八億一一九二万八〇〇〇円とされた。ところが、復興貸付の枠の関係上、四億五〇〇〇万円以内に圧縮する必要があったため、再査定を行い、全会社合計四億二三九〇万円、そのうち昭和電工分は七〇〇〇万円とされた。

この融資額について、一九四七年七月八日の復興金融委員会で事前了解され、同七月一一日に東京地方融資懇談会で付議・承認され、同七月二四日の復興金融委員会で付議・決定（七月八日付追認）となった。復金からの融資は七月一五日と二五日の二回に分けて実施された。

②会計検査院の指摘と復金の回答

以上のような一九四七年七月分運転資金融資に対して、会計検査院は、表５－５を示した上で、「これによると融資決定額はおおむね七月生産指示額の範囲に止めていてこの範囲を著しく超過しているのは昭和電工（一九、四六一千円）及び東洋高圧（一〇、〇三七千円）である。これは両社は肥料以外の収入が少い点を考慮したものの由であるが[30]、両社を比較して見ると昭和電工の方が融資率が高い」としており、昭和電工向けの融資率が、他社より高いことを問題視している[31]。

それに対して復金[32]は、まず、「七月分融資額の査定方針は七月の金繰不足を算出し、六月末未払金等種々の事情を考慮して決めんとしたのであって七月の生産指示額は一応の目安として参考としては居るが之により決定したもので

表 5-5　1947 年 7 月分の生産指示額・金繰不足額・融資決定額

会社名	金繰不足査定額；A（千円）	融資決定額；B（千円）	備考（7 月生産指示額）；C（千円）	B/A（%）	B/C（%）
三菱化成	18,000	11,000	20,158	61.1	54.6
日本窒素	35,084	15,000	13,926	42.8	107.7
日産化学	40,000	35,000	57,401	87.5	61.0
日東化学	40,855	25,000	25,483	61.2	98.1
宇部興産	20,000	20,000	31,920	100.0	62.7
日新化学	65,000	54,000	53,615	83.1	100.7
東洋高圧	80,000	60,000	49,963	75.0	120.1
昭和電工	82,000	70,000	50,539	85.4	138.5
信越化学	23,828	18,000	15,020	75.5	119.8
電気化学	33,000	28,000	27,037	84.8	103.6
その他 20 社	145,161	87,000	110,874	59.9	78.5
計	582,928	423,900	455,886	72.7	93.0

出所）会計検査事務総局検査第一局長池田直「昭和電工株式会社に対する融資に関する件」（普第 834 号），1948 年 11 月 2 日，『戦後財政史資料　愛知文書　復興金融金庫（14）昭電融資（昭・21-24）』（国立公文書館所蔵），整理番号 11 より作成．

注）1.「B/A」と「B/C」の列は，筆者が算出・加筆したもの．
2. B と C の「計」は計算の値と一致していないがそのままとしている．

はない」と断った上で、「稼働率の低く、且未払金の多い昭和電工、及び稼働率は割合によいが公定価格に無理があり未払金の累積している東洋高圧は他社より融資率が高いのは当然であり、且工場稼働状況並に価格及原価の関係から勘案すれば電工の融資率が高圧のそれを上廻ったのも不思議ではない」と反論しており、昭和電工向けの融資率が他社よりも高いことを当然視している。

（3）一九四七年八月分運転資金

①融資の経緯(33)

一九四七年六・七月分運転資金融資の主旨は、肥料代金支払い遅延に基づく金繰不足に対するものであったため、肥料各社は一九四七年一月からの公価改訂据置、価格差補給金未交付等の事由から未払金の累積が甚だしく、公価の引上げをみても、なお金繰窮迫の状態であった。この未払金をできるだけ解決し、新公価による収支を健全なるものにしたいという主旨から、一九四七年八月分運転資金として、融資総計約一億五〇〇〇万円の範囲において融資実行することとなり、一九四七年八月二九日の東京地方融資懇談会で一億四四一〇万円が事前了承されたのち、そのうち、大口融資については同年九月三日の復興金融委員会で各社ごとに付議・決定され、小口融資については同年九月五日の東京地方融資懇談会で付議・承認となった。

昭和電工については、一九四七年八月の金繰りは、六五日分の肥料収入があったため一九二三万一〇〇〇円の黒字であったが、同年七月末において肥料部門九二四八万七〇〇〇円とその他部門五四八三万一〇〇〇円の未払いがあったため、結局一億二八〇八万七〇〇〇円の不足であった。しかし、その他部門の不足を考慮に入れない方針がとられ、また、復金の一九四七年度第二・四半期の資金枠の関係から、相当圧縮されて二九〇〇万円が融資された。

②会計検査院の指摘と復金の回答

この一九四七年八月分運転資金融資に対して、会計検査院は、査定の方針については、「昭和電工の分に特別有利な決定をしたとは認められない」としながらも、「硫安製造の大メーカー（東洋高圧、日新化学、宇部興産、昭和電工、日産化学）のうち昭和電工のみに融資を決定している」としており、昭和電工が硫安大メーカーの中で特別な扱いを受けたのではないか、という点を問題視している。(34)

それに対する復金の回答(35)では、まず、一九四七年八月分運転資金融資の目的が、「価格政策の矛盾から累積した未払金を出来る丈整理して新公価による経営を健全なるものにしたい」というものであるから、表5-6の「七月末未払欄を見れば他社より如何にそれが多額であって融資已むを得ざるものであったかゞ判ると思ふ」として、融資の必要性と融資額の妥当性を主張している。

さらに、「八月は稼働率のよい会社程新公価による収入が多かったので金繰は楽だった」のに対して、「昭和電工は肥料部門の六工場中五工場が戦災復興及転換建設途上にあり、稼働率が悪いので、新公価による影響が他社程でない上に、数多い赤字の他事業部門を擁している為、極端に未払が多い結果となって」おり、「融資をしなかった会社は結局その未払を充分繰越し得ると判断せられたからである」としている。ここからは、硫安大メーカーの中で昭和電工のみが融資を受けたことについて、問題のある取扱いではなかったと、復金が認識していたことを読み取ることができる。

（4）一九四七年一〇月分運転資金

一九四七年一〇月分運転資金三〇〇〇万円は、第2章第一節（3）で取り上げた、肥料工業向け制電赤字融資の一環として昭和電工に融資されたものであり、会計検査院は、「昭和電工は特に減産が量率ともに著しいから緊急融資総額の三八%を昭和電工に融資することに決定したのもやむをえないと思はれる」(36) と問題視していない。それゆえ、復金からの回答もなされていないが、第2章第一節（3）で明らかにしたように、昭和電工向けも含めたこの制電赤字融資に対して、復金は容認の態度を示していた。

（単位：千円）

収支不足	月初手持	金繰不足	借入金返済	備考
-33,435	1,000	32,435	4,124	
-4,369	1,015	3,354	573	
-25,723	17,695	8,028	17,212	
-299	15,130		7,314	
-20,230	3,000	17,230	1,409	
-47,707	2,880	44,827	1,912	
-37,000	12,000	25,000	15,600	
2,904	9,785		7,092	
-2,916	1,321	1,595	1,663	
-484		484	5,778	
-12,837		12,837	425	
-32,850		32,850	1,088	
-135,393	11,525	123,868	17,020	
-25,597	4,500	21,097	4,022	
-375,936	79,851	323,605	85,232	

昭電融資（昭・21-24）』（国立公文書館所蔵），整理番号 10.

（5）一九四七年一二月分運転資金

①融資の経緯(37)

一九四七年度第三・四半期の電力制限等による赤字に対しては、前述のように、一九四七年一〇月分運転資金の融資が行われたが、さらに全面的に融資することとなり、一九四七年一二月一七日に復興金融委員会幹事会、翌一八日に復興金融委員会において、一九四七年一二月分運転資金として、昭和電工外一六社に対し三億二六九〇万円の融資が決定された。そのうち、昭和電工の分は九〇〇〇万円で、

表5-6　硫安各社金繰表（8月分）

社名＼項目	収入 肥料	収入 その他	収入 計	支出 肥料	支出 その他	支出 小計	支出 7月末未払	支出 総計
三菱化成	52,008	54,000	106,008	60,851	54,000	114,851	24,592	139,443
東洋合成	4,717	500	5,217	7,038		7,038	2,548	9,586
東洋高圧	140,644	15,000	155,644	116,304	1,963	118,267	63,100	181,367
日東化学	71,084		71,084	40,047		40,047	31,336	71,383
別府化学	11,505	550	12,055	15,209		15,209	17,076	32,285
旭化成	20,264	73,000	93,264	17,505	83,905	101,410	39,561	140,971
日新化学	144,000	64,000	208,000	126,400	63,000	189,400	55,000	245,000
宇部興産	73,204	4,600	77,804	59,900		59,900	15,000	74,900
東亜合成	16,926	11,085	28,011	14,230	8,456	22,686	8,241	30,927
日産化成	47,927		47,927	38,411		38,411	10,000	48,411
日本水素	4,572		4,572	14,471		14,471	2,938	17,409
東北肥料	7,584		7,584	16,874		16,874	23,560	40,434
昭和電工	133,725	22,200	155,925	93,100	50,900	144,000	147,318	291,318
日本窒素	36,605	6,278	42,883	22,011	15,730	37,741	30,739	68,480
	764,765	251,213	1,015,978	642,351	277,954	920,305	471,609	1,391,914

出所）「昭和電工株式会社に対する融資事情説明書」1948年11月,『戦後財政史資料　愛知文書　復興金融金庫（14）
注）「7月末未払」の「日新化学」の数値は，55,600の誤りであると考えられるが，そのままとした．

復金は一二月二七日に八二五〇万円の支払保証をし、一二月三〇日に七五〇万円を直接融資した。

②会計検査院の指摘と復金の回答

この一九四七年一二月分運転資金融資について、会計検査院は、その「融資方針としては電力事情による減産のための赤字と製品ストックによる荷繰資金とを査定し（石灰窒素及び過燐酸については電力事情による分は考慮しない）この額の限度内で各社の金繰状況を検討して査定した（前回緊急融資をなした会社に対してはこれを減額して査定した）」にもかかわらずとした上で、表5-7を示して、「昭和電工のみは審査部査定額より著しく高額の融資決定をなしている。審査部の査定が厳格であった点もあらうがこれを無視して融資を決定した」として、昭和電工のみ他社と異なる取扱いをしたのではないか、という点を問題視している。[38]

それに対して復金は[39]、まず、次のように、異常渇水と水害による影響の大きさを説明する。昭和電工の「肥料設備の拡充と共にその収入の主力が既に肥料部門に移行して居た」中で、一九四七年一〇月以降の「異常渇水及水害による影響は甚大であった。即ち硫安工場の川崎工場は電解

表 5-7　1947 年 12 月分の査定額・融資決定額　（単位：千円）

会社名	電力事情による赤字および荷繰資金査定額	融資決定額	備考 審査部査定額
昭和電工	104,782	90,000	64,227
日本窒素	30,386	30,000	37,065
日本水素	20,351	15,000	25,876
東洋高圧	0	20,000	26,273
東亜合成	25,228	23,000	23,621
宇部興産	53,419	20,000	29,132
旭化成	34,364	10,000	6,300
東北肥料	24,825	24,000	30,271
日新化学	60,277	60,000	59,938
その他 8 社	44,942	34,900	49,499
計	398,574	326,900	352,202

出所）　会計検査事務総局検査第一局長池田直「昭和電工株式会社に対する融資に関する件」（普第 834 号），1948 年 11 月 2 日，『戦後財政史資料　愛知文書　復興金融金庫（14）昭電融資（昭・21-24）』（国立公文書館所蔵），整理番号 11.

法工場であり、他の五工場は何れも石灰窒素工場であって、その生産は電力如何に大きく左右されるからであ」り、「特に石窒の主力である鹿瀬工場は水害を蒙って」おり、一九四七年「一〇―一二月間に於ける公価決定の基礎となっている生産指示量と生産実績との差額は実に三〇、三五〇屯減産率六八％で之は金額にして二二二、六六二千円に相当するのである」。

その上で、会計検査院が「問題点の審査部査定額と称するのは純粋肥料部門のみの金繰不足を算出したものであ」り、「制電による赤字は一億円を超えて居り未払金多額に上れる当社の年末金繰は六〇、〇〇〇千円程度の融資では到底賄ひ切れるものではなく小委員会に於て一応九〇、〇〇〇千円と査定」された。ここでの「小委員会」の位置付けとメンバーは不明であるが、その査定基準は、「制電による赤字査定」と「金繰査定」の両者より勘案したものであり、「当社のみを異例の取扱をしたものではなく、例へば価格形成に無理のある東洋高圧、自家発電所を有し連関産業を有する旭化成、生産開始遅延し能率悪しき東洋合成等何れも夫々の実性（ママ）により融資決定して居る」としており、昭和電工のみ異例の取扱いをしたのではないと反論している。

(6) 第三・四半期追加運転資金

①融資の経緯(40)

一九四七年度第三・四半期における昭和電工の肥料部門向け制電赤字融資は、前述のように、一九四七年一〇月分と一九四七年一二月分とで、一億二〇〇〇万円となったが、「現実の当社全体の金繰では十二月末要支払額は四三七、八八二千円に達し収入は僅かに六三、〇〇〇千円と云う予想であり、越年不可能の窮状にあったので此の現実の金繰面を更に査定して七〇、〇〇〇千円を追加融資」することとなり、一九四七年一二月二四日の復興金融委員会幹事会と同月二六日の復興金融委員会において、それぞれ口頭承認された。この承認額七〇〇〇万円のうち、二五〇〇万円は東京銀行から、四五〇〇万円は日本興業銀行から、正式融資承諾に至るまでの繋ぎとして融資され、一九四八年一月二九日の復興金融委員会で正式承認された。(42) 以上のような経緯における「口頭承認」は、当時の新聞報道で問題視されていた。(43)

(41)

②会計検査院の指摘と復金の回答

その第三・四半期追加運転資金融資について、会計検査院は、「年末の金繰不足はひとり昭和電工のみに限らないのに特に昭和電工のみに対してこのような追加融資を決定している」と、肥料会社の中で昭和電工のみに特別に追加融資を行ったことを問題視している。(44)

それに対する復金の回答は次の通りであった。(45) まず、「追加七〇、〇〇〇千円に付ては恐らく異例の取扱と言ふを得ようが融資経緯は左の如くであってもちろん之は不当融資とは考へられない」と、追加融資が「異例の取扱」であったことを認めつつも、不当融資ではなかったとして、その融資経緯について、次のように、前述の一九四七年一二月分運転資金に遡って説明をしている。

「当初会社側要求は、年末所要資金として三億円を超えるものであったが未払金中繰延可能のものを整理して九〇、〇〇〇千円融資決定の直前に於ては最低二億円を強く主張して居り、商工省も之を強力に支持して」いたが、「肥料小委員会としては年末融資を原則として肥料部門にのみ限定する立場を取って一応九〇、〇〇〇千円と金額を決定した」。ただし、「当社の未払金は十一月末に於て既に二八三、八八七千円に上って居り年末未払金が他産業に及ぼす影響に付ては極めて不安を感じて」いたところ、「果して九〇、〇〇〇千円の議案が幹事会に上提せられた折、此の件は問題となり当社の未払金は経済通念上如何なる所迄支払ふを妥当と考へるか、金庫側に調査方依頼され」た。そのため、「金庫は続いて之を審査せる結果十二月中要支払金は総額二一五、〇〇八千円、仝月収入見込総額五三、二五七千円、差引所要不足額一六一、七五一千円（何れも豊里炭鉱分を除く）と査定」した[46]。その上で、「当社が斯の如く膨大なる未払金を擁するに至った理由に付ては『運転資金』総論に於て述べた所であり他社と趣を異にする。斯くして前回の九〇、〇〇〇千円を差引ける七〇、〇〇〇千円は未払金整理として已むを得ざるものと一応認められ幹事会、委員会に報告され市中銀行が継ぎ融資を行ふに至った」としており、復金も、昭和電工のみに追加融資を行ったことと、その金額についてはやむを得ないものであったと認めていたことを読み取ることができる。ただし、その一方で、会計検査院による指摘がなかったからと考えられるが、口頭承認に関して復金は言及していない。

その口頭承認に関しては、大蔵省銀行局復興金融課により「昭和電工七〇百万円融資口頭承認の経緯　銀、復、二三、九、二四」[47]という資料が作成されている。この資料には、追加融資が口頭承認された一九四七年一二月二六日の復興金融委員会の出席者[48]と「七〇百万円承認事由」が記されている。

そのうち、「七〇百万円承認事由」では、まず、追加融資の経緯について、「十二月分制電赤字として金庫査定六〇百万円に付、他社分と併せ小員会開催、この席上商工省より強力なる発言あって九〇百万円に金額修正の上幹事会附議、十二月十八日委員会承認（復金説明の際この程度では不足の旨は明言しあり、当時会社側要求二四〇百万円）」されたものの、「その後現実の会社の金繰り上、更に七〇百万円程度の融資を行はなければ、電力、石炭の供給及び下請関係に打撃を与へること明らかとなり、追加融資の方針決定（復金審査部においては前号制電赤字と合し一五〇百万円）、つなぎの見透明瞭となり金額も多額であり委員会の承認を得ることとす」とされている。

ここからは、前述の一九四七年一二月分運転資金の融資額が、復金査定の六〇〇〇万円から九〇〇〇万円に増額されたのは、肥料小委員会での商工省の強力な主張によるものであったことが分かる。ただし、復興金融委員会での「復金説明の際この程度では不足の旨は明言しあり」ともされていることと、先述の一九四七年一二月分運転資金と第三・四半期追加運転資金に関する復金の回答にみられたように、融資額については、復金も、「異例の取扱」ではなく、やむを得ないものであったとみなしていたと考えられる。(49)

次に、口頭承認について、「(1) 会社金繰上緊急を要したこと及び (2) 金庫資金繰り上余裕なきことの理由にて取敢へずつなぎ融資を決定したものであるが本件については先づ興銀においては年末資金に余裕を生じたこと及び東銀とは会社側の話合が既についていたことであって積極的に金庫がつなぎを依頼した関係は少ない。当初日銀の斡旋もあったが責任の点においてはむしろつなぎ融資銀行にあるとみてよい。即ち二十六日委員会は七〇百万円の融資を承認してこれをつながしたのではなく既に話合のあったつなぎ融資を金庫として承認したものとみる方が正しい。するとになろうといふ了解を得た限りであ」(取消線ママ) り、また、「口頭承認或は事後承認は本件が始めてではなく公団関係その他についてもその例はある」としている。(50)

すなわち、口頭承認となったことについて、①昭和電工の金繰り上緊急を要したこと、②復金の資金繰りに余裕がなかったこと、③復金が、興銀と東京銀行に対して、繋ぎ融資を積極的に依頼したわけでないこと、④責任はむしろ興銀と東京銀行側にあること、⑤復興金融委員会は、融資を承認した後に繋ぎ融資を行わせたのではなく、すでに合意のあった繋ぎ融資を復金が承認することになるであろうという了解を与えたにすぎないこと、⑥口頭承認や事後承認は他にも例があること、と正当化する事由が挙げられている。ただし、それらの個々の事由が事実であったとしても、口頭承認を正当化できるほど説得的であるとはいえず、第三・四半期追加運転資金七〇〇〇万円の口頭承認については、異例な取扱いであったと考えられる。

（7）第四・四半期分運転資金（二月緊急分）

①融資の経緯(51)

一九四七年度第四・四半期に入っても電力事情は第三・四半期同様であったため、引き続き肥料製造業の運転資金を融資することとなり、当期においては、一般的公式による査定方針をとらず、各社別に資金繰りを審査することとされ、それぞれ審査中であった。

しかし、昭和電工の資金繰りが極度に逼迫していたことを理由として、二月の緊急やむを得ない資金不足を査定、一九四八年二月二五日の復興金融委員会幹事会、同月二六日の復興金融委員会へ付議され、同委員会において七五〇〇万円全額を「可及的市中銀行融資に対する復金保証」ということとなり、日本銀行融資斡旋部の斡旋するところとなった。そのうち、「四〇、〇〇〇千円は安田銀行□共同融資団より融資されること」（□は判読不可字）となったが、残り三五〇〇万円は斡旋不成立となり復金にて直接融資することとなった。復金は、一九四八年三月七日四〇〇〇万円の支払保証をし、同年三月一〇日および一九日の二回に分けて三五〇〇万円を直接融資した。

②会計検査院の指摘と復金の回答

この第四・四半期分運転資金（二月緊急分）に対して、会計検査院は、A：「昭和電工に対してのみ決定されたものである」ことだけでなく、B：「復金審査部においては会社の金繰について二月中支出九五、〇〇〇千円、収入六五、〇〇〇、差引不足三〇、〇〇〇千円に市中銀行借入金返済資金四〇、〇〇〇千円を併せ七〇、〇〇〇千円を査定した」にもかかわらず、「委員会決定資料によれば支出一二五、二〇八千円（借入金の返済は含まない）収入金五〇、〇〇〇千円差引不足七五、二〇八千円として七五、〇〇〇千円と決定して」おり、「審査部査定のうち借入金返済資金の融資は復金融資として妥当でないからこれを控除すると三〇、〇〇〇千円で足りるものを七五、〇〇〇千円融資した」こと、そして、C：「審査部審査においても委員会においても他の肥料製造会社に対する融資については肥料部門のみの金繰不足を見ている」が、「昭和電工の分については肥料部門以外の金繰不足をも含めて金繰不足を算出している」こと、の三点を問題視している。(52)

それに対する復金の回答は、(53)次の通りであった。Ａについては、「当社の金繰不足は常に借入金に依て遣繰して来たのであるがその不足額の累増に伴ひ市中銀行は回転の悪い長期資金的運転資金の融資に尻込みし始めて来た。換言すれば短期運転資金では役に立たない程に当社の金繰は逼迫して来たのである。特に第四、四半期は前期にも増して渇水による電力不足になやまされ」、「市中銀行が復金の保証なくしては運転資金すら出さなくなった為一月の人件費の一部が未払となる始末とな」り、「人件費が次月繰越となったのは当社のみであり緊急融資は生きた金融を行ふ為に已むを得ざる処置であった」としており、資金繰りの逼迫度を理由として、昭和電工のみに対して緊急融資を行ったことについて、「生きた金融」を行うために、やむを得ないことであったとの認識を示している。

Ｃについては、一九四七年末の昭和電工向け融資において、「はっきりした様に当社は肥料部門のみの査定をし、融資しても意味のないことが分ったので他部門も考慮する様になったのであ」り、「当社に対する運転資金を肥料部門のみに限定すべきか会社全体の金繰に応ずべきか（石炭を別とする点には異議なし）肥料部門及他産業別個とすべきか等の取扱方法に付ては金庫内部のみならず幹事会委員会に於ても論議され既述の如き諸事情から現状に於ては本件の如き取扱を妥当とする結論に到達したものであって此の間意見の不統一を生じたことはない」としており、他の肥料会社と異なる取扱いであることについて、復金内部、復興金融委員会、同幹事会において、意見の統一がなされており、まったく問題のない取扱いであると、反論している。

ただし、その一方で、査定額に関する会計検査院の指摘Ｂについては、まったく言及がない。これまでみてきた案件では、査定額に関する会計検査院の指摘に対して、何らかの反論がなされていたことを考慮すると、この案件での査定に関しては、復金自身も、弁明しきれない問題があったと認識していたのではないかと推察される。

(8) 第四・四半期分運転資金

前述の二月緊急分と同様の事情と、一九四八年三月末における未払金が三億四二一三万八〇〇〇円（豊里を除く）に達することが予想されるに至ったことから、借入申込がなされた。これに対して、復金は、生産に支障を来さない最小限度にとどめることとして一億一三二八万円と査定し、一九四八年三月二四日の復興金融委員会幹事会と、翌二五日の復興金融委員会において、直接融資は八〇〇〇万円、残り三〇〇〇万円は復金保証、一億一〇〇〇万円として承認された。復金保証分は日本銀行の市中斡旋過程に入ったが、そのうち一〇〇〇万円は不成立となったため、復金は、一九四八年三月二一《ママ》日に二〇〇〇万円の支払保証をし、同年三月二七日、同三〇日、および、六月九日の三回にわたり九〇〇〇万円を直接融資した[54]。

この第四・四半期分運転資金融資に対して、会計検査院は問題点を指摘しておらず、復金からの回答もない。

東亜合成	三菱化成	日産化学	信越化学	電気化学
千円	千円	千円	千円	千円
		9,000	12,900	17,600
7,000	11,000	35,000	18,000	28,000
	10,000			
2,000			6,000	6,000
23,000				
27,100			20,000	
59,100	21,000	44,000	56,900	51,600
31,038	48,559	79,595		
			41,253	79,526
		256,485		
1,903	432	130	1,379	648

1948 年 11 月 2 日，『戦後財政史資料　愛知文書　復興金融金庫

(9) 運転資金全体

会計検査院は、最後に、「結論」として、表5-8を示しながら、「以上を通じ二十二年度中に昭和電工の運転資金として融資を決定した金額は総額五五九、〇〇〇千円であって同社の二十二年度中肥料生産量（硫安六二千屯、石灰窒素四三千屯、計一〇五千屯）に対し屯当り五、三〇六円を融資したこととなり他の肥料製造会社に対する屯当り運転資金融資額と対照すると左の通り高額のものとなっている」[55]と、昭和電工に対するトン当

表 5-8　1947 年度分　主要肥料会社運転資金融資一覧

		昭和電工	東洋高圧	日新化学	宇部興産	日東化学	日本窒素
		千円	千円	千円	千円	千円	千円
1947 年 6 月分		85,000	37,900	34,500	21,000		4,000
7 月分		70,000	60,000	54,000	20,000	25,000	15,000
8 月分		29,000					
10 月緊急分		30,000	6,000	25,000			
3. 四半期分		90,000	20,000	60,000	20,000	7,000	30,000
3. 四半期追加分		70,000					
4. 四半期緊急分		75,000					
4. 四半期分		110,000	30,000	55,000	10,000	20,000	35,000
計		559,000	153,900	228,500	71,000	52,000	84,000
1947 年度生産量（トン）	硫安	62,219	124,661	118,000	92,980	63,457	48,547
	石灰窒素	43,129					
	過燐酸			54,692		48,819	
同トン当り融資額（円）		5,306	1,234	1,323	763	463	1,730

出所）　会計検査事務総局検査第一局長池田直「昭和電工株式会社に対する融資に関する件」（普第 834 号），（14）昭電融資（昭・21-24）』（国立公文書館所蔵），整理番号 11.

り運転資金融資額が他肥料製造会社よりも高額であったことを問題視している。

それに対して、復金は、「肥料会社に対する融資は主として制電赤字融資である。従って減産の率が大きい程融資率（ママ）が高い訳であり、又当社の如きは建設途上にあり（肥料七工場中六工場が戦災復旧、新規建設、他事業からの転換建設を行っている）稼働率悪く且、電力による影響が大きく、又会社の規模に於ては、肥料会社中最大であり、屯当り融資率（ママ）が高くなるのは当然であろう。反対に融資率（ママ）の低い所は、全部電力による影響の少いガス法工場であり、且、新規建設を行って居らず、稼働率がよいのである」[56]と回答している。この回答から、復金は、稼働率が低いこと、復旧・新規・転換の建設途上にあること、そして、電力による影響の大きい製造方法であることを理由として、昭和電工に対するトン当り運転資金融資額が他社よりも高かったことを「当然」であったと判断していたことを読み取ることができる。

おわりに

以上の昭和電工向け融資のうち第一—三次の設備資金融資と一九四七年度の運転資金融資に関する、会計検査院による指摘と復金による回答についての案件ごとの考察から明らかとなった、昭和電工向け融資に対する復金自身の判断・認識は、次の通りである。

まず、設備資金融資については、世間的にも、再建計画は大きく変更されていないにもかかわらず、二回の追加予算により、融資額が三倍以上にまで膨張していることが、同業他社と比べて「異例」な取扱いであると疑惑がもたれており、会計検査院も、実地審査実施の有無と融資金額の妥当性を問題視していた。

しかし、復金（前身の興銀復興金融部も含む）は、第一次設備資金融資については、産業復興公団や価格政策などによる収支改善に対して楽観的な期待を有していたものの、建設費に関して臨時資金調整法や制限会社令に基づいた関係監督官庁や日本銀行による審査・検討を「納得いく」「疑議をさしはさむ余地はなかった」としてただ受け入れただけでなく、最も遠隔に立地した旭川工場を除いた工場の実地審査にも基づいて、融資金額が妥当であると判断していた。

第二次設備資金融資についても、GHQの許可を得るまでに時間を要したこととその間の物価高騰により、結果としては、昭和電工が申請した通りの予算全額を融資することになったことは認めつつも、川崎工場と秩父工場のみであったが昭和電工の工場実査と、設備機械発注先メーカーの工場実査を行い、「会社申出金額をそのまゝ鵜呑み」にするのではなく、支払実績報告による資金使途の検討と、計画内容審査による予算金額の検討を行って、融資金額を妥当であると判断していた。

そして、第三次融資については、昭和電工に再編成させるとされた実施予算に基づいた最終的な審査・査定が終了していなかったことと、それにもかかわらず、融資の実行額が限度額に達していたことを認めつつも、昭和電工の予算をそのまま認めたのではなく、個々の工事内容に関する詳細な査定と、第一―三次予算の全体に関する総合検討に基づいて、減額査定を行っており、(57)総係費についても、実施予算での圧縮を昭和電工に要求して認めさせていた。以上より、総じて、復金は、昭和電工向けの設備資金融資について、自らの実地審査と検討に基づいた、妥当なものであったと判断していたといえよう。

次に、運転資金融資については、世間的にも、一九四七年末七〇〇〇万円の赤字融資において、同業他社と共通の査定基準に基づかず、しかも、正式議案なしに復興金融委員会を通過したことが、「特別」な取扱いであったと疑惑がもたれており、会計検査院も「全体的に見て他の肥料製造会社に比較して異例な融資をしたと認められる点」を問題視していた。

本章での考察からも、一九四七年六月分における融資額、第三・四半期追加運転資金における口頭承認、そして、第四・四半期分運転資金（二月緊急分）における査定については、「異例」「特別」な取扱いであった可能性が示された。それらのうち、一九四七年六月分の融資額については、復金によるミス（安田銀行の意向確認の怠り）が原因であり、復興金融委員会などの外部機関の介入によるものではなかった一方で、第三・四半期追加運転資金の口頭承認と第四・四半期分運転資金（二月緊急分）の査定については、外部機関の介入が原因であった可能性が残されている。

とはいえ、会計検査院が取り上げた八案件のうち、二つの案件（一九四七年一〇月分運転資金、第四・四半期分運転資金）は会計検査院も問題視しておらず、上述の三案件を除いた残り三案件（一九四七年七月分運転資金、一九四七年八月分運転資金、一九四七年二月分運転資金）に関しては、会計検査院が、融資率が他社より高いこと、硫安大メーカーの中で昭和電工のみに融資していること、昭和電工のみ審査部査定額より著しく高い融資額となっていたことについて問題視したにもかかわらず、復金は、問題ある取扱いではない、あるいは、やむを得ないとみなしていた。

そのような判断・認識は、疑念の残されている上述の三案件の中の二つにおいてもみられるものであった。口頭承認に関して疑念の残る第三・四半期追加運転資金では、昭和電工のみに追加融資を行ったこととその金額について、復金は、やむを得ないものであったと認めている。そして、査定に関して疑念の残る第四・四半期分運転資金（二月緊急分）では、昭和電工のみに対して緊急融資を行ったことについて、復金は、資金繰りの逼迫度を理由として「生きた金融」を行うためにやむを得ないことであったとの認識を示しており、また、昭和電工のみ肥料部門以外の金繰不足も含めていたことについて、まったく問題のない取扱いであると反論している。

このように、昭和電工向け運転資金融資に対して、復金が他社と比べて「異例」「特別」なものでなかったと判断・認識していたことの背景にあったのは、査定の際に、一律の基準に従うだけでなく、各企業の実状を考慮することが重要であるとする復金のスタンスであった。そのことは、昭和電工に対するトン当り運転資金融資額が他肥料製造会社よりも高額であったことについて、会計検査院が問題視したことに対しても、復金は、稼働率が低いこと、復旧・新規・転換の建設途上にあること、そして、電力による影響の大きい製造方法であることを理由として、「当然」であったと判断していたことにも表れている。

以上より、総じて、復金は、昭和電工向けの運転資金融資についても、妥当なものであったと判断していたといえよう。また、昭和電工向け運転資金は赤字融資でもあったから、昭和電工に対して赤字融資を行うことについても、復金自身が、問題のないもの、やむを得ないものと、判断していたということができる。

（1）　会計《ママ》検査事務総局検査第一局長池田直「昭和電工株式会社に対する融資に関する件」（普第八三四号）、一九四八年一一月二日、『戦後財政史資料　愛知文書　復興金融金庫（14）昭電融資（昭・21―24）』（国立公文書館所蔵）、整理番号一一。

資料では、作成者の表記において「会計検査」と記されているが、この資料の内容と、次に紹介する「昭和電工株式会社に対する融資事情説明書」の中で「会計検査院」とされていることから、「会計検査院」の誤りだと判断した。

(2)「昭和電工株式会社に対する融資事情説明書」一九四八年一一月、前掲『戦後財政史資料　愛知文書　復興金融金庫(14)昭電融資(昭・21―24)』整理番号一〇。

(3)麻島昭一『企業再建整備期の昭和電工』学術出版会、二〇〇六年では、一九四八年六月に「第四次予算一億七九〇〇万円が認められ、復金から借入れている。その申請書や許可書などは見当たらないので、工事内容等は不明であるが、これは第三次改訂予算で復金審査が否定した金額と同額であって、時期は遅れたものの、昭和電工の希望通りの借入ができたものといえよう」(三〇八頁)とされているが、本章ではこの第四次の設備資金融資を取り上げることはできていない。

(4)復興金融金庫「昭和電工株式会社に対する設備運転資金融資事情」、前掲『戦後財政史資料　愛知文書　復興金融金庫(14)昭電融資(昭・21―24)』整理番号一一。

(5)一九四八年七月一九日付で融資第三部部長に就任、一九四九年一月四日付で興銀へ帰行し復金福岡支所長の嘱託を受けている(「人事異動(七月十九日)」『復金週報』第一七号、一九四八年七月二六日、二頁、「人事異動(一月四日付)」『復金週報』第四一号、一九四九年一月八日、二頁)。一九四八年六月一〇日の組織改正の際、融資部が融資第一部、融資第二部、融資第三部に分割され、融資第三部の所管業種は第一課：化学工業、第二課：農林業・水産業・その他産業とされた(宇沢弘文・武田晴人編『日本の政策金融Ⅰ――高成長経済と日本開発銀行』東京大学出版会、二〇〇九年、二九―三〇頁)。なお、一九四八年四月一日現在では秘書課長であった(付表E)。

(6)ただし、急ぎ付け加えると、二つの資料で取り交わされている会計検査院による指摘と復金による回答は、主に、査定額・融資額の妥当性と借入申込の取り扱われ方の妥当性であるため、回収可能性については本章の考察の対象外となっている。

(7)このパートの記述は、別に断りのない限り、次の二つの資料による。復興金融金庫「昭和電工株式会社に対する融資事情」、前掲『戦後財政史資料　愛知文書　復興金融金庫(14)昭電融資(昭・21―24)』整理番号九。復興金融金庫「昭和電工株式会社に対する設備運転資金融資事情」、前掲『戦後財政史資料　愛知文書　復興金融金庫(14)昭電融資(昭・21―24)』整理番号一一、一―三一頁。一つ目の資料は、作成年月日不明であるが、文中「昭和廿三年九月末現在」が最も新しい年月であることから、一九四八年一〇月に作成されたのではないかと推察される。二つ目の資料は、東京地方検察庁「昭和電工事件判決書(日野原関係松下権八)」(国立国会図書館所蔵)一九五二年、四六頁に記述のある、「一、昭和二十三年八月十二日復金理事長北代誠彌提出の「昭和電工株式会社に対する設備運転資金融資事情」(制限会社令違反事件検事記録第十四冊三九五三丁)」であると推察される。また、昭和電工側の資料を用いた研究である前掲『企業再建整備期の昭和電工』二九五―二九八頁、「解説　昭電疑獄の発端　〝越年〟に特別金融　復金からの融資経過」『朝日新聞』一九四八年九月二三日、東京、朝刊、一頁、「昭電疑獄・復金融資をえぐる　七千万円の追加分　口頭で承認　〝運転資金〟に疑雲漂う」『毎日新聞』一九四八年九月二三日、東京、朝刊、二頁も参照。

(8)　復旧転換工事のうち、最大かつ最重要工事は川崎工場の復旧工事であったが、爆撃により潰滅的打撃を蒙った瓦斯法系統の復旧はまったく絶望であったため、まず、既設の電解法系統の復旧を早急に完遂するよりほかなく、年産能力一二万五〇〇〇トンを目標として計画、着工され、一九四六年九月頃一応の完成をみた。この工事が川崎第一期工事または㊔工事と称せられていた。ついで、水電解法系統設備年産能力一二万五〇〇〇トンの新設と旧瓦斯法系統設備の一部復旧が計画され、㊔工事と並行して一九四六年三月頃から着工され、幾多の隘路と曲折を経て、一九四八年九月に新電解設備七系列の増設が完成した。この工事が川崎第二期工事または㊖工事と称せられていた。これら諸工事の進行に伴いさらに補修改善の必要を生じた面については別個に工事計画が立てられて逐次実施された。この工事は㊕工事と呼ばれていた。また、第二期工事は、特に厖大な資金を要し、民間会社としてその調達が困難とみられたので、産業設備営団（後に産業復興公団に改組）が資金調達と建設工事とを請け負い、工事完成後に昭和電工がその設備を賃借する予定で着工したことが、㊖工事とも呼ばれた理由であった。しかし、その後、日野原らから関係各部に交渉した結果、一九四七年一二月二五日付ＧＨＱ覚書により、産業復興公団の関与が排除された。前掲、東京地方検察庁「昭和電工事件判決書（日野原関係松下権八）」一九五二年、三八頁。

(9)　融資申請者が昭和二〇年勅令第六五七号会社の解散の制限等に関する件（以下、制限会社令という）第一条の二による指定を受けた会社、すなわち、いわゆる制限会社である場合、制限会社令第二条後段によって大蔵大臣の許可が必要であった。その許可手続きは大蔵省理財局制限会社課（一九四八年七月以後は機構改革により会社課となる）の所管に属し、同課において一応審査し意見を附してＧＨＱアンチトラスト・カルテル課に回付し、その覚書による許可のあった場合に大蔵省理財局長の名義で申請者に対して許可通知が発せられた。前掲、東京地方検察庁「昭和電工事件判決書（日野原関係松下権八）」一九五二年、三二一―三三頁。昭和電工は、一九四六年五月一三日付で制限会社に指定され、一九五〇年八月四日に解除となっている（前掲『企業再建整備期の昭和電工』三二頁）。

(10)　前掲、東京地方検察庁「昭和電工事件判決書（日野原関係松下権八）」一九五二年、三九頁。事業会社が設備の新設、拡張、改良等をする場合には原則として、臨時資金調整法第四条の二による許可申請をしなければならず、この許可手続きは日本銀行資金調整局において取り扱い、そのうち重要な案件は、商工省、農林省、大蔵省等の関係官吏で構成された臨時資金審査委員会で審議し、可決した場合には日本銀行総裁の名義で申請者に対して、主務大臣の許可があった旨の通知が発せられた（前掲、東京地方検察庁「昭和電工事件判決書（日野原関係松下権八）」一九五二年、三二一―三三頁）。

(11) 会計検査事務総局検査第一局長池田直「昭和電工株式会社に対する融資に関する件」(普第八三四号)、一九四八年一一月二日、前掲『戦後財政史資料　愛知文書　復興金融金庫(14)昭電融資(昭・21―24)』整理番号一一。

(12) 以下、引用も含めて、「昭和電工株式会社に対する融資事情説明書」一九四八年一一月、前掲『戦後財政史資料　愛知文書　復興金融金庫(14)昭電融資(昭・21―24)』整理番号一〇による。

(13)「当社は制限会社に指定せられている為にその設備の復興新設改造等を行う場合は制限会社令第二条に基く大蔵大臣の許可(G.H.Qの日本政府に対する覚書を必要とする)を要し、一般的には臨時資金調整法第四条ノ二に基く主務大臣(大蔵大臣、商工大臣、農林大臣)の許可を要することになっている(昭和廿三年四月七日以降廃止)/右の手続を完了して資金調達を復金に俟たんとする者は直接所定の様式により復興金融金庫に資金借入申込をなすのであるが、金庫は復興金融金庫融資準則、仝融資取扱規則等に準拠して夫々の内容を審査し、幹事会或は委員会の案件として提出、決定ありたる案件は金庫理事会の決済を経、融資実行するに至る/以上の如き手続きは当然の事乍ら何れも極めて厳格に遵守されている」(/は改行)。

(14) このパートの記述は、別に断りのない限り、復興金融金庫「昭和電工株式会社に対する設備運転資金融資事情」、前掲『戦後財政史資料　愛知文書　復興金融金庫(14)昭電融資(昭・21―24)』整理番号一二、三二―四二頁による。他に、復興金融金庫「昭和電工株式会社に対する融資事情」、前掲『戦後財政史資料　愛知文書　復興金融金庫(14)昭電融資(昭・21―24)』整理番号九、前掲『企業再建整備期の昭和電工』二九八―三〇一頁、「解説　昭電疑獄の発端　〝越年〟に特別金融　復金からの融資経過」『朝日新聞』一九四八年九月二三日、東京、朝刊、一頁、「昭電疑獄・復金融資をえぐる　七千万円の追加分　口頭で承認　〝運転資金〟に疑雲漂う」『毎日新聞』一九四八年九月二三日、東京、朝刊、二頁も参照。

(15) 石灰窒素生産能力を、富山工場で二万トンから五万トン、秩父工場で一万五〇〇〇トンから二万五〇〇〇トンに拡張。前掲『企業再建整備期の昭和電工』二九九頁。

(16) 川崎第一期と鹿瀬分の計七〇〇〇万円のうち二〇〇〇万円は、シンジケート団から融資された。その一方で、残額五〇〇〇万円は、金融情勢および電力事情の悪化が両工場経営に暗影を投げたことと、集中排除法による昭和電工の先行に対する不安もあり、復金の保証なしにはシンジケート団の結成が困難となった。しかし、復旧工事は両工場とも既に完成に近く、計画の必要性、重要性は認められ、また、シンジケート団の申出事情も諒とされたため、一九四七年一〇月二三日の復興金融委員会に附議されて、復金保証が承認された。

(17) 会計検査事務総局検査第一局長池田直「昭和電工株式会社に対する融資に関する件」(普第八三四号)、一九四八年一一月二日、前掲『戦後財政史資料　愛知文書　復興金融金庫(14)昭電融資(昭・21―24)』整理番号一一。

(18) 以下、引用も含めて、「昭和電工株式会社に対する融資事情説明書」一九四八年一一月、前掲『戦後財政史資料　愛知文

書　復興金融金庫（14）昭電融資（昭・21―24）』整理番号一〇による。

(19)　このパートの記述は、別に断りのない限り、引用も含めて、復興金融金庫「昭和電工株式会社に対する設備運転資金融資事情」、前掲『戦後財政史資料　愛知文書　復興金融金庫（14）昭電融資（昭・21―24）』整理番号一二、四三―五八頁による。他に、復興金融金庫「昭和電工株式会社に対する融資事情」、前掲『戦後財政史資料　愛知文書　復興金融金庫（14）昭電融資（昭・21―24）』整理番号九、前掲『企業再建整備期の昭和電工』三〇一―三〇四頁、「解説　昭電疑獄の発端〝越年〟に特別金融　復金からの融資経過」『朝日新聞』一九四八年九月二三日、東京、朝刊、一頁、「昭電疑獄・復金融資をえぐる　七千万円の追加分　口頭で承認〝運転資金〟に疑雲漂う」『毎日新聞』一九四八年九月二三日、東京、朝刊、二頁も参照。

(20)　前掲、東京地方検察庁「昭和電工事件判決書（日野原関係松下権八）」一九五二年、四〇―四一頁。前掲『企業再建整備期の昭和電工』三〇三―三〇四頁も参照。

(21)　会計検査事務総局検査第一局長池田直「昭和電工株式会社に対する融資に関する件」（普第八三四号）、一九四八年一一月二日、前掲『戦後財政史資料　愛知文書　復興金融金庫（14）昭電融資（昭・21―24）』整理番号一一。復興金融委員会決定額と復金の融資額と支払保証額の合計との差一六〇〇万円は、この資料作成時点ではまだ行われていなかった支払保証分である。

(22)　会計検査事務総局検査第一局長池田直「昭和電工株式会社に対する融資に関する件」（普第八三四号）、一九四八年一一月二日、前掲『戦後財政史資料　愛知文書　復興金融金庫（14）昭電融資（昭・21―24）』整理番号一一。

(23)「昭和電工株式会社に対する融資事情説明書」一九四八年一一月、前掲『戦後財政史資料　愛知文書　復興金融金庫（14）昭電融資（昭・21―24）』整理番号一〇。

(24)　このパートの記述は、別に断りのない限り、引用も含めて、会計検査事務総局検査第一局長池田直「昭和電工株式会社に対する融資に関する件」（普第八三四号）、一九四八年一一月二日、前掲『戦後財政史資料　愛知文書　復興金融金庫（14）昭電融資（昭・21―24）』整理番号一一、復興金融金庫「昭和電工株式会社に対する設備運転資金融資事情」、前掲『戦後財政史資料　愛知文書　復興金融金庫（14）昭電融資（昭・21―24）』整理番号一二、六〇・六三―七二頁による。他に、復興金融金庫「昭和電工株式会社に対する融資事情」、前掲『戦後財政史資料　愛知文書　復興金融金庫（14）昭電融資（昭・21―24）』整理番号九も参照。

(25)　日本肥料は一九四〇年に設立された化学肥料の一手買取りと販売、配給統制を担った統制会社。一九四七年七月に閉鎖機関に指定され、肥料配給公団が業務を引き継いだ（山崎澄江「硫安産業――早期復興の条件と問題点」、武田晴人編『戦後復興期の企業行動——立ちはだかった障害とその克服』有斐閣、二〇〇八年、第二章、六九頁、注12)。

(26) 前掲『企業再建整備期の昭和電工』は、当時の安田銀行の昭和電工向け融資方針に関して、昭和電工事件裁判における安田銀行員二名の証言を紹介している。その中で、融資第一課長建部勝は「確実ナ引当ノアルモノ、或イハ復金ノ貸付ル建設資金ノ一時的ナ所謂継資金、復金ノ支払保証ノアルモノ等デナイ限リ容易ニ貸付ヲシナイ方針デアリマシタ」(三三七頁)、また、本店営業部貸付第二課長横山彰は「私ハナルベク確実ナ引当ガアル貸付、日銀ノ斡旋ニヨルモノ、復金ノ債務保証、支払保証ノアルモノ以外ハ貸付ナイ方針ヲ取ル」(三三七頁)と述べている。

(27) 会計検査事務総局検査第一局長池田直「昭和電工株式会社に対する融資に関する件」(普第八三四号)、一九四八年一一月二日、前掲『戦後財政史資料　愛知文書　復興金融金庫 (14) 昭電融資(昭・21—24)』整理番号一一。

(28)「昭和電工株式会社に対する融資事情説明書」一九四八年一一月、前掲『戦後財政史資料　愛知文書　復興金融金庫 (14) 昭電融資(昭・21—24)』整理番号一〇。

(29) このパートの記述は、復興金融金庫「昭和電工株式会社に対する設備運転資金融資事情」、前掲『戦後財政史資料　愛知文書　復興金融金庫 (14) 昭電融資(昭・21—24)』整理番号一二、七三—七九頁による。他に、復興金融金庫「昭和電工株式会社に対する融資事情」、前掲『戦後財政史資料　愛知文書　復興金融金庫 (14) 昭電融資(昭・21—24)』整理番号九も参照。

(30) B/Aでは宇部興産と日産化学の方が昭和電工よりも高いので、ここでの「融資率」はB/Cのことと推察される。

(31) 会計検査事務総局検査第一局長池田直「昭和電工株式会社に対する融資に関する件」(普第八三四号)、一九四八年一一月二日、前掲『戦後財政史資料　愛知文書　復興金融金庫 (14) 昭電融資(昭・21—24)』整理番号一一。

(32)「昭和電工株式会社に対する融資事情説明書」一九四八年一一月、前掲『戦後財政史資料　愛知文書　復興金融金庫 (14) 昭電融資(昭・21—24)』整理番号一〇。

(33) このパートの記述は、復興金融金庫「昭和電工株式会社に対する融資事情」、前掲『戦後財政史資料　愛知文書　復興金融金庫 (14) 昭電融資(昭・21—24)』整理番号九、復興金融金庫「昭和電工株式会社に対する設備運転資金融資事情」、前掲『戦後財政史資料　愛知文書　復興金融金庫 (14) 昭電融資(昭・21—24)』整理番号一二、八〇—九〇頁による。

(34) 会計検査事務総局検査第一局長池田直「昭和電工株式会社に対する融資に関する件」(普第八三四号)、一九四八年一一月二日、前掲『戦後財政史資料　愛知文書　復興金融金庫 (14) 昭電融資(昭・21—24)』整理番号一一。

(35)「昭和電工株式会社に対する融資事情説明書」一九四八年一一月、前掲『戦後財政史資料　愛知文書　復興金融金庫 (14) 昭電融資(昭・21—24)』整理番号一〇。

(36) 会計検査事務総局検査第一局長池田直「昭和電工株式会社に対する融資に関する件」（普第八三四号）、一九四八年一一月二日、前掲『戦後財政史資料　愛知文書　復興金融金庫（14）昭電融資（昭・21―24）』整理番号一一。

(37) このパートの記述は、会計検査事務総局検査第一局長池田直「昭和電工株式会社に対する融資に関する件」（普第八三四号）、一九四八年一一月二日、前掲『戦後財政史資料　愛知文書　復興金融金庫（14）昭電融資（昭・21―24）』整理番号一一、復興金融金庫「昭和電工株式会社に対する設備運転資金融資事情」、前掲『戦後財政史資料　愛知文書　復興金融金庫（14）昭電融資（昭・21―24）』整理番号一二、九八―一〇一頁による。

(38) 会計検査事務総局検査第一局長池田直「昭和電工株式会社に対する融資に関する件」（普第八三四号）、一九四八年一一月二日、前掲『戦後財政史資料　愛知文書　復興金融金庫（14）昭電融資（昭・21―24）』整理番号一一。

(39) 「昭和電工株式会社に対する融資事情説明書」一九四八年一一月、前掲『戦後財政史資料　愛知文書　復興金融金庫（14）昭電融資（昭・21―24）』整理番号一〇。

(40) このパートの記述は、別に断りのない限り、引用も含めて、復興金融金庫「昭和電工株式会社に対する融資事情」、前掲『戦後財政史資料　愛知文書　復興金融金庫（14）昭電融資（昭・21―24）』整理番号九、復興金融金庫「昭和電工株式会社に対する設備運転資金融資事情」、前掲『戦後財政史資料　愛知文書　復興金融金庫（14）昭電融資（昭・21―24）』整理番号一二、九八・一〇三―一〇六頁による。他に、会計検査事務総局検査第一局長池田直「昭和電工株式会社に対する融資に関する件」（普第八三四号）、一九四八年一一月二日、前掲『戦後財政史資料　愛知文書　復興金融金庫（14）昭電融資（昭・21―24）』整理番号一一も参照。

(41) この復興金融委員会の開催日について、一九四七年一二月二八日としている資料（「発展する昭和電工事件　事件は巨額の復金融資から更に日野原社長出現問題に」『東洋経済新報』第二三四三号、一九四八年一〇月九日、一八頁、「解説　昭電疑獄の発端　〝越年〟に特別金融　復金からの融資経過」『朝日新聞』一九四八年九月二三日、東京、朝刊、一頁）もあるが、注(40)の資料にしたがった。

(42) 注(40)の会計検査院資料では、復興金融委員会による正式承認は一九四八年一月一五日とされている。

(43) 「解説　昭電疑獄の発端　〝越年〟に特別金融　復金からの融資経過」『朝日新聞』一九四八年九月二三日、東京、朝刊、一頁、「昭電疑獄・復金融資をえぐる　七千万円の追加分　口頭で承認　〝運転資金〟に疑雲漂う」『毎日新聞』一九四八年九月二三日、東京、朝刊、一頁。

(44) 会計検査事務総局検査第一局長池田直「昭和電工株式会社に対する融資に関する件」（普第八三四号）、一九四八年一一月二日、前掲『戦後財政史資料　愛知文書　復興金融金庫（14）昭電融資（昭・21―24）』整理番号一一。

(45)　別に断りのない限り、引用も含めて、「昭和電工株式会社に対する融資事情説明書」一九四八年一一月、前掲『戦後財政史資料　愛知文書　復興金融金庫（14）昭電融資（昭・21―24）』整理番号一〇。

(46)　査定の詳細については、「電工22　3／4半期追加運転資金七〇百万円査定資料」、『戦後財政史資料　愛知文書　復興金融金庫（13）不当財産取引委員会（昭・23）』（国立公文書館所蔵）、整理番号三、「昭和電工株式会社に対する第三・四半期増加運転資金七〇、〇〇〇千円査定資料及（実績）表説明」、『戦後財政史資料　愛知文書　復興金融金庫（22）復金委員会・幹事会Ⅳ（昭・23）』（国立公文書館所蔵）、整理番号三二。一つ目の資料では、「審査部村上課長が各支出項目毎に会社側と接渉《ママ》の結果査定した数字である」とされている。

(47)　「昭和電工七〇百万円融資口頭承認の経緯　銀、復、一二、九、二四」、前掲『戦後財政史資料　愛知文書　復興金融金庫（14）昭電融資（昭・21―24）』整理番号一四。

(48)　出席者（一二月二六日復金委員会於大臣官邸）、委員：栗栖大臣（挨拶後退場）、石川、豊田、青木、堀越、井尻、山崎、一万田（昼食前退席）各委員、大蔵省：愛知局長（遅参）、谷村課長、松平事務官、塩谷事務官、日銀：加藤局長、西園寺課長、高木次長、復金：北代理事長、伊達理事、湊、秋山、鹿喰、密田各部長、岡次長、愛知課長、柳瀬課長、網野。付表Aと付表Bも参照。

(49)　「昭電資金メモ」（前掲『戦後財政史資料　愛知文書　復興金融金庫（13）不当財産取引委員会（昭・23）』整理番号六）と称されている手書きの資料（資料自体にはタイトルの記述はなく、簿冊の目録で「昭電資金メモ」とされている）では、一九四七年一二月分運転資金と第三・四半期追加運転資金について、「査定トシテ極メテ severe ト思ハレル」とされている。この資料は、作成主体と作成年月日がともに不明であるが、大蔵省と印字された罫紙が用いられていることと、その内容から、大蔵省銀行局復興金融課で作成されたものと推察される。

(50)　第3章第四節（7）で取り上げた案件も、復興金融委員会において「議案間に合わぬため口頭説明」のみで承認された事例ではある。

(51)　このパートの記述は、引用も含めて、会計検査事務総局検査第一局長池田直「昭和電工株式会社に対する融資に関する件」（普第八三四号）、一九四八年一一月二日、前掲『戦後財政史資料　愛知文書　復興金融金庫（14）昭電融資（昭・21―24）』整理番号一一、復興金融金庫「昭和電工株式会社に対する設備運転資金融資事情」、前掲『戦後財政史資料　愛知文書　復興金融金庫（14）昭電融資（昭・21―24）』整理番号一二、一〇七頁による。

(52)　会計検査事務総局検査第一局長池田直「昭和電工株式会社に対する融資に関する件」（普第八三四号）、一九四八年一一月二日、前掲『戦後財政史資料　愛知文書　復興金融金庫（14）昭電融資（昭・21―24）』整理番号一一。

(53)「昭和電工株式会社に対する融資事情説明書」一九四八年一一月、前掲『戦後財政史資料　愛知文書　復興金融金庫（14）昭電融資（昭・21―24）』整理番号一〇。

(54) 復興金融金庫「昭和電工株式会社に対する融資事情」、前掲『戦後財政史資料　愛知文書　復興金融金庫（14）昭電融資（昭・21―24）』整理番号九、復興金融金庫「昭和電工株式会社に対する設備運転資金融資事情」、前掲『戦後財政史資料　愛知文書　復興金融金庫（14）昭電融資（昭・21―24）』整理番号一二、一〇七―一〇八頁、会計検査事務総局検査第一局長池田直「昭和電工株式会社に対する融資に関する件」（普第八三四号）、一九四八年一一月二日、前掲『戦後財政史資料　愛知文書　復興金融金庫（14）昭電融資（昭・21―24）』整理番号一一。

(55) 会計検査事務総局検査第一局長池田直「昭和電工株式会社に対する融資に関する件」（普第八三四号）、一九四八年一一月二日、前掲『戦後財政史資料　愛知文書　復興金融金庫（14）昭電融資（昭・21―24）』整理番号一一。

(56)「昭和電工株式会社に対する融資事情説明書」一九四八年一一月、前掲『戦後財政史資料　愛知文書　復興金融金庫（14）昭電融資（昭・21―24）』整理番号一〇。

(57) 加藤健太「昭電疑獄と復金融資の『監査』体制（1）――制度的枠組みとその実態」高崎経済大学経済学会『高崎経済大学論集』第五二巻第一号、二〇〇九年は、二宮善基・復金理事の裁判における伊達宗彰（大蔵省所属・復金理事）と三井武夫（大蔵省銀行局復興金融課長・復金幹事）の証言に基づいて、「昭電に対する融資額について、復金および復興金融委員会が、GHQの決定を覆すようなことは不可能であったことを示している」（七六頁）としているが、完全に不可能だったわけではなかったということになろう。

終章　戦後復興と安定の政策金融

本章では、第一—四節で、第1章から第5章における実証分析の結果を、序章で挙げた個別案件の融資決定方法、赤字融資、復金債発行枠＝増資、昭和電工向け融資に関わる課題に即してまとめ直し、最後に、第五節で、総括を述べる。

第一節　復金債発行枠＝増資に関わる課題の検討結果

復金融資が資金調達の面からインフレの要因となった経路は、〝復金債発行による融資資金の調達→復金債の日銀引受け→通貨供給量の増加〟であった。この面からのインフレを抑制する手段としては、A復金債の日銀引受けを減らす、B払込資本金を増やす、C資本金の増加を抑制する、の三つの可能性があった。しかし、AとBは現実には機能していなかったため、本書では、Cが行われていたかどうかについて、第1章と第2章で検討した。

本書が対象とした一九四六年度第四・四半期から一九四八年度第四・四半期の期間には、六度の増資が行われた（表序-5参照）。そのうち、最初の二回（一九四七年四月一日、同年九月五日）の増資では、増資額が抑制された形跡はなかったが、その後の四回（一九四八年二月九日、同年四月一二日、同年七月一二日、同年一二月二八日）のすべての増資では、GHQによって増資額が大幅に削減されていた。復金の増資案は、大蔵省、経済安定本部、日銀、復金によって検討・作成され、それらの中には、日銀の主張によって増資額が抑えられた案もあったが、ＧＨＱはそれらをさらに圧縮した額の増資しか認めなかったのである。

本書も、復金融資が日銀による復金債引受けで賄われたことがインフレの要因となったこと自体は否定しない。しかし、一九四七年度第四・四半期以降におけるＧＨＱの増資額削減により、復金融資が外枠から抑制されるようになっていたことは、インフレ進行の抑制という点で重要な意義をもっていたと考えている。なぜなら、仮に、日本側の増資案がそのまま採用され、発行余力の高まった復金債の大部分が日銀引受けにより発行されて通貨供給量が追加されていたならば、実際に生じたものよりも高率のインフレが発生していた可能性があったと考えられるからである。

第二節　個別案件の融資決定方法に関わる課題の検討結果

個別案件の融資決定方法に関して、先行研究は、外部機関の関与により復金の金融判断の自主性が十分に発揮されなかったために、政策代行機関としての性格が前面に強く押し出された、または、インフレやモラル・ハザード（非効率な企業の維持・拡大）の原因になった、というマイナスの評価をしていたが、いずれも実証分析を欠いた見解であった。

個別案件の融資決定方法とインフレとの関係については、先行研究においても前者が後者の原因となったとされているだけで、必ずしも明確にされていなかったが、本書では、資金計画によって決められた資金枠の範囲内に収まるような融資決定がなされていたか否かを四半期ごとに確認するという方法で検証した。それは、預金増加と許容できる通貨増発の枠内に財政資金・産業資金需要を抑えるという観点から資金計画が作成されていたことから、その資金計画で決められた資金枠を守っていてもなおインフレを促進する場合は個別案件の融資決定レベルの問題ではなく、資金枠を守っていない場合は個別案件の融資決定レベルの問題ともなると考えてのことであった。

また、政策代行機関としての性格が前面に強く押し出されていたという点については、本書では、個別案件の融資決定に対して、日銀など他の外部機関メンバーがどのような役割を果たしていたのか、という点に注目しつつ考察した。その理由は、インフレの進行を抑制しつつ生産を増大させていくという中間安定論的な立場をとっていた日銀も外部機関のメンバーであったことが、先行研究によって暗黙のうちに前提とされている、〝融資を受けようとする産業とその所管省庁側〟と〝自らの責任において融資を実行しようとする復金〟という二元論的な構図ではまったく無視されているからであった。

以上のような方法と観点から、東京地方融資懇談会と復興金融委員会幹事会が重要な役割を果たしていたと考えられる時期の個別案件の融資決定について、第1章と第2章で行った考察の結果は以下の通りであった。

第1章が対象とした一九四六年度第四・四半期から一九四七年度第二・四半期には、二度の増資にもより、資本金と払込資本金との差額の範囲内で認められていた復金債の発行力に余裕があり、資金計画で定められた資金枠を越えた融資を行うことが可能な状況であった。すなわち、仮に、そのような融資が復金債の日銀引受けによって賄われたならば、その分だけさらにインフレを悪化させる可能性が潜在していた時期であった。実際に、一九四六年度第四・四半期は、資金計画を約二倍も超過する申込に対して資金枠が守られなかった。しかし、翌一九四七年度第一・四半期は、資金計画を上回る申込があったにもかかわらず、資金枠は守られ、続く第二・四半期も、資金計画を上回る申込に加えて公団向け融資が本格化したにもかかわらず、資金枠はほぼ守られた。

そのように、復金債の発行により資金計画を無視した融資が可能であった状況の中で、資金枠が守られるようになった要因は、東京以外の地方での不徹底という限界はあったものの、地方融資懇談会における審議の厳格化であった。地方融資懇談会での審議は、復金設立当初の一九四六年度第四・四半期には、融資先や融資条件等に関する議論が活発ではなく、普通金融機関からの融資可能性に関する検討も十分になされていなかったが、一九四七年度第一・四半期から、融資額を圧縮される案件が増えたことにより構成員の間で意見対立が起きたり、生産復興・増産を重視する関係官庁の計画遂行よりも資金枠の範囲内に融資を抑制することが優先された決定がなされる案件も確認できるというものに変わった。そして、議論活発化の注意、資金枠厳守方針の明確化、融資方針厳守の指示、融資決定一時留保の指示、融資斡旋や保証制度活用の促進、東京地方融資懇談会での案件審議における発言など、復金融資の実施過程に対して、これまでほとんど知られていなかった介入を行い、その厳格化に大きな役割を果たしていたのが、大蔵省と日本銀行であった。

第2章が対象とした一九四七年度第三・四半期から一九四八年度第四・四半期には、四度の増資により復金の資本金は五五〇億円から一四五〇億円へと増加したが、増資額はGHQにより大幅に削減されていた。しかも、一九四八年七月一二日の増資以外は、1四半期分だけの所要資金を賄うものであったから、一九四八年度第二・四半期以外は、資金計画を無視した融資を行うための復金債発行余力もなかった。そのようにGHQによる資金調達面からの抑制により資金枠自体が窮屈なものとなっていた状況の中で、一般産業からの申込額は、GHQによる争議中の炭鉱に対する融資停止指示という特殊事情があった一九四八年度第三・四半期を除いて、資金枠を超過していたが、資金計画の段階よりも鉱業や電気業向けの融資を優先しつつ他の一般産業向け融資を抑制することで、資金枠の厳守が維持されていた。

融資承認の段階における鉱業と電気業以外の一般産業向け融資の資金計画における以上の抑制には、復金が自主的に融資圧縮方針を採用していたこと（一九四七年度第四・四半期、一九四八年度第一・四半期）や、GHQの事前審査により運転資金融資が認められなくなったこと（一九四八年度第三・四半期以降）も重要な役割を果たしていたと考えられるが、より重要な役割を果たしていたと考えられるのは、復興金融委員会幹事会での日銀、大蔵省、経済安定本部による復金融資抑制的な態度であった。その復興金融委員会幹事会での審議状況は、復金が、議事規則を作り、出席者を制限し、出席者の発言は所属を代表させてでも、無責任な発言を控えさせるべきだと不満を感じるほどに、復金以外の幹事が、個々の案件の金額や条件にまで、あるいは、責任のとれない範囲まで発言を行うほど活発なものであった。そうした復金以外の幹事の中で、特に、復金融資に対して抑制的な態度を示していたのが日銀であった。

以上より、まず、個別案件の融資決定方法がインフレの原因となっていたという先行研究の評価は、復金が設立された一九四六年度第四・四半期についてのみ当てはまるものであったと修正されなければならない。

次に、復金が政策代行機関化していたという評価についても、大幅な修正が必要であろう。『通商産業政策史』第三巻が言及しているように、融資希望企業から働きかけを受けた所管省庁による肯定的な発言が融資決定に影響を与えていたこともあったと考えられるが、〝融資を受けようとする産業とその所管省庁側〟の利害にのみ、融資決定が左右されていたわけではなかった。東京地方融資懇談会においても、その機能を引き継いだ復興金融委員会幹事会においても、日銀と大蔵省が、資金枠厳守、復金融資抑制に重要な役割を果たしていた。従って、復金の個別案件の融資決定方法については、先行研究による二元論的把握ではなく、〝融資を受けようとする産業とその所管省庁側〟と〝自らの責任において融資を実行しようとする復金〟に、インフレの根絶ではなく、〝インフレ進行を抑制しつつ生産を増大させるという中間安定論の観点から復金融資を抑制しようとする日銀〟(1)を加えた三極構造として捉え直す必要がある。真渕の言葉を借りるならば、「多角的な検討を可能にした制度配置」(2)を復金の個別案件の融資決定方法は内包したものであったということになる。

そのような融資決定方法は、復金にとっては金融判断の自主性を制限するものとなっていたかもしれないが、経済の復興とインフレのより一層の高まりの抑制を同時に達成しようとした融資決定方法であったと解釈できる。上述のように、資金枠が厳守されていたことと併せて考えると、ある程度、それに成功していたといえよう。それにもかかわらず、「復金インフレ」が問題となったが、それは個別案件の融資決定方法ではなく、資金計画と資金調達の問題であり、そのうち資金調達に対しては、先に述べたように、一九四七年度第四・四半期からＧＨＱによって抑制がかけられていたのである。

ただし、本書のこのような理解の枠外に出るものとして、復金の最大の貸出先産業であり、かつ、資金計画で設定された資金枠を超える融資が行われていた石炭鉱業と、それに次ぐ貸出先であった電力業がある。しかし、第3章で明らかにしたように、石炭鉱業向けの復金融資も、傾斜生産方式による日本経済の戦後復興の要とされていた石炭増産のために、何の制約もなく、ただ追随的に行われていたわけではなかったのである。また、第4章で明らかにしたように、電力業向けの復金融資も、電力融資委員会が取り扱った案件に限られるが、融資を受けようとする電気事業会社とその所管官庁であった商工省の主張がそのまま通ったのではなく、返済方法や融資額について、復金の主張が反映されていたのである。

第三節　赤字融資に関わる課題の検討結果

赤字融資は、「インフレ抑制—低価格維持という政策のもとで価格を一定水準に固定されていることから生じる赤字と流動性の低下を政府が金融面から救済するという性格のもの」(3)であったが、先行研究は、そのような赤字融資を復金が実施した原因は、融資決定において自主性が制限されていたからであったとし、また、赤字融資はモラル・ハザード（非効率な企業の存続を助長し、結果として企業の効率性向上に対するインセンティブを失わせること）を引き起こした、ともしている。しかし、いずれも赤字融資の実施過程に関する実証分析に基づいたものではないため、本書では、復金は自主性が制限されていたから赤字融資を行っていたのか、復金は実際には赤字融資に対してどのような態度をとっていたのか、日銀は赤字融資に対してどのような態度をとっていたのか、そして、最大の借り手であった石炭鉱業向けの赤字融資は非効率な企業の存続を助長するようなものだけであったのか、という点にも注目しつつ融資実施過程の考察を行った。

その結果、第2章の考察の中で、そもそも復金自身が赤字融資に対して否定的ではなかったことを示す事実をいくつか見出すことができた。その中でも、特に重要なものは、復金審査部の審査方針において、過剰人員や不採算工場の整理などの合理化を前提として赤字融資を行うということも、当時の復金にとっては「金融判断」の一つとされていたことであろう。そのような判断に基づいて、復金が既往融資のある企業に合理化を条件とした赤字融資を行うべきだとした案件に対して、復興金融委員会幹事会における審議で反対したのは大蔵省と経済安定本部と日銀であった。そのような幹事会での審議に対して、復金は、「金庫の既融資会社については、金庫の自主的判断を充分尊重してもらわぬと債権保全を期し難い」[4]という不満をもっていたのである。すなわち、復金が赤字融資を行っていたのは、政府の政策に従わざるを得なかったからだけでもなく、先行研究が想定していたように融資決定において自主性が制限されていたからだけでもなかった。

赤字融資の最大の借り手であった石炭鉱業に対しても、ただ単に非効率な企業を存続させようとしていただけではなかった。第3章で明らかにしたように、増産を優先するという政策によって徹底されなかったとはいえ、炭鉱特別運転資金融資要綱に基づいて、「融資を受けることを得ないで、経営不能に陥る炭砿を生ずることも止むを得ない」[5]という方針の下、赤字融資の厳格化が試みられていた。

また、石炭鉱業に次ぐ復金融資の借り手であった電力業向けの赤字融資においても、第4章で取り上げることのできた電力融資委員会が取り扱った案件の事例に限られるが、復金は、融資額の減額のために、電気事業会社に対してより一層の企業努力を要求して認めさせていた。さらに、昭和電工向けの赤字融資に対しても、第5章で明らかにしたように、復金自身が、問題のないもの、やむを得ないものと判断していたのである。

第四節　昭和電工向け融資に関わる課題の検討結果

昭和電工事件は、昭和電工社長の日野原節三が、復金融資を受けるために同金庫幹部や官僚、そして、発覚後は事件をもみ消すべく政治家に賄賂を贈ったとされる贈収賄事件であり、疑惑は、昭和電工向け復金融資全体にかけられていた。中でも、①設備資金融資では、再建計画は一九四六年九月から大きく変更されていないにもかかわらず、二回の追加予算により、融資額が三倍以上にまで膨張していることは、同業他社と比べて「異例」な取扱いであることと、②運転資金融資では、一九四七年末七〇〇〇万円の赤字融資において、同業他社と共通の査定基準に基づかず、しかも、正式議案なしに復興金融委員会を通過したことは、「特別」な取扱いであったこと、そして、それらの便宜を得るために、日野原から、栗栖、二宮、福田を含めた関係方面へ、相当額の贈賄が行われたのではないかということが疑惑視された。

そのような昭和電工事件について、先行研究は、外部機関による介入があった個別案件の融資決定方法を、その原因とし、さらに、復金の機構改革とセットで論じることや、開銀の制度設計との対比で論じることで、外部機関による介入があった個別融資案件決定方法が復金の「失敗」の原因であったとする文脈を形成してきた。それに対して、本書第5章では、昭和電工が復金融資において同業他社と比べて「異例」「特別」な取扱いを得ることができたのは、復金の自主性が制限されていたからなのか、換言すれば、復金の融資判断が外部機関の介入により歪められたためであったのか否かについて確認するために、会計検査院による指摘と、それに対する復金による回答を、案件ごとにみていくことを通じて、昭和電工向け融資に対して、復金自身がどのような判断をしていたのかについて考察した。

その結果、二回の追加予算により融資額が三倍以上にまで膨張したことが同業他社と比べて「異例」な取扱いであるとされた第一―三次の設備資金融資について、自らの実地審査と検討に基づいた妥当なものであったと復金自身が判断していたことと、一九四七年末七〇〇〇万円の赤字融資（第三・四半期追加運転資金）における口頭承認などは「異例」「特別」な取扱いであった可能性が残されているものの、一九四七年度の運転資金融資について、復金自身が妥当なものであったと判断していたことが、明らかとなった。また、赤字融資でもあった運転資金融資に関しては、「生きた金融」を行うためにやむを得ないという復金の認識や、査定の際に、一律の基準に従うだけでなく、各企業の実状を考慮することが重要であるとする復金のスタンスも見出すことができた。

第五節　総　括

これまでの研究は、復金融資の運営方法について、融資実施過程に関する実証抜きで、外部機関が個別案件の融資可否判断に介入していたという制度上の特徴を、赤字融資によるモラル・ハザード（非効率な企業の維持・拡大）、インフレ、昭和電工事件といった「失敗」の原因であるとしてきた。しかし、本書での融資実施過程に関する上述の実証結果からは、異なる評価を導き出すことができる。すなわち、復金の融資決定方法は、復金にとっては自主性を制約するものであったかもしれないが、そのことが復金融資の「失敗」の原因であったという実証的根拠は現時点では乏しく、むしろ、当該期の日本経済が直面していた、生産の復興とインフレーションへの対処という同時に達成することが困難な課題に適合的なものであった、というのがそれである。

そのような評価を導き出す上で、重要なポイントとなるのは、復金融資の実施過程における日銀の役割である。日銀は、復金の増資、個別案件審議、赤字融資に対して、復金融資の運営に関わった他のメンバーよりも抑制的な態度をとっていた。もちろん、その主張がすべてそのまま採用されていたわけではなかったが、日銀は、復金融資の運営において、経済・生産・産業・企業の復興を優先しがちな復金や産業所管省庁をチェックする役割を果たしていたといえよう。それは、当該期の日銀が、マネタリーな側面からの一挙安定ではなく、インフレの進行を抑制しつつ生産を増大させていくという中間安定論的な立場をとりつつも、復金債の日銀引受発行を通貨膨張の一大要因とみなし、また、赤字融資を復金の設立目的である経済の復興促進とは異なる不健全なものとみなして問題視していたからであったと考えられる。

戦後統制期における日本の政策金融は、金融機関資金融通準則に基づく融資規制、日銀による融資斡旋、そして、復金の融資という三つの手段により形成されていた。そのうち、復金融資を除いた二つについては、日銀自身も、「本行は『資金融通準則』に基づく融資規制の開始に即応して、本行貸出の抑制と融資あっせんを通じて背後から傾斜金融を押し進め、経済の復興と安定を同時に達成しようとしていた」(6)と評価しており、また、伊藤正直により、「一九四六年秋以降、金融緊急措置というハードな通貨措置の効果が消滅して以降、日本銀行の金融政策の中核に置かれたのは、融資規制と融資斡旋の組み合せによる資金の質的調整であった。これは、生産の回復によるインフレ進行の鈍化を実現するとともに、価格調整政策の限界の露呈を防ごう、あるいはできるだけ遅らせようとする日本銀行のギリギリの選択であった」(7)という評価がなされている。

これらに、本書での考察により明らかになった復金融資の実施過程における日銀の積極的な役割を加えると、戦後統制期日本の政策金融は、その三つの手段すべてにおいて、マネタリーな側面からの一挙安定ではなく、インフレの進行を抑制しつつ生産を増大させていくという中間安定論的な観点から、経済の復興と安定を同時に達成しようとして運営されていたものであったということができよう。そのような政策金融の運営と傾斜生産方式により、経済の復興がある程度軌道に乗ってきていたことが前提条件となって、財政黒字化と復金新規融資原則停止というマネタリー

な側面からの要因除去により、インフレが収束したと考えられる。(8)

（1）大蔵省と経済安定本部も日銀に近い立ち位置にいたと考えられる。

（2）真渕勝『大蔵省統制の政治経済学』中央公論社、一九九四年、三七二頁。

（3）大蔵省財政史室編『昭和財政史——終戦から講和まで』第一二巻、東洋経済新報社、一九七六年、六七一頁。

（4）「部長会（六月十四日）」『復金週報』第一二号、一九四八年六月二一日、三頁。

（5）商工省「炭砿特別運転資金融資要綱」一九四七年一〇月三一日、『炭砿特別運転資金融資審査委員会関係（昭22—23）』（石川一郎文書、東京大学経済学図書館所蔵）、K46.1、R-100。

（6）日本銀行百年史編纂委員会編『日本銀行百年史』第五巻、一九八五年、九六頁。

（7）伊藤正直「戦後ハイパー・インフレと中央銀行」日本銀行金融研究所『金融研究』第三一巻第一号、二〇一二年一月、一二一三頁。

（8）従って、筆者の現時点におけるドッジ・ラインに対する評価は、中村隆英（「金融政策」前掲『昭和財政史——終戦から講和まで』第一二巻、三三八頁）や寺西重郎（「安定化政策と生産拡大・成長」香西泰・寺西重郎編『戦後日本の経済改革——市場と政府』東京大学出版会、一九九三年、五八—六〇頁）の評価に近いものといえる。ドッジ・ラインに対する評価における先行研究間の違いについては、前掲、伊藤「戦後ハイパー・インフレと中央銀行」一八二頁を参照。

著者紹介
1976 年生まれ
2000 年　大阪大学経済学部経済学科卒業
2003 年　大阪大学大学院経済学研究科博士前期課程修了
2009 年　東京大学大学院経済学研究科博士課程単位取得退学
現　在　茨城大学人文社会科学野准教授，博士（経済学）

復興金融金庫史
――戦後復興と安定の政策金融

2025 年 2 月 28 日　初　版

［検印廃止］

著　者　宮崎忠恒《みやざきただのぶ》

発行所　一般財団法人　東京大学出版会
代表者　中島隆博
153-0041 東京都目黒区駒場4-5-29
https://www.utp.or.jp/
電話 03-6407-1069　Fax 03-6407-1991
振替 00160-6-59964

組　版　有限会社プログレス
印刷所　株式会社ヒライ
製本所　牧製本印刷株式会社

ISBN 978-4-13-046143-6　Printed in Japan

索　引

人名索引

わ 行

事項索引

ま　行

や　行

ら　行

付　　表

付表A　復興金融委員会委員名簿（1948年9月現在）

会長	（当然）	大蔵大臣	北村徳太郎		
副会長	（当然）	経済安定本部総務長官	栗栖赳夫		
委員		農林大臣	永江一夫	1948年4月20日	～現在
		商工大臣	水谷長三郎	1947年9月3日	～現在
	（当然）	日本銀行総裁	一万田尚登	1946年10月29日	～現在
		足利銀行顧問	鈴木良作	1946年10月29日	～1948年6月23日死亡
		品川白煉瓦株式会社社長	青木均一	1946年11月11日	～現在
		経済団体連合会代表理事	石川一郎	1947年8月21日	～現在
		安田銀行頭取	井尻芳郎	1947年8月21日	～辞任手続中
		商工組合中央金庫理事長	豊田雅孝	1947年8月21日	～現在
		日本製鉄株式会社社長	三鬼隆	1947年8月21日	～現在
		埼玉銀行頭取	山崎嘉七	1947年12月26日	～現在

出所）「復興金融委員会委員名簿」，『戦後財政史資料　愛知文書　復興金融金庫（18）復金委員会（昭・21-24）』（国立公文書館所蔵），整理番号36.

注）表中の「現在」は，「1948年9月現在」の意.

付表B　復興金融委員会の歴代会長・副会長・委員・議長・幹事（1948年9月現在まで）

会長	（当然）	大蔵大臣	石橋湛山	1946年10月29日 ～ 1947年5月20日
			矢野庄太郎	1947年6月1日 ～ 1947年6月25日
			片山哲	1947年5月24日 ～ 1947年6月25日
			栗栖赳夫	1947年6月25日 ～ 1948年3月10日
			北村徳太郎	1948年3月10日 ～ 現在
副会長	（当然）	経済安定本部総務長官	膳桂之助	1946年10月29日 ～ 1947年1月31日
			石橋湛山	1947年1月31日 ～ 1947年3月26日
			高瀬荘太郎	1947年3月26日 ～ 1947年5月24日
			片山哲	1947年5月24日 ～ 1947年6月1日
			和田博雄	1947年6月1日 ～ 1948年3月10日
			栗栖赳夫	1948年3月10日 ～ 現在
委員		農林大臣	和田博雄	1946年10月29日 ～ 1948年1月31日
		同	吉田茂	1947年1月31日 ～ 1947年2月15日
		同	木村小左衛門	1947年2月15日 ～ 1947年5月24日
		同	片山哲	1947年5月24日 ～ 1947年6月1日
		同	平野力三	1947年6月1日 ～ 1947年9月3日
		同	波多野鼎	1947年9月3日 ～ 1948年3月10日
		同	永江一夫	1948年3月10日 ～ 現在
		商工大臣	星島二郎	1946年10月29日 ～ 1947年1月31日
		同	石井光次郎	1947年1月31日 ～ 1947年5月24日
		同	片山哲	1947年5月24日 ～ 1947年6月1日
		同	水谷長三郎	1947年6月1日 ～ 現在
	（当然）	日本銀行総裁	一万田尚登	1946年10月29日 ～ 現在
		足利銀行頭取	鈴木良作	1946年10月29日 ～ 1948年6月23日
		貴族院議員	中山太一	1946年10月29日 ～ 1947年8月21日
		衆議院議員	北村徳太郎	1946年10月29日 ～ 1947年8月21日
		貴族院議員	川上嘉一	1946年10月29日 ～ 1947年8月21日
		衆議院議員	森幸太郎	1946年10月29日 ～ 1947年8月21日
		同	町田三郎	1946年10月29日 ～ 1947年3月29日
議長		大蔵事務官	福田赳夫	1946年10月29日 ～ 1947年9月29日
		同	愛知揆一	1947年9月29日 ～ 現在
幹事		内閣事務官	橋井真	1946年10月29日 ～ 1947年5月26日
		内閣事務官	島本融	1947年5月26日 ～ 1947年7月22日
		総理庁事務官	平田敬一郎	1947年7月22日 ～ 1948年4月20日
		同	吉田晴二	1948年4月20日 ～ 現在
		総理庁事務官	佐多忠隆	1947年9月3日 ～ 1948年6月8日
		同	内田常雄	1948年6月8日 ～ 現在
		大蔵事務官	野田卯一	1946年10月29日 ～ 1947年9月29日
		同	櫛田光男	1946年10月29日 ～ 1947年9月29日
		同	福田赳夫	1947年9月29日 ～ 現在
		同	伊原隆	1947年9月29日 ～ 現在
		同	三井武夫	1946年10月29日 ～ 1947年9月29日
		同	谷村裕	1947年9月29日 ～ 1947年7月17日
		同	杉山知五郎	目下手続中

	農林事務官	石川準吉	1946年10月29日 ～ 1946年12月21日
	同	遠藤三郎	1946年12月21日 ～ 1947年6月27日
	同	平川守	1947年6月27日 ～ 現在
	商工事務官	吉田悌二郎	1946年10月29日 ～ 1947年6月27日
	同	三木秋義	1946年10月29日 ～ 1946年12月21日
	同	和田太郎	1947年6月27日 ～ 1947年7月19日
	同	松田太郎	1946年12月21日 ～ 現在
	同	齋藤正年	1946年10月29日 ～ 1947年7月21日
	同	今井博	1947年7月22日 ～ 現在
	運輸事務官	長井実行	1946年10月29日 ～ 1946年12月21日
	同	秋山龍	1946年12月21日 ～ 1948年6月8日
	同	壺田修	1946年10月29日 ～ 1947年7月4日
	同	柴田吟三	1947年7月4日 ～ 現在
	同	岡田修一	1948年6月8日 ～ 現在
日本銀行	営業局長	太田利三郎	1946年10月29日 ～ 1947年4月21日
	同	古沢潤一	1947年4月21日 ～ 1947年8月22日
	同	五十嵐虎雄	1947年8月21日 ～ 現在
	資金調整局長	加藤寛一	1947年7月7日 ～ 1948年6月8日
	資金局長	山本弘	1948年6月8日 ～ 現在
	融資斡旋部長	森下新	1947年9月17日 ～ 1948年6月8日
	同	谷伸一郎	1948年6月8日 ～ 現在
	同	太田剛	目下手続中
	復興金融課長	福地豊	1946年10月29日 ～ 1947年6月27日
	同	西園寺不二男	1947年6月27日 ～ 現在
復興金融金庫	復金理事	二宮善基	1946年10月29日 ～ 1947年8月21日
	日本興業銀行復興金融部長	中山素平	1946年10月29日 ～ 1947年2月22日
	復金理事	伊達宗彰	1947年8月21日 ～ 現在
	(融資部長)石炭金融部長	湊守篤	1947年2月22日 ～ 現在
	融資第一部長	市田禎蔵	目下手続中
	融資第二部長	密田博孝	1948年6月12日 ～ 現在
	融資第三部長	尾家義人	目下手続中
	復金公団金融部長	秋山文武	1947年7月7日 ～ 1948年7月19日
	同	島原健一	目下手続中
	足利銀行東京支店長	西田愛之助	1946年12月21日 ～ 辞任手続中
	日本楽器東京支店長	池田清一	1946年12月21日 ～ 1947年8月21日
	中山太陽堂支配人	永井千秋	1946年12月21日 ～ 1947年8月21日
	安田銀行監理部審査課	森田嘉矩	1946年12月21日 ～ 1947年8月21日
	日本電子取締役	鹿内信隆	1946年12月21日 ～ 辞任手続中
	商工中央金庫理事	鎌田正明	1947年5月7日 ～ 現在
	埼玉銀行取締役	田島一夫	1947年10月9日 ～ 現在
	安田銀行頭取	迫静一	1947年5月7日 ～ 現在
	日本製鉄取締役	小野清造	1947年6月5日 ～ 現在
	化学工業連盟監理部長	齋藤雄介	1947年10月9日 ～ 現在

出所）「復興金融委員会委員名簿」,『戦後財政史資料　愛知文書　復興金融金庫（18）復金委員会（昭・21-24）』（国立公文書館所蔵），整理番号 36.

注）1.「谷村裕」の任期は，1948年7月17日までの誤りと考えられる.

2．表中の「現在」は，「1948年9月現在」の意.

付表C　復興金融委員会委員の出席率；1947年8月21日～1948年7月1日

出席率	役　名	職	氏　名
A	会長	大蔵大臣	
C	副会長	経済安定本部長官	
B	委員	商工大臣	
C	〃	農林大臣	
A	〃（当然）	日本銀行総裁	一万田尚登
A	〃	足利銀行顧問	鈴木良作
A	〃	品川白煉瓦株式会社社長	青木均一
A	〃	経済団体連合会会長	石川一郎
B	〃	安田銀行頭取	井尻芳郎
A	〃	商工組合中央金庫理事長	豊田雅孝
C	〃	日本製鉄株式会社社長	三鬼隆
B	〃	埼玉銀行頭取	山崎嘉七

出所）大蔵省銀行局復興金融課「参議院財政金融委員会復金小委員会要求資料」1948年7月1日，『戦後財政史資料　愛知文書　復興金融金庫（6）復金運営Ⅴ（昭・23）』（国立公文書館所蔵），整理番号62.

注）1．1947年8月21日の委員改選から1948年7月1日現在までに開催した33回の復興金融委員会の出席率.

2．A；80%超，B；60%超80%以下，C；60%以下.

3．代理者の出席を「出席」としてカウントして算出した出席率.

付表D　復興金融委員会委員の出席状況；1948年1月15日～1948年3月30日

		1.15	1.29	2.9	2.16	2.26	3.4	3.11	3.18	3.25	3.30	除代理	含代理
大蔵大臣	栗栖赳夫	代	代	代	代	代	代	代	代	代	代	0/10	10/10
安本長官	和田博雄	代	代	代	代	代	代	代	代	代	出代	0/10	10/10
農林大臣	波多野鼎									代		0/10	1/10
商工大臣	水谷長三郎	代	代	代	代	代	代	代	代	代	代	0/10	10/10
日銀総裁	一万田尚登	出	出	出	出	出	出	代	代	代	出代	6/10	10/10
足利銀行	鈴木良作			出		出						2/10	2/10
品川白煉瓦	青木均一		出		出	出	出	出	出	出	出	8/10	8/10
経連	石川一郎	出	出	出		出	出	出		出		7/10	7/10
安田	井尻芳郎	出			出			出		出	出	5/10	5/10
商工中金	豊田雅孝	出	出	出		出		出		出	出	7/10	7/10
日鉄	三鬼隆			代						出		1/10	2/10
埼玉	山崎嘉七	出		出		出	出				出	5/10	5/10
	除代理	5/12	4/12	5/12	3/12	6/12	4/12	4/12	1/12	5/12	4/12		
	含代理	8/12	7/12	9/12	6/12	9/12	7/12	8/12	5/12	10/12	8/12		

出所）「復金委員会出欠調」，『戦後財政史資料　愛知文書　復興金融金庫（5）復金運営Ⅳ』（国立公文書館所蔵），整理番号104より作成.

注）資料では，作成主体，作成日付は，共に不明であるが，大臣・長官の顔触れが片山内閣期（1947年5月24日～1948年3月10日）のものであるから，1948年1月15日～1948年3月30日の出席状況であると判断した.

付表E　復金の役職員

出所）①1948年4月1日現在；「復興金融金庫機構一覧表（昭和23年4月1日現在）」,『戦後財政史資料　愛知文書　復興金融金庫（5）復金運営Ⅳ』（国立公文書館所蔵），整理番号64，②1948年5月1日現在，前職；復興金融金庫「衆議院不当財産取引調査委員会要求資料」,『戦後財政史資料　愛知文書　復興金融金庫（13）不当財産取引委員会（昭・23）』（国立公文書館所蔵），整理番号2.

■役員

1948年4月1日現在・1948年5月1日現在と前職

理事長	北代誠彌	日銀副総裁
副理事長	工藤昭四郎	物価庁次長
理事	伊達宗彰	広島財務局長
理事	畠中大輔	四国地方商工局長
理事	藤井乙惠	日銀国庫局長
理事	毛里凱兒	勧銀東北地方監査役
理事	森寛造	興銀大阪支店長
理事	黒川清雄	元日本証券取引所理事
監事	殖田俊吉	元関東庁財務局長

■総務部

1948年4月1日現在・1948年5月1日現在と前職

部長	鹿喰清一	宮内大臣秘書官
次長	守山義隆	日銀総務部調査役
次長	松本三郎	興銀庶務部庶務課長
総務課長	愛知良一	興銀高松出張所長代理
地方課長	中谷貢	満洲中銀北支事務所長兼天津支店長
庶務課長	佐藤悟一	興銀庶務部勤務

■審査部

1948年4月1日現在・1948年5月1日現在と前職

部長	竹内半壽	興銀普通融資部長
次長	根本清介	日銀営業局業務課国債売買係長
次長	二木泰雄	興銀総務部外事課長
第一課長	二木泰雄	興銀総務部外事課長
第二課長	森本俊夫	興銀復興金融部勤務
第三課長	村上素男	興銀管理部勤務
調査課長	根本清介	日銀営業局業務課国債売買係長

■融資部

1948年4月1日現在・1948年5月1日現在と前職

部長	密田博孝	興銀富山支店長 復金監査部長
次長	島原健一	帝国銀行京橋支店長代理
次長	岡一雄	興銀普通融資部総務課長
次長	武田市三郎	東拓元山支店長 復金総務部地方課長
次長	氏原幸男	日銀静岡支店次長
総務課長	菅野尚明	興銀中小工業部業務課長
第一課長	齋藤清人	日銀勤務
第二課長	大原栄一	興銀復興金融部総務課長 復金総務部総務課長
第二課長代理	土井良夫	
第三課長	大瀧誠三	興銀復興金融部勤務 復金融資部管理課長
第三課長代理	植田一夫	
第三課長代理	小森鹿之助	
管理課長	板倉貞敏	安田銀行融資部第三課調査役 復金審査部調査課長代理

注） 1．「大瀧誠三」は，資料①では，「大瀧誠二」と記されている．
2．「土井良夫」「植田一夫」「小森鹿之助」は，資料①のみに記載．

■石炭金融部

1948年4月1日現在・1948年5月1日現在と前職

部長	湊守篤	興銀厚生部長 復金融資部長
次長	太田信	興銀松江駐在員事務所長 復金審査部次長
次長	梅田実	興銀勤務
次長	小野田清	興銀復興金融部融資課長 復金融資部融資課長
課長待遇	村田春雄	北支那開発係長
課長待遇	吉林幸男	興銀復興金融部勤務
課長待遇	早川友部	

注）「早川友部」は，資料①のみに記載．

■公団金融部

1948年4月1日現在・1948年5月1日現在と前職

部長	秋山文武	興銀預金部次長
次長	中原康次	日銀閉鎖機関処理部調査役
次長	室谷周一	勧銀総務部貸出審査課長
課長待遇	鈴木喜久雄	興銀預金部勤務

注）「室谷周一」は，資料①では，「貝島洋一」．

■中小事業部

1948年4月1日現在・1948年5月1日現在と前職

部長	佃豊誠	勧銀京都支店次長
次長	柳瀬元男	興銀検査部次長
次長	新開齊三	勧銀資金部債券課長
審査課長	西川正次郎	勧銀浦和支店次長
融資課長	舟久保出	日銀資金調整局勤務 復金経理部資金課長
管理課長	重野厚次	勧銀松本支店長代理
指導課長	船山悌二	勧銀京都支店長代理
指導課長代理	三船地宗一	

注）1．「新開齊三」は，資料①では，「新開斉一」と記されている．
　　2．「三船地宗一」は，資料①のみに記載．

■監査部

1948年4月1日現在・1948年5月1日現在と前職

部長	河西守雄	興銀名古屋支店長
次長	栗坂多賀夫	台湾銀行昭南支店副支配人 復金中小事業部次長兼指導課長
次長	森隆夫	勧銀調査役 復金中小事業部次長
次長	冨田新輔	日銀国債局調査役
課長待遇	長與太郎	三菱銀行丸ノ内支店長附

■経理部

1948年4月1日現在・1948年5月1日現在と前職

部長	大塚秀治郎	日銀大阪支店発券課長
次長	兒玉信次郎	
経理課長	大垣三郎	
資金課長	高村順二	

注）「兒玉信次郎」「大垣三郎」「高村順二」は，資料①のみに記載．

■検査課

1948年4月1日現在

課長	西澤正則

■秘書課

1948年4月1日現在

課長	尾家義人

■支所

1948年4月1日現在・1948年5月1日現在

大阪支所長	村井久次郎
名古屋支所長	渡邊珍泰
神戸支所長	門脇良教
福岡支所長	石井一郎
仙台支所長	山岸信治
新潟支所長	石川繁人
広島支所長	藤田正夫
札幌支所長	中山和雄
高松支所長	松村実

注）支所長は現興銀支店長

■出張所

1948年4月1日現在

福島出張所長	加藤武雄
富山出張所長	大澤勉
静岡出張所長	山田真一
松本出張所長	松本俊介
秋田出張所長	長谷川浩
岡山出張所長	石渡健二
松江出張所長	松田美太郎
熊本出張所長	小田政治
鹿児島出張所長	伊藤隆次

■退職せる者

		退職年月日	前職
理事長	伊藤謙二	1947.5.13	興銀総裁（兼務）
副理事長	川北禎一	1947.6.8	日銀理事（兼務）
理事	二宮善基	1947.7.12	興銀理事
経理部長	長谷川正三郎	1948.4.1	日銀営業局決済課長
公団金融部次長	具島洋一	1948.4.1	勧銀大分支店次長

期・後輩がたくさんおり、そのなかで、見様見真似をしながら、経済史・経営史の研究とは何かについて、読み、考え、話し、悩み、模索することができたからでもある。これらの人々と巡り会えたことは、まことに幸運としか言いようがなく、深くお礼を申し上げたい。

本書は、茨城大学より令和六年度研究推進経費出版等支援（学術図書）を受けて出版されるものである。しかし、学術書の公刊がますます厳しくなっていることには変わりなく、そのような状況の中で、本書の出版を引き受けてくださった東京大学出版会と、そのためにご尽力いただいた山本徹氏に、お礼申し上げたい。

本書のベースとなった博士論文の準備・執筆を行ったのは、ちょうど東北地方太平洋沖地震・福島第一原子力発電所事故の前後にあたる時期であった。あの日、猛烈な揺れのあと、急いで保育園に長男（当時一歳）を迎えに行ったとき、園庭でみんなとかたまって待っていた光景を、今でも忘れられない。ゆかりのない水戸についてきてくれ、初めての育児に奮闘していた最中に、せっかくの再就職先を辞して長男を連れて実家に一時避難させてしまった妻には、心身ともに多くの負担をかけてしまった。出会ってからこれまで、我慢をしてもらうことの方が多かった妻の理解と支えがなければ、ここまでたどり着けなかった。最後に、妻への「ありがとう」という気持ちを記しておきたい。

二〇二五年一月

宮﨑忠恒

あとがき

本書は、博士論文「戦後統制期日本の政策金融」（二〇一三年学位授与）と紀要論文「復興金融金庫の融資実施過程に関する一考察―電力融資委員会の設置から廃止まで」（『茨城大学人文学部紀要（社会科学論集）』第五七号）をベースとしている。第1―3章は、博士論文提出後に利用可能となった戦後財政史資料愛知文書（国立公文書館所蔵）と日本銀行金融研究所アーカイブ所蔵資料を主に用いて、博士論文を加筆修正したものである。第4・5章は、それぞれ、愛知文書を用いて、紀要論文を加筆修正したものと書き下ろしたものである。

本書を成り立たせるために不可欠であった資料の閲覧・収集は、茨城大学図書館、茨城県立図書館、水戸市立図書館、筑波大学附属図書館、東京大学経済学図書館、東京大学経済学部資料室、国立公文書館、国立国会図書館、日本銀行金融研究所アーカイブ、慶應義塾大学メディアセンターで行うことができた。これら機関のスタッフの方々に、それぞれお礼を申し上げるべきところであるが、記して謝意を表したい。

当たれる限りの資料に基づいて、現時点におけるより確からしいと考えられるものを、一冊の本として、なんとか編み上げる術《すべ》を身に付けることができたのは、二千ゼロ年代に大阪大学大学院経済学研究科と東京大学大学院経済学研究科にご在籍であった経済史・経営史の先生方のご指導をゼミや報告会などで直接に受けることができたからである。なかでも、学部ゼミの指導教員であった杉原薫先生、博士前期課程の指導教員であった沢井実先生、博士課程の指導教員であった岡崎哲二先生には大変お世話になった。そして、武田晴人先生には、博論の主査、出版社へのご紹介・ご推薦にとどまらない、ひとかたならぬ学恩をいただいた。また、当時の両大学院には多様な出身の先輩・同